高等职业教育物流管理专业精品系列教材
“互联网+”新形态教材

物流管理基础

主　编　申纲领　付永军
副主编　庞　敏　张丛珍
　　　　王　金　宋　珂

中国轻工业出版社

图书在版编目（CIP）数据

物流管理基础 / 申纲领，付永军主编. —北京：中国轻工业出版社，2021.1
高等职业教育物流管理专业精品系列教材
"互联网+"新形态教材
ISBN 978-7-5184-3208-0

Ⅰ. ①物… Ⅱ. ①申… ②付… Ⅲ. ①物流管理－高等职业教育－教材 Ⅳ. ①F252.1

中国版本图书馆CIP数据核字（2020）第187722号

责任编辑：张文佳 韩 泽　　责任终审：张乃柬　　整体设计：锋尚设计
策划编辑：韩 泽　　责任校对：朱燕春　　责任监印：张 可

出版发行：中国轻工业出版社（北京东长安街6号，邮编：100740）
印　　刷：河北鑫兆源印刷有限公司
经　　销：各地新华书店
版　　次：2021年1月第1版第1次印刷
开　　本：787×1092 1/16 印张：14.25
字　　数：350千字
书　　号：ISBN 978-7-5184-3208-0　　定价：45.00元
邮购电话：010-65241695
发行电话：010-85119835　传真：85113293
网　　址：http：//www.chlip.com.cn
Email：club@chlip.com.cn
如发现图书残缺请与我社邮购联系调换
200703J2X101ZBW

前言

本书全面分析和总结了我国物流业发展的现状，并吸收了国内外先进的物流理念、技术和管理思想，尽可能详尽地阐述物流业务中的基础理论、组织和管理的技术与操作规程。教材设计紧紧围绕高职高专培养岗位一线所需要的高技能专业人才的目标，坚持改革、创新的精神，按照先进、精简、适用的原则选择教材内容，兼顾“知识点”“技能点”和“能力点”，设置了任务目标、任务内容、任务要求、导入案例、知识链接等栏目，体现了高等职业教育的应用性、技术性与实用性。

本书系统而简要地阐述了现代物流的基本知识、企业物流、采购管理、运输管理、装卸搬运、现代包装、仓储管理、配送与配送中心、第三方物流、供应链管理、流通加工、国际物流的内容。

本书从物流管理的实际案例入手，引出各项目的重要概念、基本原理和运作程序，并从理论和实践环节进行详细的阐述，使读者能准确了解所学的知识，既注重理论的系统性和规范性，又突出实用性和灵活性；在内容上既体现了物流管理战略的国际化，又体现了策略的本土化。编者本着全面、客观的原则，尽可能翔实、客观地将目前物流管理学科的不同观点展示出来，以便于教学和自学使用。由于物流管理是一门发展迅速、新成果层出不穷的学科，因此，在教材的编写过程中，尽量从学生学习的角度出发，深入浅出，循序渐进，使学习内容逐步深化。

本书的特点主要体现在以下方面：

1 根据高等职业教育人才培养目标，从职业岗位分析入手，以掌握实践技能为目的，以必需、够用、适用为原则，确定课程内容。

2 突出案例和实训环节，可操作性强。在编写体例上突出了“互动性”和“应用性”，突出重点、难点，解析透彻，深入浅出，运用所学知识提高分析问题和解决问题的能力。

3 从实际出发，坚持理论联系实际，使教材具有鲜明的新颖性和实用性。

本书由许昌职业技术学院教授申纲领、河南物流职业学院付永军担任主编，山西铁道职业技术学院庞敏、大成工程咨询有限公司张丛珍、河南省城乡规划设计研究总院股份有限公司工程师宋珂、碧源建工有限公司工程师王金担任副主编。具体编写人员及分工如下：申纲领编写了项目十、项目十一、项目十二；付永军编写了项目五；庞敏编写了项目三；张丛珍编写了项目二、项目七、项目八；宋珂编写了项目一、项目四；王金编写了项目六、项目九。在教材编写过程中参考并引用了国内外的相关文献和教材内容，在此，对涉及的专家、学者表示衷心感谢！

由于编者水平有限，教材中可能存在不妥乃至错误之处，恳请同行及广大读者批评指正。

编者

目录

项目一 现代物流概述 001

任务一 物流的概念与功能......002
一、物流的概念与发展......002
二、物流的功能......003

任务二 物流的分类......004
一、按物流研究范围的大小分类......004
二、按物流业务活动的性质分类......005
三、按物流涵盖的领域分类......005
四、物流的发展过程......006

任务三 现代物流的特征和发展方向......007
一、现代物流的特征......007
二、现代物流的发展方向......009

任务四 物流理论学说和物流管理......011
一、物流理论学说......011
二、物流管理的概念、目标和范围......013
三、物流战略......014

项目二 企业物流 018

任务一 企业物流概述......019
一、企业物流的概念......019
二、企业物流包含的内容......020
三、企业物流的增值作用......021

任务二 供应物流......021
一、供应物流的概念......021
二、供应物流的组成......022
三、供应物流过程及组织模式......022

任务三 生产物流……022
一、生产物流概述……022
二、生产物流的主要及相关领域……023
三、典型生产物流及装备……024

任务四 销售物流……025
一、销售物流概念……025
二、销售物流在生产企业中的重要地位……025
三、销售物流模式……026

任务五 企业管理……027
一、企业管理的含义……027
二、企业管理的要素……027
三、企业管理的职能……028
四、企业管理的方法……028

项目三 032
采购管理

任务一 采购管理概述……033
一、采购管理的概念……033
二、采购类型……034

任务二 采购模式……036
一、集中采购与分散采购……036
二、联合采购……036
三、询价采购……037
四、即时制（JIT）采购……039
五、政府采购……040
六、招标采购……044

项目四 056
运输管理

任务一 运输管理概述……056
一、运输的概念和作用……056
二、不合理运输……058

任务二 现代运输方式……060
一、现代运输方式的分类……060
二、现代运输方式的选择……066

任务三　运输的合理化 068
一、运输合理化的概念 068
二、影响运输合理化的因素 068
三、运输合理化的途径 069

项目五 075
装卸搬运

任务一　装卸搬运概述 076
一、装卸搬运的概念 076
二、装卸搬运应遵循的原则 077
三、装卸搬运的作用 078
四、活性指数 079

任务二　装卸搬运的合理化 081
一、装卸搬运合理化目标 081
二、商品装卸搬运不合理的表现形式 082
三、商品装卸搬运合理化的途径 082

任务三　装卸搬运设备的选择与运用 084
一、装卸搬运设备的概念和作用 084
二、装卸搬运设备的选择 084
三、装卸搬运设备的运用 085

项目六 092
现代包装

任务一　包装概述 093
一、包装的概念与功能 093
二、包装的分类 094

任务二　包装材料 096
一、产品包装材料应具备的性能 096
二、商品包装对材料的选用 097
三、商品包装容器的设计和选用 099

任务三　包装技术 102
一、商品包装的一般技术 102
二、商品包装的特殊技法 104

任务四　包装合理化 ………………………………………… 107
一、包装合理化中应注意的问题 ………………………… 107
二、包装标准化 ………………………………………… 108
三、绿色包装 …………………………………………… 108

项目七 112
仓储管理

任务一　仓储管理概述 ……………………………………… 113
一、仓储的概念与功能 ………………………………… 113
二、货物分区分类仓储的意义 ………………………… 114
三、仓储保管的作用 …………………………………… 115
四、仓储保管业务范围 ………………………………… 118

任务二　仓储作业管理 ……………………………………… 119
一、入库作业 …………………………………………… 120
二、保管作业 …………………………………………… 121
三、出库作业 …………………………………………… 122

任务三　库存管理与控制 …………………………………… 122
一、ABC分类管理法 …………………………………… 123
二、独立需求下的库存控制模型 ……………………… 124
三、定期订购控制法 …………………………………… 126

任务四　仓储管理合理化 …………………………………… 127
一、仓储合理化的评判标准 …………………………… 128
二、仓储合理化的原则 ………………………………… 128
三、仓储合理化的实施 ………………………………… 129

项目八 135
配送与配送中心

任务一　配送概述 …………………………………………… 135
一、配送的概念 ………………………………………… 136
二、配送的分类 ………………………………………… 137
三、配送模式及其选择 ………………………………… 138

任务二　配送中心业务管理 ………………………………… 141
一、配送中心的概念和类型 …………………………… 141
二、配送中心的功能及作业流程 ……………………… 142

三、配送中心的内部组织体系 143
四、配送路线 144

任务三 配送中心的规划与设计 146
一、配送中心的规划 146
二、配送中心的设计 147

项目九 152
第三方物流

任务一 第三方物流概述 153
一、第三方物流概念 153
二、第三方物流的市场现状 154

任务二 第三方物流的类型 155
一、按提供服务的种类划分 156
二、按所属的细分物流市场划分 156

任务三 第三方物流服务 157
一、第三方物流是合同导向的一系列服务 157
二、第三方物流是个性化物流服务 157

任务四 第三方物流的运作模式与要求 159
一、第三方物流的运作模式 159
二、第三方物流的运作要求 161

项目十 167
供应链管理

任务一 供应链与供应链管理概述 168
一、供应链的概念与背景 168
二、供应链管理的含义与特点 169
三、供应链管理的内容 170

任务二 供应链的设计 171
一、供应链设计的原则 171
二、供应链设计的步骤 172
三、供应链组织模型 173

任务三 供应链管理的体系结构 175
一、供应链管理的内涵 175
二、实施供应链管理的步骤 176

任务四　供应链管理的方法……179
一、快速反应方法……179
二、有效客户反应……180
三、企业资源计划……182

项目十一　188
流通加工

任务一　流通加工概述……188
一、流通加工的背景……188
二、流通加工的概念……189
三、流通加工的特点和作用……190

任务二　流通加工的形式与内容……191
一、流通加工的形式……191
二、流通加工的内容……192

任务三　流通加工管理……196
一、流通加工管理概述……196
二、不合理的流通加工形式……197
三、流通加工合理化……198
四、流通加工的技术经济指标……199

项目十二　202
国际物流

任务一　国际物流概述……203
一、国际物流的内涵……204
二、国际物流的特点……204
三、国际物流的分类……206
四、国际物流业务……207

任务二　国际货物运输……208
一、国际货物运输的特点与构成……209
二、国际海洋运输……210
三、国际铁路运输……212
四、国际航空运输……213
五、国际集装箱运输……213
六、国际多式联运……215

参考文献……218

项目一
现代物流概述

任务目标 1. 掌握物流的概念与功能
2. 掌握物流管理的基本原理

任务内容 1. 学会物流、商流、信息流在企业中的应用
2. 学会物流的分类、特征

任务要求 1. 要求学生熟悉物流企业的管理程序
2. 要求学生熟悉物流企业的业务和物流发展的趋势

导入案例

三菱化学公司的供应链管理

化工行业由于其供应链管理非常复杂，每个环节都要求有一个非常严谨的供应链计划，这样企业才可以合理做出是否购买中间产品或最终产品的重要决策，以有效地实现贸易交换以及商业伙伴之间的贸易均衡。同时，企业需要针对不同的市场需求做出具有可行性的供应安排。企业利用这些信息，可以判断是否有机会捕获更多针对某些特定产品的需求或者是否有可能在供应紧张的情况下提高产品的价格。

三菱化学公司主要经营范围涉及石化产品、农用化学品、医药产品、塑料制品、专用化工产品，因此对三菱化学来说，一条高度集成和完整的供应链就显得格外重要。于是，某公司受聘为三菱化学提供管理咨询，帮助其建立起一套完整的包括产品销售、供给、生产和筹资计划等在内的供应链业务流程；同时，协助三菱化学建立起整个供应链的计划运行机制和与之相适应的物流模式，使其能够高效运行。

整个项目包括以下五方面的内容：

① 需求计划设计：用统计工具、因果要素和层次分析等手段进行精确预测。用包括互联网和协同引擎在内的通信技术帮助生成企业间的最新和定时的协作预测。

② 生产计划和排序：分析企业内部和供应商生产设施的物料及能力约束，编制满足物料和能力约束的生产进度计划，并且可以按照给定的条件进行优化。各软件供应商根据不同的生产环境应用不同的算法和技术，提供各有特色的软件。

③ 分销计划：帮助管理分销中心并保证产品可订货、可盈利、能力可用。分销计划帮助企业分析原始信息，然后，企业能够确定如何优化分销成本或者根据生产能力和成本提高客户服务水平。

④ 物流和运输计划：帮助确定将产品送达客户的最好途径。物流和运输计划的指标是短期的和战术性的。

⑤ 企业或供应链分析：以整个企业或供应链的图示模型，帮助企业从战略功能上对工厂和销售中心进行调整，对贯穿整个供应链的一个或多个产品进行分析，注意和发掘问题的症结。

供应链管理系统在三菱化学公司试点单位的实施，使生产线的准备时间和生产物料供应提前

期有了明显提高。通过整合和优化供应链中的需求和供应计划，达到了公司管理层预先设定的要求：当客户有新的需求时，可及时查阅整个供应链上的资源重新配置概况。

三菱化学公司试点单位的供应链计划员可以编制高精度的月生产、销售计划，同时可以通过系统模拟客户需求量的变化对整个供应链的潜在影响程度。高精度的月生产计划帮助三菱化学公司减少了浪费，降低了生产成本。整个供应链上各要素的综合计划，如生产能力、可用库存量和客户对产品的特殊要求等，帮助三菱化学公司提高了客户满意度。

思考题：

三菱化学公司的供应链管理对提高经济效益和工作效率有哪些积极意义？

任务一　物流的概念与功能

物流具有非常普遍和广泛的含义，它既包括了物资的运动状态，也包括了物资的静止状态，还包括了物资的静动状态。所谓静动状态就是从宏观上看，它是静的；而从微观上看，它又是动的。可以说，物流是普遍的、绝对的。物资无论处在运动状态，还是静止状态，还是静动状态，都是处在物流状态。也就是说，只要是物资存在，它就必然处在物流状态。

一、物流的概念与发展

1. 物流的概念

物流是指物品从供应地向接收地的实体流动过程中，根据实际需要，将运输、储存、装卸、搬运、包装、流通加工、配送、信息处理等功能有机结合起来实现用户要求的过程。

2. 商流的定义

商流是物资在由供应者向需求者转移时物资社会实体的流动，主要表现为物资与其等价物的交换运动和物资所有权的转移运动。具体的商流活动，包括买卖交易活动及商情信息活动。商流活动可以创造物资的所有权效用。

在上述定义中，包含了六个要点：一是“物资社会实体”，强调物资价值实体的流动；二是“由供应者向需求者”，强调是流通领域；三是“由供应者向需求者转移时物资社会实体的流动”，强调与物资物质实体的流动，即物流的伴随关系；四是“流动”，而不是“流通”；五是商流主要表现为等价交换和所有权的转移，“具体的商流活动包括买卖交易活动及商情信息活动”；六是商流的功能，包括“可以创造物资的所有权效用”。

3. 信息流

流通领域的信息流又称流通信息流。流通信息是指伴随流通活动而产生并且为流通活动服务的信息，包括由文字、语言、图表、信号等表示的各种文件、票据和情报资料等。流通信息流是指流通信息的产生、加工、储存和传递等。流通信息流是由两大类构成：一类是商流信息流，另一类是物流信息流。

商流信息流是在商流活动中产生，并为商流活动服务。例如，商品的销售价格、市场行情、购销洽谈、订货合同、供需情况、销售货款、交易支付、促销活动等都是商流信息。这些信息的产生、制作、加工、储存和传递等为商流信息流。

信息流也是流通的组成部分，它和商流、物流一起共同构成了流通的“三流”。

4. 物流的发展

物流（Physical Distribution）一词最早出现在美国。1921年阿奇·萧在《市场流通中的若干问题》中就提到物流一词，认为“物流是与创造需求不同的一个问题”“物资经过时间或空间的转移，会产生附加价值”。此时的物流指的是销售过程中的物流。

1935年，美国销售协会最早对物流进行了定义：“物流是包含于销售之中的物质资料和服务于生产地点到消费地点的流动过程中，伴随的种种经济活动。”很明显，这种物流也是指销售物流，我们称之为狭义的物流。

1962年，美国管理学大师彼德·德鲁克在《财富》杂志上发表了《经济的黑暗大陆》一文，提出物流是降低成本的最后领域，强调要重视流通以及流通过程中的物流。人们开始把降低费用的注意力转移到生产和销售以外的运输、仓储、配送和库存等物流环节上，挖掘物流环节中降低成本、增加利润的潜力，因此物流被誉为“第三利润源泉”，引起了世界各国的广泛重视。

日本从1965年正式使用“物的流通”这一术语，简称为“物流”。1981年，日本综合研究所在其编著的《物流手册》中，将“物流”表述为“货物供给者向需要者的物理性移动，是创造时间性和场所性价值的经济活动，包括包装、装卸、保管、库存管理、流通加工、运输配送等诸种活动”。

2001年美国物流管理协会对物流的定义进行了完善：“物流是供应链运作中，以满足客户要求为目的，对货物、服务和相关信息在产出地和销售地之间实现高效率和低成本的流动和储存所进行的计划、执行和控制的过程。”

二、物流的功能

1. 运输

运输在物流活动中占有重要地位，是社会再生产的必要条件之一，也是“第三利润”的主要源泉。

运输是物流系统中最为重要的功能之一。它是使物品发生场所、空间转移的物流活动。由于物流是“物”的物理性运动，这种运动不但改变了物的时间状态，也改变了物的空间状态，而运输则承担了改变空间状态的任务。运输所实现的物质实体由供应地向需求地的移动，既是物质实体有用性得以实现的媒介，又是物品增值（因位移形成的附加价值）的创造过程。通过运输，将“物”运到空间效用最大的场所，就可以发挥“物”的潜力，实现资源的优化配置。

2. 储存

储存具有以调整供需为目的的调整时间和价格的双重功能。

储存是以改变“物”的时间状态为目的的活动，以克服产需之间的时间差异获得更好的效用。储存也是物流的主要功能，与运输一样处于重要地位。储存作为社会再生产各环节之间的“物”的停滞，承担着消除生产和消费之间时间间隔的重任。储存可以创造“时间效用”。通过储存使“物”在效用最高的时间发挥作用，使其实现时间上的优化配置。同时，储存还有调整价格的功能，防止产品过多而导致价格的暴跌。

3. 采购

任何项目的执行都离不开采购活动，如果采购工作做得不好，不仅会影响项目的顺利实施，而且还会影响项目的预计效益，甚至会导致项目的失败。

4. 包装

包装是生产的终点，又是物流的起点，具有保护性、单位集中性和便利性三大特性。同时，包装具有保护商品、宣传商品、方便物流、促进销售、方便消费五大功能。

包装是包装物及包装操作的总称，是物品在运输、保管、交易、使用时，为保持物品的价值、形状而使用适当的材料容器进行保管的技术和被保护的状态。

5. 装卸搬运

装卸搬运是指在物流过程中，对货物进行装卸、搬运、堆垛、理货分类、取货，以及与之相关的作业。只有通过装卸搬运作业，才能把商品实体运动的各个阶段连接成为连续的“流”，使物流活动得以顺利进行。

在物流过程中，装卸搬运活动是不断出现和反复进行的，是应物流运输和保管的需要而进行的作业，其出现的频率高于其他各项物流活动，因而是决定物流速度的重要因素。

6. 流通加工

流通加工是流通中的一种特殊形式，是指在物品从生产领域向消费领域流动的过程中，为促进销售、维护产品质量和提高物流效率，而对物品进行加工，使物品发生物理、化学或形状变化的活动。流通加工的主要作用表现在增强了物流系统的服务功能，能提高物流对象的附加价值，可以降低物流系统的成本。

7. 信息管理

信息管理是指通过收集与物流活动相关的信息，使物流活动能有效、顺利地进行。物流信息是物流活动中各个环节生成的信息，一般是随着从生产到消费的物流活动的产生而产生的信息流，与物流过程中的运输、储存、装卸搬运、包装等各种职能有机结合在一起，成为物流活动的重要组成部分。

目前，很多企业的订货、库存管理、配送等业务已实现了一体化。因此，信息管理成为物流管理的重要内容。

知识链接

对物流的认识是一个不断深化的过程。第二次世界大战中，围绕战争供应，美国军队建立了“后勤”（Logistics）理论，对军火等战略物资的运输、补给、屯驻等进行全面管理，以求战略物资补给的费用更低，速度更快，服务更好。战后，“后勤”一词在企业中广泛应用，又有商业后勤（Business Logistics）或流通后勤的提法，其含义是“包括原材料的流通、产品分配、运输、购买与库存控制、储存、客户服务等业务活动”，其领域包括原材料物流、生产物流和销售物流，可见其外延更为宽泛，故称之为广义的物流。

相 关 音 频

任务二 物流的分类

一、按物流研究范围的大小分类

1. 宏观物流

宏观物流是社会再生产总体的物流，是从经济社会整体上认识和研究物流。宏观物流如果从空间位置来讲，一般是指大的空间范围。例如，一个国家的国民经济物流，称之为国内物流或社会物流；国与国之间的贸易过程中所产生的物流，称之为国际物流。

2. 中观物流

中观物流是区域性社会再生产过程中的区域性物流，它是从区域上的经济社会来认识和研究物流。从空间位置来看，一般是较大的空间。例如，一个国家的经济区的物流，称之为特定经济区物流；一个国家的城市经济社会的物流，称之为城市物流。

3. 微观物流

微观物流带有局部性，一个生产者企业及物流的某一具体职能、某一具体物流实务、某一种物质资料的物流问题等，都属于微观物流。微观物流的最大特点表现为具体性、实务性和局部性的特征。

二、按物流业务活动的性质分类

1. 供应物流

供应物流是指企业（包括生产企业和流通企业）的物质资料从生产者或中间商的供应开始，到购进来投入生产前的物流活动。

2. 生产物流

生产物流是指物质资料从投入生产的第一道工序开始，到半成品、成品或可出售制品入库整个生产过程中的物流活动，也包括流通过程带有生产性的劳务所产生的物流活动，如包装、流通加工等的物流活动。

3. 销售物流

销售物流是指从企业成品库、流通仓库或工厂分发销售过程中所产生的物流活动，包括生产厂商的直接销售和流通企业的销售。

4. 回收物流

回收物流是指生产消费过程和生活消费过程的可再利用物品在回收过程中所产生的物流活动。例如，货物运输和搬运中所使用的包装容器、废旧装载工具及工业生产中产生的边角余料、废旧钢材等在回收中所发生的物流活动。

5. 废弃物物流

在生产消费和生活消费过程中所产生的废旧物，一部分是可再利用，通过回收形成一种新的资源；而把另一部分不可再利用的废旧物，称之为废弃物。对这些废弃物处理过程所发生的物流活动，当属废弃物物流之范围。

> **小思考：**
> 包装用的纸箱、纸盒是资源吗？

三、按物流涵盖的领域分类

1. 社会物流

社会物流是指以一个社会为范畴超越以家庭为单位的、面向社会为目的的物流。这种社会性很强的物流往往是由专门的物流服务者承担的。

2. 企业物流

企业物流主要研究在企业运营过程中与物品的实体流动有关的所有物流活动，是具体的、微观的物流活动的典型领域，主要包括企业供应物流、企业生产物流、企业销售物流、企业回收物流及企业废弃物物流。

另外，还有按其他物流研究的方法分类，有军事物流、商业物流、绿色物流、网络物流等。

四、物流的发展过程

物流的发展过程，大体上经历了三个不同的阶段，即物流初级阶段、物流开发阶段和物流现代化阶段。

1. 物流初级阶段

物流初级阶段，一般认为是20世纪50年代前后。这一时期，由于生产社会化、专业化程度不高，生产与流通之间的联系较为简单，生产企业的精力主要集中在生产上，管理的重点是放在如何增加产品的数量，对物流在发展经济中的作用缺乏充分认识，重生产轻流通。随着经济社会的不断发展，生产和生活消费对物质产品需求数量的增加，作为克服生产与消费之间背离的物流，与生产的矛盾日益暴露出来，直接影响着经济的发展，迫使人们逐渐重视物流的研究和加强物流的管理工作。

日本在国民经济恢复初期，物流尚未被人们认识，运输、储存、包装等物流环节在流通过程中基本上是分散管理，而生产过程中的物流活动，更是未能引起人们的重视，仅纳入生产过程附带进行管理。随着战时经济向和平经济的转变，物流管理和货物运输严重落后的情况日益暴露出来，加上资本主义所有制形式的固有弊端，各企业、商社之间无法协调配合，使供销、货物装卸、运输、储存等方面出现了许多问题，造成物质产品一头积压另一头短缺、损坏率高、运输流向不合理等现象。所有这些问题，成了影响当时日本经济发展的一个重要原因。为了解决这些问题，日本组织考察团去美国进行实地考察，引进物流管理技术，并首先在国营铁路运输中使用集装箱，商社、企业也开始研究改进物流工作。

2. 物流开发阶段

物流开发阶段的标志是经济学界和实业界对物流的重要性有了较为深刻的认识，并推动了整个经济社会的物流开发。这一阶段时间的划分大体上在20世纪60年代至70年代。随着生产社会化的迅速发展，单纯依靠技术革新、扩大生产规模提高生产率来获得利润的难度越来越大，这就促使人们开始寻求新的途径，如通过改进和加强流通管理、降低流通费用相对来说可以比较容易获得较高的利润。因此，改进流通，加强物流管理就成为现代企业获得利润的新的重要源泉之一。

美国管理学大师彼得·德鲁克，把流通领域的潜力比喻为“一块经济界的黑大陆”“一块未被开垦的处女地”。美国慧纳埃公司提出的一项关于物流效益的研究报告认为，节约流通费用对美国来说，等于有一座价值400亿美元的金矿尚待开发。在20世纪70年代中期出现的经济衰退，迫使企业更要重视降低成本，以提高商品的竞争力，但其着眼点却从生产领域转向了流通领域，通过流通开发和改进对顾客的服务以及降低运输费用、储存费用来增加利润。在这种情况下，20世纪70年代以后在物流界掀起了革命性的变革。

小思考：

美国管理学大师彼得·德鲁克，把流通领域的潜力比喻为“一块未被开垦的处女地”，你如何理解？

3. 物流现代化阶段

物流现代化阶段和历史上的石油危机相关。1973年中东战争引起石油危机以后，世界范围内的原材料和燃料价格猛涨，人工费用不断增加，这使得一向依靠廉价原材料和劳动力来获取利润的企业不能再轻而易举地从这两个方面获取利润。这种情况，迫使企业在物流方面采取强有力的措施，大幅度降低物流费用，以弥补原材料、燃料和劳动力费用上涨造成的损失。现代系统理论、系统工程、价值工程等科学管理理论和方法的出现，使在更大范围内实现物流合理化成为可能。这一时期物流研究和管理上的特点是把物流的各项职能作为一个大系统进行研究，从整体上进行开发，使物流向系统化、整体优化方向发展。

知识链接

在日本，设立了专门机构来统筹全国的物流活动，使物流系统化、综合化、协调化有了很大的发展，物流现代化水平明显提高。在运输设施方面，政府拨出巨款，扩建港口，整修道路，建设高速公路和集装箱专用码头等；在装卸工具方面，托盘、叉车、传送带、自动分拣机、自动输送机等现代化装卸搬运机械被普遍运用；在包装方面，积极推行规范化、标准化；在仓库方面，建立了一大批自动化立体仓库、恒温仓库、配送中心、流通加工基地、卡车终端集散点等现代化物流基础设施；无人驾驶车辆相继使用和配送过程中高新技术相继应用等；商品销售的网络化、系统化逐步实现，批发、代理、专营、百货商店、超级市场在各地相继建立。与物流现代化相应的流通经营管理现代化也随之发展起来。

任务三　现代物流的特征和发展方向

在消费多样化、生产小量化、流通高效化的时代，服务性是现代物流的本质特征。

一、现代物流的特征

1. 现代物流的服务性特征

（1）物流增值性。

物流增值性就是物流系统提供的物流，通过降低成本费用，通过创造时间与空间效应，促进生产经营过程商品和服务价值的实现与增值。

（2）物流柔性化。

物流柔性化是物流系统在为企业生产经营活动服务，为物流客户服务的过程中，本着“以需求为导向，以顾客为中心”的经营理念而提出的。物流柔性化就是根据物流需求的变化来重组物流资源，科学设计物流系统，灵活安排物流作业。物流柔性化必须适应现代生产发展的弹性制造系统、计算机集成制造系统、制造资源系统、企业资源计划及供应链管理的概念和技术，不断创新和发展物流系统的服务方式。

2. 现代物流的技术性特征

（1）物流自动化。

物流自动化的核心是机电一体化，外在表现是无人化，效果是省力化，可以扩大物流作业能力，提高劳动生产率，减少物流作业的差错。例如，条形码/语音/射频自动识别系统、自动分拣系统、自动存取系统、自动导向车、货物自动跟踪系统等。

（2）物流信息化。

物流信息化具体包括物流信息的商品化、物流信息收集的数据库化和代码化、物流信息处理的电子化和计算机化、物流信息传递的标准化和实时化、物流信息存储的数字化等。以物流系统信息化为基础的现代先进技术，如条形码技术、数据库技术、电子订货系统、电子数据交换、快速反应及有效地客户反馈、企业资源计划等技术与观念将广泛地应用于物流领域。

（3）物流智能化。

物流智能化以信息化、自动化为基础，物流作业过程大量的运筹和决策，如库存水平的确定、运输路线的选择、自动导向车的运行轨迹和作业控制、自动分拣系统的运行、物流配送中心经营管理等方面借助大量的现代管理和技术知识，建立和完善物流专家系统和物流机器人系统，实现物流智能化。

3. 现代物流的系统性特征

（1）物流运作的系统化。

物流运作必须以系统的思想来设计和安排物流运作的作业体系，把多种物流资源和物流功能要素合理地组合起来，形成一个高效运行的作业体系。需要广泛采用现代先进设施设备和技术手段，不断完善和优化物流运作系统，适应电子商务的发展需要。

（2）物流管理的系统化。

物流管理必须以系统优化为目标，以现代供应链管理的思想和技术全面整合物流管理资源，系统思考和统筹解决物流管理的决策问题，实现物流系统化管理。

4. 现代物流的协作性特征

（1）物流系统内部协作。

物流系统各部门、各环节及各功能要素之间为了实现共同的目标而产生的协作，是物流运行效率的基础。

（2）物流系统外部协作。

从供应链思想来看，物流系统只是整个供应链的一部分，为了创造供应链整体价值，顺利完成供应链运动过程就需要参与供应链的各个部分能够相互配合、共同努力，进行广泛的协作。

5. 现代物流的生态性特征

（1）物流资源的可持续发展。

物流活动需要耗费物流资源，由于改变了交易方式和过程，为实现物流资源合理化创造了条件，从而能充分降低物流资源耗费。通过供应链管理新概念和新技术的应用，不断创新物流发展模式，实现物流资源的可持续发展。

（2）物流绿色化。

现代高新技术发展为绿色物流发展提供了机遇。绿色物流就是以绿色环保思想为指导，广泛应用绿色技术设备，对绿色商品实行绿色储存、绿色运输和绿色包装的物流运作和物流管理新模式。现代企业绿色物流：一方面要严格控制物流系统的污染，另一方面要建立科学的工业和生活废料处理的物流系统。

二、现代物流的发展方向

1. 现代物流运作系统化

物流是一种系统性的经济运动，是由一些相互联系的，并有一定目的和功能的相关要素组合而成的系统。

（1）物流作业规范化。

物流更加强调物流作业流程、作业方法、作业标准，使复杂的物流操作变成简单的易于推广和考核的物流作业，不断提升物流作业的质量和效率。

（2）物流功能集成化。

现代通信技术和信息技术的发展为企业将多种物流功能进行集成提供了技术支持。物流不仅是提供单一的仓储、运输、包装功能服务，还必须开展以供应链为基础的物流功能的集成和整合，包括物流渠道的集成、物流功能的集成、物流环节的集成等。

（3）物流目标合理化。

企业从系统角度统筹规划各种物流活动，必须设立合理化物流目标，理顺物流活动过程中各环节、各功能要素与各物流需要之间的关系，通过物流资源的有效配置，形成物流运作的高效体系，实现物流活动的整体优化。

（4）物流技术一体化。

物流必须使用先进的物流技术、设备与管理为生产经营提供服务，并以现代信息技术为基础，融合各种先进物流技术，实现物流技术一体化。

2. 现代物流服务网络化

物流不仅以较低的物流成本提供高质量的物流服务，而且还要求物流服务由原来单一和分散的状况向多样化、综合化、网络化发展，主要表现在以下四方面：

（1）降低成本的物流服务。

企业需要提供不断降低物流成本的物流服务。企业必须考虑采用供应链管理办法，建立系统各方相互协作、相互联合的物流服务网络，采取物流共同化计划，通过采用先进的物流技术和设施设备，推行物流管理技术，提高物流的效率和效益，降低物流成本。

（2）延伸功能的物流服务。

企业物流强调物流服务功能的恰当定位以及完善化、网络化，除了一般的储存、运输、包装、流通加工等服务外，还在功能上扩展至市场调查与预测、采购及订单处理、物流管理咨询、物流方案的选择与规划、库存控制策略建议、货款回收与结算、教育与培训、物流系统设计与规划方案的制作等。

（3）增加便利的物流服务。

一切能够简化手续、简化操作的物流服务都是增值性服务。

在提供电子商务的物流服务时，推行一条龙门到门服务、提供完备的操作或作业提示、免费培训、免费维护、省力化设计或安装、代办业务、单一接触点、24小时营业、自动订货、传递信息和转账、物流全过程追踪等都是物流增值性服务。为此，企业必须重新设计适合生产经营需要的物流渠道，优化物流服务网络系统，减少物流环节、简化物流过程，提高物流服务系统的快速反应能力。

（4）强化支持的物流服务。

企业为了保证为生产经营活动提供快速、全方位的物流支持，必须强化、完善和健全物流服务网络体系，实现物流服务网络的系统性和一致性，以保证整个物流网络优化。企业只有形成物流服务网络才能满足现代生产经营的需要。

3. 现代物流管理信息化

物流管理最重要的是物流过程中的信息管理，以电子商务技术应用为代表的信息革命，为物流的信息管理提供了非常丰富的技术手段和解决方案，大幅度提高了信息管理水平和客户服务质量。物流发展呈现物流管理信息化趋势，主要表现在以下三方面：

（1）利用低成本物流信息交换平台大幅度降低企业生产经营成本。

随着电子商务的发展，出现了越来越多的B2B交易平台，为传统企业提供了丰富多样的贸易机会，大大降低了企业的采购和销售成本。任何有物流需求的企业，都可通过平台进行低成本物流信息交换。通过平台进行全球低成本营销，拓展业务和市场，借助网络媒体的互动性，实现网上宣传和网上营销的一体化。

（2）利用现代信息技术迅速完善物流管理信息网络。

通过有效的信息渠道，将物流过程中实物库存暂时用信息代替，形成信息虚拟库存，建立需求端数据自动收集系统，在供应链的不同环节采用EDI交换数据，建立基于Internet的数据实时更新和浏览查询、共用数据库、共享库存信息的物流管理信息系统。不断提高物流信息处理功能，将企业各个物流环节、各种物流作业的信息进行实时采集、分析、传递，并为管理提供各种作业明细信息及决策信息。

（3）应用现代信息技术改造传统物流管理。

物流管理是一门专业性非常强的技术，但从物流过程来说，80%的物流程序是相似的，可以通过技术手段设计物流专家管理系统，为传统企业改造物流管理提供指导，在企业录入生产计划和销售计划后，物流专家管理系统可以为企业特别设定物流管理方案，供企业参考运行。同时，根据企业相关计划的调整，对此方案进行修正，实现物流管理信息化。

> ? 小思考：
> 电子商务与物流管理有哪些关系？

4. 现代物流经营全球化

由于全球经济发展的一体化，促进了商品与生产要素在全球范围以空前的速度自由流动，现代企业呈现物流经营全球化趋势，主要表现在以下三方面：

（1）物流经营资源的全球化配置。

现代企业开展全球化物流经营就必须从国际贸易实际情况出发，面向全球进行物流资源的配置，提高物流资源转化效能，降低物流运作成本，以适应物流经营的全球化竞争需要。

（2）物流经营运作的全球化组织。

经济全球化发展导致商品交易规模的不断扩大以及商品交易空间迅速扩展，形成了对物流运作组织的新要求。物流经营运作必须从企业自身以及国内市场扩展到国际市场，借鉴国际物流经验，采取国际化惯例进行物流经营的组织，谋求物流经营的规模化发展。

（3）物流经营战略的全球化定位。

现代信息技术发展不仅提高了全球商务信息交换能力，而且极大地促进了世界经济的高速发展，随着世界趋向实时变化，对物流发展提出了更高的要求。为了在更广泛更多变的全球市场上提供综合物流服务以及形成核心发展能力，需要企业在全球化物流经营上进行战略定位，树立以供应链为基础的国际化物流新观念，确立物流经营发展方向和发展目标，以适应经济全球化的发展需要。

任务四 物流理论学说和物流管理

物流是随着社会经济的发展、社会分工的细化而产生的，随之必然要求物流管理不断完善和科学。随着全球经济一体化和信息技术的飞速发展，企业获取生产资料的途径与产品营销的范围日趋扩大；再加之现代企业竞争的结果使生产企业和商业企业都进入了一个微利时代，产品的成本和利润也变得非常透明。种种因素都呼唤一种新的模式来变革社会生产、物资流通、商品交易及其管理方式。

一、物流理论学说

1. 商物分离（商物分流）说

所谓商物分离是指流通中两个组成部分，即商业流通和实物流通各自按照自己的规律和渠道独立运动。商物分离是物流科学赖以存在的先决条件。

第二次世界大战之后，流通过程中“实际流通”和“所有权转让”两种不同形式出现了明显的分离，逐渐变成了两个有一定独立运动能力的不同运动过程，这就是所谓的“商物分离”。“商”指“商流”，即商业性交易，实际是商品价值运动，是商品所有权的转让，流动的是“商品所有权证书”，是通过货币实现的；“物”指“物流”，是商品实体的流通。

商流和物流也有其不同的物质基础和不同的社会形态。从马克思主义政治经济学角度看，在流通这一统一体中，商流明显偏重于经济关系、分配关系、权力关系，因而属于生产关系范畴。而物流明显偏重于工具、装备、设施及技术，因而属于生产力范畴。

所以，商物分离实际是流通总体中的专业分工，职能分工是通过这种分工实现大生产式的社会再生产的产物。这是物流科学中重要的新观念。物流科学正是在商物分离基础上才得以对物流进行独立的考察，进而形成的科学。

2. 黑大陆说

著名的管理学大师彼得·德鲁克曾经讲过：“流通是经济领域里的黑暗大陆”，德鲁克泛指的是流通，由于流通领域中物流活动的模糊性尤其突出，是流通领域中人们更认识不清的领域，所以“黑大陆”说法现在转向主要针对物流而言。

“黑大陆”说法主要是指尚未认识、尚未了解，在黑大陆中，如果理论研究和实践探索照亮了这块黑大陆，那么摆在人们面前的可能是一片不毛之地，也可能是一片宝藏之地。在某种意义上来看，“黑大陆”说是一种未来学的研究结论，是战略分析的结论；带有很强的哲学的抽象性，这一学说对于研究这一领域起到了启迪和动员作用。

3. 物流冰山说

物流冰山说是日本早稻田大学西泽修教授提出来的，他专门研究物流成本时发现，现行的财务会计制度和会计核算方法都不可能掌握物流费用的实际情况，因而人们对物流费用的了解是一片空白，甚至有很大的虚假性，他把这种情况比做“物流冰山”。冰山的特点是大部分沉在水面之下，而露出水面的仅是冰山的一角。物流便是一坐冰山，其中沉在水面以下的是我们看不到的黑色区域，而我们看到的不过是物流的一部分。

西泽修用物流成本的具体分析论证了德鲁克的“黑大陆”说，事实证明：物流领域的方方面面对我们而言还是不清楚的，在黑大陆中和冰山的水下部分正是物流尚待开发的领域，正是物流的潜力所在。

4. 第三利润源说

“第三利润源”的说法主要出自日本。“第三利润源”是对物流潜力及效益的描述。从历史发展来看，人类历史上曾经有过两个大量提供利润的领域：一是资源领域，二是人力领域。资源领域起初是廉价原材料、燃料的掠夺或获得，其后则是依靠科技进步、节约消耗、综合利用、回收利用乃至大量人工合成资源而获取高额利润，习惯称之为“第一利润源”。人力领域最初是廉价劳动，其后则是依靠科技进步提高劳动生产率，降低人力消耗或采用机械化、自动化来降低劳动耗用从而降低成本，增加利润，这个领域习惯称做“第二利润源”。

在前两个利润源潜力越来越小，利润开拓越来越困难情况下，物流领域的潜力被人所重视，按时间序列排为“第三利润源”。

第三利润源的理论最初认识是基于两个前提条件：一是物流可以完全从流通中分化出来，自成一个独立运行的，有自身目标和管理，因而能对其进行独立的总体的判断；二是物流和其他独立的经营活动一样，它不是总体的成本构成因素，而是单独盈利因素，物流可以成为“利润中心”型的独立系统。

5. 物流的“森林”说

物流的森林说是美国学者提出的，该学说认为物流整体效应如同森林。物流过程包括运输、储存、包装、配送、流通加工等环节，在物流过程中不是单纯地追求各项功能要素最优化，更重要的是追求整体的效果最优化，将各个分功能有机结合联系起来，即“物流是一片森林而非一棵棵树木”。

6. 效益悖反说

效益悖反指的是物流的若干功能要素之间存在着损益的矛盾，即某一个功能要素的优化和利益发生的同时，必然会存在另一个或另几个功能要素的利益损失，反之也如此。这是一种此涨彼消，此盈彼亏的现象，虽然在许多领域中这种现象都是存在着的，但物流领域中，这个问题似乎尤其严重。

效益悖反说有许多有力的实证予以支持。例如，包装问题，假定其他成本因素也不变，包装越省，利润则越高。但是，一旦商品进入流通之后，如果节省的包装降低了产品的防护效果，就会造成储存、装卸、运输功能要素的工作劣化和效益大减。显然，包装活动的效益是以其他的损失为代价的，我国流通领域每年因包装不善出现的上百亿的商品损失，就是这种效益悖反的实证。

在认识到物流系统存在着效益悖反的规律之后，物流科学也就迈出了认识物流功能要素，寻求解决和克服物流各功能要素效益悖反现象这一步。将包装、运输、保管等功能要素的有机联系寻找出来，成为一个整体来认识物流，进而有效解决“效益悖反”，追求总体的效果，这是物流科学的一大发展。

7. 成本中心说、利润中心说、服务中心说和战略说

这实际是对物流系统起什么作用、达到什么目的的不同认识、不同观念，因而也派生出不同的管理方法。

成本中心的含义是物流在整个企业战略中，只对企业营销活动的成本发生影响，物流是企业成本的重要的产生点，因而解决物流的问题，并不是为了搞合理化、现代化，不主要在于支持保障其他活动，而主要是通过物流管理和物流的一系列活动降低成本。显然，成本中心的考虑没有将物流放在主要位置，尤其没有放在企业发展战略的主角地位，改进物流如果目标只是在于降低成本，这势必也会影响物流本身的战略发展。

利润中心的含义是物流可以为企业提供大量直接和间接的利润，是形成企业经营利润的主要活动。非但如此，物流也是国民经济中创利的主要活动。物流的这一作用，被表述为“第三利润源”。

服务中心说代表了美国和欧洲等一些国家学者对物流的认识，这种认识认为，物流活动最大的作用，并不在于为企业节约了消耗，降低了成本或增加了利润，而是在于提高企业对用户的服务水平进而提高了企业的竞争能力。

战略说是当前非常盛行的说法，实际上学术界和产业界越来越多的人已逐渐认识到，物流更具有战略性，是企业发展的战略而不是一项具体的任务。将物流和企业的生存和发展直接联系起来的战略说的提出，对促进物流的发展有重要意义，企业不追求物流的一时一事的效益，而着眼于总体，着眼于长远，于是物流本身战略性发展也提到议事日程上来。战略性的规划，战略性的投资，战略性的技术开发是最近几年促进物流现代化发展的重要原因。

二、物流管理的概念、目标和范围

1. 物流管理的概念

物流管理也称为物流“软技术”，是指对原材料、半成品和成品等物料在企业内外流动的全过程所进行的计划、组织、实施、控制等活动。这个全过程就是指物料经过的包装、装卸搬运、运输、储存、流通加工、物流信息等环节的全过程。现代物流管理的基本任务就是对以上几项本来是独立的、分属不同部门管理的活动，根据它们之间客观存在的有机联系，进行综合、系统的管理，以取得全面的经济效益；也就是让物流“软技术”能够在不改变物流“硬技术”，即物流装备的情况下充分发挥现有设备的能力，使之最合理的调配和使用，实现与物流科学技术现代化相适应的管理现代化，运用各种现代化管理方法和手段，取得物流大系统的最佳组合。

2. 物流管理的目标

无论是制造企业还是流通企业，生产经营活动自始至终都包含着物流活动。工商企业是物流服务的需求者，同时也需要向产品的用户提供物流服务，尽管对外提供的物流服务不一定全部要由企业自己来承担。无论是企业自己承担的物流活动，还是由专业物流企业承揽的物流活动，与其他生产活动一样，都要投入物质资源和人力资源，这部分投入也要计入产品的成本。同时，作为物流活动、物流服务必须符合用户的需求。对现代物流服务的要求可以用这样一句话来表达，即在需要的时间，将所需要的物品按照指定的时间送达需要的场所。物流管理最基本的目标就是以最低的成本向用户提供满意的物流服务。

3. 物流管理的范围

从企业经营的角度讲，物流管理是以企业的物流活动为对象，为了以最低的成本向用户提供满意的物流服务，对物流活动进行的计划、组织、协调和控制。根据企业物流活动的特点，企业物流管理可以从以下三个层面上展开：

（1）物流战略管理。

企业物流战略管理就是站在企业长远发展的立场上，就企业物流的发展目标、物流在企业经营中的战略定位以及物流服务水准和物流服务内容等问题做出整体规划。

（2）物流系统设计与运营管理。

企业物流战略确定以后，为了实施战略必须要有一个得力的实施手段或工具，即物流运作系统。作为物流战略制定后的下一个实施阶段，物流管理的任务是设计物流系统和物流能力，并对系统运营进行监控，根据需要调整系统。

（3）物流作业管理。

根据业务需求，制订物流作业计划，按照计划要求对物流作业活动进行现场监督和指导，对物流作业的质量进行监控。

三、物流战略

物流战略是指为寻求物流的可持续发展，就物流发展目标以及达成目标的途径与手段而制定的长远性、全局性的规划与谋略。所以，全面的、综合的物流战略非常重要。

物流战略目标是由整个物流系统的使命所引导的，可在一定时期内实现量化的目标。它为整个物流系统设置了一个可见和可以达到的未来，为物流基本要点的设计和选择指明了努力方向，是物流战略规划中的各项策略制定的基本依据。

知识链接

企业物流战略目标的确立应符合以下标准。

（1）成本最小。

成本最小是指降低可变成本，主要包括运输和仓储成本。例如，物流网络系统的仓库选址、运输方式的选择等。当然，利润最大一般是公司追求的主要目标。

（2）投资最少。

投资最少是指对物流系统的直接硬件投资最小化从而获得最大的投资回报率。在保持服务水平不变的前提下，可以采用多种方法来降低企业的投资。

（3）服务改善。

服务改善是提高竞争力的有效措施。服务改善的指标值通常是用顾客需求的满足率来评价。当然，高的服务水平要有高成本来保证。因此，权衡综合利弊对企业来说是至关重要的。

相关音频

项目小结

物流是指物品从供应地向需求地的实体流动过程。商流是物资在由供应者向需求者转移时物资社会实体的流动，主要表现为物资与其等价物的交换运动和物资所有权的转移运动。具体的商流活动包括买卖交易活动及商情信息活动。信息流也是流通的组成部分，它和商流、物流一起共同构成了流通的“三流”。

流通领域的信息流又称流通信息流。流通信息是指伴随流通活动而产生并且为流通活动服务的信息，包括由文字、语言、图表、信号等表示的各种文件、票据和情报资料等。

我国的现代物流业是适应中国经济快速发展和对外开放、市场竞争日益加剧的形势，在传统的物流计划分配和运输体制的基础上发展起来的新兴产业。随着经济全球化、信息化进程的加快，进入21世纪，我国的现代物流业有了较快的发展，成为我国经济跨世纪发展的重要产业和新的经济增长点。

练习题

一、选择题

1. 商流是物资在由供应者向需求者转移时物资社会实体的流动，主要表现为物资与其等价物的交换运动和（　）的转移运动。

   A. 物资所有权　B. 物资使用权　C. 物资无形　D. 物资有形

2. 一个国家的国民经济物流，称之为国内物流或社会物流；国与国之间的贸易过程中所产生的物流，称之为（　）。

   A. 区域物流　B. 国际物流　C. 中观物流　D. 微观物流

3. 企业物流战略目标的确立应符合以下标准：成本最小、投资最少、（　）。

   A. 效益改善　B. 工作改善　C. 服务改善　D. 环节改善

4. 物流战略是指为寻求物流的可持续发展，就物流发展目标以及达成目标的途径与手段而制定的长远性、全局性的（　）。

   A. 发展与谋略　B. 规划与组织　C. 指挥与谋略　D. 规划与谋略

二、问答题

1. 按物流业务活动的性质分类，物流应如何分类？
2. 物流管理的范围有哪些？
3. 物流系统合理化的内容有哪些？
4. 物流产业应包括哪些内容？

三、实训题

▶【实训任务】

了解物流企业。

▶【实训目标】

通过对本地区物流发展状况的调研，使学生对物流有一个整体的感性认识。

▶【实训内容】

（1）本地区的主要物流企业。

（2）物流企业主要服务内容。

▶【实训要求】

将班级同学进行分组，每组成员不超过8人，设立组长1名，由组长安排各小组的进度，并负责总体的协调工作，选择2～3个物流企业进行实习。通过实习，提出该物流企业的优势和劣势，并提出改进意见。

▶【考核标准与方法】

（1）资料收集整理（20分）。

（2）提出该货物运输企业的优势和劣势（30分）。

（3）提出改进意见（30分）。

（4）实训过程表现（20分）。

四、案例分析题

海尔——中国现代物流的觉醒者

现代物流在中国有一点尴尬：说物流的都已经差不多要把物流这个名词说俗了，而物流在中国却离开“现代”这个限定词的含义相差很远；现代物流在海尔却有一点意想不到的成功：在全面引入现代物流的观念和做法以后，海尔已经被业内称为“中国物流管理觉醒第一人”。

当现代物流在中国碰上全面的体制冲突时，海尔却用自己企业的边界营造出了一片现代物流的蓬勃园地，并绕开了中国的体制困扰，在海外和方兴未艾的第三方物流接上了口，可以说是在中国企业中第一个完成了现代物流对一个制造业企业的全面改造，使自己不但加速向国际性的企业集团演进，而且正逐渐朝可以得到更丰厚的第三种利润的服务性企业靠拢……

海尔的案例并不说明许多问题，它也不能给现代物流在中国遇上的体制碰撞提供解决思路，因为它充其量不过是一个企业内部自营物流做得很好的典范而已。但当我们详细研究了海尔的案例以后却得出了并不完全相同的看法，如果中国的体制能如海尔在引进现代物流那样有壮士断腕的决心进行脱胎换骨的流程再造的话，那中国的经济也许会因为现代物流所提供的升级动力而提升到一个全新的“可持续发展”的高度和阶段。

在海尔物流阔步前行了两年多后，仍然使人感到海尔人对其战略起点的回答颇具深意。所谓站得多高，决定最终能看到多远，海尔实施物流重组，从一开始就突破了单纯降低成本的概念，将其定位在了适应新经济时代需要增强企业竞争力的战略高度上。

一个现代企业，如果没有现代的物流，就意味着最终会无物可流。张瑞敏将发展现代物流与企业的生死存亡联系在了一起。

传统企业一般是按计划进行采购、制造等活动，由于不重视订单的概念，导致大量的采购其实是没有订单的采购，采购回来的这些物料到底给谁也不知道，只能作为库存；同样，大量的制造业也是没有订单的制造，天天非常忙，却等于是在忙着增加库存；最后的销售，因为不知道卖给谁，说到底也无异于处理库存，降价便成了唯一的出路。在竞争激烈的中国家电市场，越来越多的企业就这样被无奈地拖进了一轮又一轮没完没了的价格战。但是，海尔没有去玩这种以亏损、停产为结局的“危险游戏”，海尔另辟蹊径、消灭库存，使订单真正成为驱使企业采购、制造、销售运作的动力，让采购回来的每一个零部件和生产线上的每一件产品都是有主的。现代物流作为实现为订单而采购最重要的支持系统，浮上了海尔的战略层次。

在海尔人眼里，海尔要做的物流是一个从源头做起，包括了供应链过程的物流。

为了打造海尔供应链的高效率，海尔人以卓越的胆识开始了极其艰巨的流程再造。

世界上的企业搞流程再造的，真正成功的只有20%，提出这一管理方法的哈默博士称其为企业的一场“革命”。在海尔经历了两年多实践流程再造的张瑞敏对此感触很深，做物流必须搞业务流程再造。对企业来说，它虽然非常必要，但是非常痛苦和艰巨。

思考题：

海尔通过自身的变革，对物流供应链有哪些影响？

分析指南：

在中国家电行业的物流供应链上，海尔这样的龙头企业在自身变革的过程中，对于推动新技术、新标准在链条上、下游企业中的应用以及改变整个链条的商业模式无疑将会产生相当的影响。值得一提的是，这一作用已经开始悄然地发挥效力。目前，海尔的采购订单100%由网上下达，网上支付已达到了总支付额的20%，网上招标竞价因为防止了暗箱操作，使价格管理透明化、准确化也得到大量采用。计算机网络应用使海尔的采购周期从原来的平均10天缩短到3天，供应链成本大大降低。同时，也使得那些不能与海尔网络对接的企业永远失去了与其同行的机会。

课后习题答案

项目二
企业物流

任务目标
1. 掌握企业物流的概念、内容及其增值作用等
2. 掌握供应物流、生产物流、销售物流等

任务内容
1. 学会企业物流的基本理论知识
2. 学会物流如何为企业服务

任务要求
1. 要求学生到物流企业了解企业的管理方法
2. 要求学生到物流企业了解企业物流业务

导入案例

雅芳改造供应链

如果你面对一个巨大的增长机遇，但却由于供应链受到阻碍而无法从中获益，你会怎么做？雅芳（Avon）面对这种烦恼的时候，着手进行了根本性的改革，这是一次风险很高的尝试，不能确保有收益。

雅芳是世界上领先的美容产品直销商，年营业额为 68 亿美元。除了化妆品、护肤品、香水和人身护理用品，雅芳还生产范围广泛的礼品项目，包括珠宝、女式内衣和时尚饰品。雅芳最初的重点是营销和销售，多年来一直忽视了供应链的管理。

首要的问题是公司的销售周期与供应链根本不匹配。短的销售周期需要一个灵活、反应灵敏的供应链。这一点雅芳感到做得不够。雅芳的工厂根据预测生产每一种产品，然后在每三周一次的销售活动开始前把货物运到各个国家的仓库。不可避免地，某些产品通过分支机构会再向工厂下紧急补充订单。然而，产品要经过从原材料到生产、再到分销的整个供应链循环，平均需要12周的时间。

这种时间上的不匹配导致了在每一次销售活动的过程中都会出现一些仓促的解决方法和大量的低效率现象。雅芳依靠员工的竭诚服务来满足消费者的需求，毫不顾及成本。但是，随着业务的增长，满足不同市场和精确预测不同产品需求的难度越来越大。自从雅芳开始以每年进入两到三个新市场的速度增长以来，难度就更大了。

语言是另一个问题。雅芳过去从供应商那里购买已经印好字的包装盒。进入新的市场就需要使用新的语言，因此需要打印的种类也就多。由于雅芳采取的是按预测生产的方法，并且供应商的交货时间较长，所以在雅芳知道不同市场上实际的产品销售量之前，它不得不订购大量预先打印好的多种包装盒。雅芳的很多需要得不到满足，都是因为现有的包装盒上印的是其他语言。

解决这些问题以及改革供应链是雅芳目前正在进行的首要大事，需要高层管理者的支持和巨大的财务投入。雅芳设置了一个集中的计划职能——这是它首先要解决的关键问题。雅芳欧洲区供应链负责人约翰·基奇纳解释说："如果没有一个集中的计划部门来预测整个区域的需求和存货水平，并迅速做出反应，雅芳就将无法达到它的增长目标。"首先，雅芳需要建立一个公共数

据库。团队花了几个月的时间来设置标准产品代码、产品描述和其他信息，使所有的国家都使用同一种语言。这个数据库使雅芳能够了解销售的趋势和存货情况，使管理者具有一种跨区域的视野，能够同时监控供给和需求。雅芳公司还设置了一个供应链和进度计划系统来支持跨区域的规划和协调职能。为了管理越来越复杂的企业，还设置了一个区域计划组织，在全面了解整个供应链的基础上，决定服务水平、存货和成本。

下一个关键步骤就是以一种操作上比较合理的方式重新设计供应链。一旦雅芳能把供应链看成一个整体，那些从单一职能的角度看似乎不太明智的决定就会突然显示出实实在在的利益——而且经常是意想不到的利益。例如，雅芳已经考虑要自己给包装瓶贴标签，而不是依靠供应商来完成，这样它就可以一直到销售趋势比较清晰的时候再决定应该把哪种语言的标签贴在产品上。多年来，市场营销部门一直在阻挠这种想法，因为他们认为这会影响产品包装的美观。从财务角度考虑，这种战略也同样是不明智的。制作标签和粘贴标签都需要增加设备和劳动力，可能会抵消这一措施带来的成本节约。

只有当雅芳回过头来把供应链看作一个端到端的过程时，真正的收益才显得比较清晰。雅芳只需要买一种空白的包装瓶来装洗发水或润肤水就可以，而不需要买印着五六种不同语言的包装瓶。工厂可以持续地生产，而不需要频繁地更换包装瓶。客户服务水平也会得到改善，因为分支机构对需求变化的反应会更加灵敏。现在，如果某个市场上的存货用完了，仓库就可以迅速做出反应，在包装瓶上贴上用适当语言印刷的标签，然后把产品装到卡车上运走。

与此紧密联系的就是存货中心系统。雅芳的两个工厂生产出的产品都运到波兰的一个集中仓库去，在那里给产品贴标签、装货，再分销到不同的区域。在原来的系统下，雅芳还不了解各个市场的具体需求，就把产品送往各个国家的仓库去。现在，它把所有产品都保存在这个中心，直到销售趋势变得比较清晰，才把产品运到需要它们的市场。

思考题：

雅芳改造供应链对其销售有哪些影响？

任务一　企业物流概述

企业是指在商品经济社会中，以营利为目的，从事独立的商品生产或商品流通等经营活动的经济组织。它是现代社会的基本经济细胞，是生产社会化和商品经济的产物。

从企业的含义可以看出，企业是一个历史范畴，自然经济和简单商品经济并不采取企业这种组织形式。企业是伴随着资本主义的发展而形成的，它一开始就同比较发达的社会分工和商品经济联系在一起。随着社会分工和商品经济的普遍化，企业也就成为基本的经济组织。

一、企业物流的概念

关于企业物流的内涵及范畴，可理解为企业物流是以企业经营为核心的物流活动，是具体的、微观物流活动的典型领域。

企业系统活动的基本结构是投入—转换—产出，对于生产类型的企业来讲，是原材料、燃料、人力、资本等的投入，经过制造或加工使之转换为产品或服务；对于服务型企业来讲则是设备、人力、管理和运营，转换为对用户的服务。物流活动便是伴随着企业的投入—转换—产出而发生的。相对于投入的是企业外供应或企业外输入物流，相对于转换的是企业内生产物流或企业内转换物流，相对于产出的是企业外销售物流或企业外服务物流。由此可见，在企业经营活动中，物流是渗透到各项经营活动之中的活动。

二、企业物流包含的内容

1. 采购

把企业采购活动归入企业物流是因为企业运输成本与生产所需要的原材料、零部件等的地理位置有直接关系，采购的数量与物流中的运输与存储成本也有直接关系。把采购归入企业物流领域，企业就可以通过协调原材料的采购地、采购数量、采购周期以及存储方式等来有效地降低运输成本，进而为企业创造更大的价值。

2. 运输

运输是企业物流系统中非常重要的一部分。事实上，运输也是企业物流最为直接的表现形式，因为物流中最重要的是货物的实体移动及移动货物的网络。通常情况下，企业的物流经理负责选择运输方式来运输原材料及产成品或建立企业自有的运输能力。

3. 存储

存储包括两个既独立又有联系的活动：存货管理与仓储。事实上，运输与存货水平及所需仓库数之间也有着直接的关系。企业许多重要的决策与存储活动有关，包括仓库数目、存货量大小、仓库的选址、仓库的大小等。

4. 物料搬运

物料搬运对仓库作业效率的提高是很重要的，物料搬运也直接影响到生产效率。在生产型企业中，物流经理通常要对货物搬运入库、货物在仓库中的存放、货物从存放地点到订单分拣区域的移动以及最终到达出货区准备运出仓库等环节负责。

5. 生产计划

在当前竞争激烈的市场上，生产计划与物流的关系越来越密切。事实上，生产计划往往依赖于物流的能力及效率进行调整。另外，企业的生产计划还与存货能力、存货预测有关。

6. 订单处理

订单处理过程包括完成客户订单的所有活动。物流领域之所以要直接涉及订单的完成过程是因为产品物流的一个重要方面是前置期，即备货周期，它是指从客户下达订单开始至货物完好地交于客户为止的时间。从时间或者说前置期的角度来看，订单处理是非常重要的物流功能。订单处理的效率直接影响到备货周期，进而影响到企业的客户服务质量与承诺。

7. 工业包装

与物流紧密相关的还有工业包装，即外包装。企业物流中运输方式的选择将直接影响到包装要求。一般来说，铁路与水运引起货损的可能性较大，因而需要支出额外的包装费用。

8. 客户服务

客户服务也是一项重要的物流功能。客户服务水平与物流领域的各项活动有关，存货、运输、仓储的决策等取决于客户服务要求。

9. 存货预测

准确的存货和物料、零部件的预测是有效存货控制的基础，尤其是使用零库存和物料需求计划方法控制存货的企业。因此，存货预测也是企业物流的一项重要功能。

除了上述列举的几个主要功能外，企业物流还包含工厂和仓库选址、维修与服务支持、回收物品处理、废品处理等功能。当然，不同的企业处于不同的发展阶段，其企业物流不一定会涉及上述的方方面面。

三、企业物流的增值作用

1. 地点效用

企业物流活动增加产品或服务价值的最直观的表现就是改变产品或服务的提供地点。从这个角度说，物流活动通过扩展企业的市场边界来增加产品的价值，而扩展市场边界的最直接表现就是通过运输来转移产品所处的地点。例如，企业通过物流活动将产品从密集的生产地运输到需求分散的各消费地，这就是地点效用。

2. 时间效用

对于企业来说，产品不仅要送达消费者需要的地点，而且还应该在消费者需要的时间送达才能实现价值。时间效用就是在消费者需要的时间将产品送达。企业物流通过运输来改变产品的位置，同时也产生产品的时间效用。另外，时间效用强调减少备货时间。因此，在当今激烈的市场竞争中显得越来越重要。

3. 形态效用

所谓形态效用是指以制造、生产和组装来增加产品的价值。企业的某些物流活动也能产生产品的形态效用。例如，DIY装机商将CPU、主板、硬盘、内存、显示器、机箱等零部件通过物流活动组织在一起形成整机；瓶装饮料公司把果汁、水、碳酸盐等调和在一起制成软饮料。这表明企业物流活动能改变产品形态，而改变产品形态可以使产品增值。

4. 占用效用

占用效用与市场营销中的产品推销紧密相关。所谓产品推销是一种直接或间接地与顾客接触，增加顾客想拥有产品愿望的一种努力。市场营销依赖企业物流来产生地点和时间效用，进而实现产品的占用效用。

相关音频

任务二　供应物流

一、供应物流的概念

供应物流是指包括原材料等一切生产物资的采购、进货运输、仓储、库存管理、用料管理和供应管理，也称为原材料采购物流。

供应物流是生产物流系统中相对独立性较强的子系统，并且和生产系统、财务系统等生产企业各部门以及企业外部的资源市场、运输部门有密切的联系。

供应物流是企业为保证生产节奏，不断组织原材料、零部件、燃料、辅助材料供应的物流活动，这种活动对企业生产的正常、高效率进行发挥着保障作用。企业供应物流不仅要实现保证供应的目标，而且要在低成本、少消耗、高可靠性的限制条件下来组织供应物流活动，因此难度很大。

二、供应物流的组成

1. 采购

采购工作是供应物流与社会物流的衔接点，是依据生产企业生产—供应—采购计划来进行原材料外购的作业层，负责市场资源、供货厂家、市场变化等信息的采集和反馈。

2. 生产资料供应

供应工作是供应物流与生产物流的衔接点，是依据供应计划和消耗定额进行生产资料供给的作业层，负责原材料消耗的控制。

3. 仓储管理、库存管理

仓储管理工作是供应物流的转换点，负责生产资料的接货和发货以及物料保管工作；库存管理工作是供应物流的重要部分，依据企业生产计划制订供应和采购计划，并负责制订库存控制策略及计划的执行与反馈修改。

4. 装卸搬运

装卸搬运工作是原材料接货、发货、堆码时进行的操作，虽然装卸搬运是随着运输和保管而产生的作业，但却是衔接供应物流中其他活动的重要组成部分。

三、供应物流过程及组织模式

供应物流过程因不同企业、不同供应环节和不同的供应链而有所区别，从而使企业的供应物流出现了许多不同种类的模式。企业的供应物流目前运用较多的有四种基本组织方式：一是委托社会销售企业代理供应物流方式；二是委托第三方物流企业代理供应物流方式；三是企业自供物流方式；四是近年随供应链理论发展起来的供应链供应方式。

任务三　生产物流

一、生产物流概述

1. 生产物流概念

生产物流活动是指在生产工艺中的物流活动。这种物流活动是与整个生产工艺过程伴生的，实际上已经构成了生产工艺过程的一部分。过去人们在研究生产活动时，主要关注一个又一个的生产加工过程，而忽视了将每一个生产加工过程串在一起，并且又和每一个生产加工过程同时出现的物流活动。例如，不断离开上一工序，进入下一工序，便会不断发生搬上搬下、向前运动、暂时停止等物流活动。实际上，一个生产周期，物流活动所用的时间远多于实际加工的时间。所以，企业生产物流研究的潜力，时间节约的潜力、劳动节约的潜力是非常大的。

2. 生产物流过程

企业生产物流的过程大体为：原材料、零部件、燃料等辅助材料从企业仓库和企业的“门口”开始，进入到生产线开始端，再进一步随生产加工过程各个环节运动，在运动过程中，本身被加工，同时产生一些废料、余料，直到生产加工终结，再运动至成品仓库便终结了企业生产物流过程。

3. 生产物流的特点

（1）实现价值的特点。

企业生产物流和社会物流的一个最本质不同之处，即企业物流最本质的特点，主要不是实现时间价值和空间价值的经济活动，而主要是实现加工附加价值的经济活动。

企业生产物流一般是在企业的小范围内完成。当然，这不包括在全国或者世界范围内布局的巨型企业。因此，空间距离的变化不大，在企业内部的储存和社会储存目的也不相同，这种储存是对生产的保证，而不是一种追求利润的独立功能，因此时间价值不高。

企业生产物流伴随加工活动而发生，实现加工附加价值，即实现企业主要目的。所以，虽然物流空间、时间价值潜力不高，但加工附加价值却很高。

（2）主要功能要素的特点。

企业生产物流的主要功能要素也不同于社会物流。一般物流的功能的主要要素是运输和储存，其他是作为辅助性或次要功能或强化性功能要素出现的。企业物流主要功能要素则是搬运活动。许多生产企业的生产过程，实际上是物料不停地搬运过程，在不停搬运过程中，物料得到了加工，改变了形态。

即使是配送企业和批发企业的企业内部物流，实际也是不断搬运过程，通过搬运商品完成了分货、拣选、配货工作，完成了大改小、小集大的换装工作，从而使商品形成了可配送或可批发的形态。

（3）物流过程的特点。

企业生产物流是一种工艺过程性物流，一旦企业生产工艺、生产装备及生产流程确定，企业物流也因而成了一种稳定性的物流，物流便成了工艺流程的重要组成部分。由于这种稳定性，企业物流的可控性、计划性便很强，一旦进入这一物流过程，选择性及可变性便很小。对物流的改进只能通过对工艺流程的优化，这方面和随机性很强的社会物流也有很大的不同。

（4）物流运行的特点。

企业生产物流的运行具有极强的伴生性，往往是生产过程中的一个组成部分或一个伴生部分，这决定了企业物流很难与生产过程分开而形成独立的系统。

在总体的伴生性同时，企业生产物流中也确有与生产工艺过程可分的局部物流活动，这些局部物流活动有本身的界限和运动规律，当前企业物流的研究大多针对这些局部物流活动而言。这些局部物流活动主要是：仓库的储存活动、接货物流活动、车间或分厂之间的运输活动等。

二、生产物流的主要及相关领域

1. 工厂布置

工厂布置是指工厂范围内，各生产手段的位置确定，各生产手段之间的衔接和以何种方式实现这些生产手段。具体来讲，就是机械装备、仓库、厂房等生产手段和实现生产手段的建筑设施的位置确定。这是生产物流的前提条件，应当是生产物流活动的一个环节。在确定工厂布置时，单考虑工艺是不够的，必须要考虑整个物流过程。

2. 工艺流程

工艺流程是技术加工过程、化学反应过程与物流过程的统一体。在以往的工艺过程中，如果认真分析物料的运动，会发现有许多不合理的运动。例如，厂内起始仓库搬运路线不合理，搬运装卸次数过多；仓库对各车间的相对位置不合理；在工艺过程中物料过长的运动，迂回运动，相向运动等。这些问题都反映了工艺过程缺乏物流考虑。

工艺流程有以下典型的物流形式：

（1）加工物固定，加工和制造操作处于物流状态。

例如，建筑工程工艺、大型船舶制造等。

（2）加工和制造的手段固定，被加工物处于物流状态。

这种工艺形式是广泛存在的形式，化学工业中许多在管道或反应釜中的化学反应过程，水泥工业中窑炉内物料不停运动完成高温热化学反应过程，高炉冶金过程以及轧钢过程。更典型的是流水线装配机械、汽车、电视机等，属于这种类型。

（3）被加工物及加工手段都在运动中完成加工的工艺。

除去上述两类极端工艺外，许多工艺是两类的过渡形式，并具两类的特点。

3. 装卸搬运

生产物流中，装卸搬运是其中一种发生最广泛、发生频度最高的物流活动，这种物流活动甚至会决定整个生产方式和生产水平。例如，用传送带式工艺取代“岛式”工艺，省却了反复的装卸搬运，变成了一种新的生产和管理的模式，是现代生产方式的一次革命；再如，“科学管理”理论的一个重要组成部分——作业研究，是研究工人搬运装卸作业的时间以及方法和定额，实际上是对生产物流的研究。

在整个生产过程中，搬运装卸耗费巨大，所以是在生产领域中物流主要功能要素的体现，是生产领域中物流可挖掘的主要“利润源”。

4. 生产物流的物流结点

生产物流结点主要以仓库形式存在，虽然都名为仓库，但生产物流中各仓库的功能、作用乃至设计、技术都是有区别的。一般来说，生产物流中的仓库有两种不同类型：

（1）储存型仓库。

一般来讲，在生产物流中，这种仓库是希望尽量减少的。在生产物流中，这不是主体。

（2）衔接型仓库。

衔接型仓库是生产企业中各种类型中间仓库的统称，有时就干脆称中间仓库。中间库完全在企业的可控范围之内。因此，可以采用种种方法缩减这种仓库，甚至完全取消这种仓库，解决这一问题需要管理方法与调整技术并用。从技术方面来讲，是调整半成品生产与成品生产的速率，在这一方面，现在采用的看板方式和物料需求计划方式（MRP方式）都有可能解决这一问题，以达到生产物流的优化。

三、典型生产物流及装备

1. 利用输送机的生产物流

输送机是生产物流采用的主要通用物流机具，甚至形成了一种生产方式的代表。20世纪初，泰勒的“科学管理”就以传送带为“科学管理”方法的内容之一。同时期，美国汽车工业巨头亨利·福特创造的“福特制”，更以连续不停地传送带运转来组织标准化的、机械化的以及自动化的生产，使输送机成了现代化大生产的非常重要的机具。

输送机在生产工艺中主要在两方面采用：一方面是作为物料输送用，如矿石、煤炭原材料的运输；另一方面是用作装配中的主要机具，工人固定在装配线上某一位置，每个工人完成一种标准的作业，随输送机不停运行，从输送机一端进入的半成品（如汽车骨架）在输送机前进过程中，不断安装各个组件、零件，在输送机另一端输出制成品。

采用输送机作为装配线或生产工艺的生产领域主要有：汽车工业、家用电器工业、电子工业、仪表工业、机械制造工业等。在生产流水线采用的主要输送机种类有：皮带输送机、辊道输送机、链式输送机、悬挂输送机、板式输送机等。

2. 作业车

以作业车为放置被加工物的物流载体，随作业车沿既定工序运动，不断完成装配或加工。

3. 具有物流能力的专业技术装备

具有物流能力的专业技术装备，这类技术装备是以实现加工、制造、反应等技术手段为主要目的。装备本身虽有物流能力，可以使物料在运动过程中接受各个固定位置的技术加工措施，但是它却完全不同于通用的物流机具，不能将其看成是物流设备。两个典型方式是高炉和水泥回转窑。

（1）高炉。

炼铁用装备，各种物料（矿石、炉料等）由上部投入，物料在高炉中，依靠本身重力从上往下运动，在运动过程中，经过预热、升温、软化、熔融，成为铁水从炉下部流出，在炉内完成物流过程，也完成熔制过程。

（2）水泥回转窑。

一定倾斜角度的水泥筒状转炉，从窑尾（高处）投入配合料，在窑炉不停转运中，配合料逐渐向低端运动，经过干燥预热、煅烧、放热反应、烧成、冷却各个区域，完成几十米甚至上百米的运动，从窑头输出熟料。回转窑不但是水泥工艺专用设备，也具有输送物料的功能。

4. 利用升降台车的物流

利用升降台车可以实现等高水平的装卸搬运，减少搬上搬下的劳动操作，这样可以防止反复搬上搬下对人力的消耗和造成工人的疲劳，有利于加快衔接速度，减少损耗。因此，可提高生产效率。

任务四　销售物流

一、销售物流概念

销售物流是伴随销售活动，将产品实体转给用户的物流活动。在现代社会中，市场环境是一个完全的买方市场。因此，销售物流活动便带有极强的被动性与服务性，以满足买方要求为前提，卖方才能最终实现销售。在这种市场前提下，销售往往以送达用户并经过售后服务才算终止。因此，销售物流的空间范围很大，这便是销售物流的难度所在。在这种前提下，企业销售物流的特点是通过包装、送货、配送等一系列物流实现销售，这就需要研究送货方式、包装方式、包装水平、运输路线等并采取各种方法。例如，少批量、多批次，定时、定量配送等特殊的物流方式达到目的。

二、销售物流在生产企业中的重要地位

1. 利润源泉

企业获得利润有两种方式：一是开源，二是节流。那么，生产和销售就是“开源”，而流就

是“节流”。物流是企业在降低物资消耗，提高劳动生产率以外的“第三利润源泉 ”，即通过物流的整合和合理化，将运输、仓储、加工、整理、配送、信息等方面有机结合，采用先进的供应链技术手段，尽可能将生产时间、流通时间缩短为最少，从而降低物流成本，从而获取利润。物流是增值性活动：一是创造时间价值，通过缩短物流时间、弥补时间差、延长时间差创造价值；二是创造场所价值，通过物流从低价值转到高价值区，便可获得价值差；三是价值创造加工价值，在加工过程中，由于物化劳动和活劳动的不断注入，增加了“物”的成本，同时更增加了它的价值。

2. 信息作用

物流为生产企业的其他部门，如采购、生产、销售等部门提供信息，以更好地指导采购、生产、销售。物流部门就是信息中枢。采购部门明白哪种产品畅销以后，通过物流部门了解信息。物流部门是一个信息平台，它根据集成信息系统各主干数据库提供的信息，根据销售计划、生产计划调整各部门库存及配送计划，同各地区的物流部门传递数据。由于各部门共用同样的数据库。因此，整个生产、销售和物流系统的不确定因素大大减少。

3. 服务作用

物流可以提供良好的服务，这种服务有利于参与市场竞争，有利于树立企业和品牌的形象，有利于和服务对象结成长期的、稳定的、战略性合作伙伴，这对企业长远的战略性发展有非常重要的意义。

三、销售物流模式

销售物流有三种主要模式：生产企业自己组织销售物流；第三方物流企业组织销售物流；用户自己提货的形式。

1. 生产企业自己组织销售物流

这是在买方市场环境下主要销售物流模式之一，也是我国当前绝大部分企业采用的物流形式。生产企业自己组织销售物流，实际上把销售物流作为企业生产的一个延伸或者是看成生产的继续。生产企业销售物流成了生产者企业经营的一个环节。而且，这个经营环节是和用户直接联系、直接面向用户提供服务的一个环节。在企业从“以生产为中心”转向以“市场为中心”的情况下，这个环节逐渐变成了企业的核心竞争环节，已经逐渐不再是生产过程的继续，而是企业经营的中心，生产过程变成了这个环节的支撑力量。生产企业自己组织销售物流的好处在于，可以将自己的生产经营和用户直接联系起来，信息反馈速度快、准确程度高，信息对于生产经营的指导作用和目的性强。企业往往把销售物流环节看成是开拓市场、进行市场竞争中的一个环节，尤其在买方市场前提下，格外看重这个环节。生产企业自己组织销售物流，可以对销售物流的成本进行大幅度的调节，充分发挥它的“成本中心”的作用。同时，能够从整个生产者企业的经营系统角度，合理安排和分配销售物流环节的力量。在生产企业规模可以达到销售物流的规模效益前提下，采取生产者企业自己组织销售物流的办法是可行的，但不一定是最好的选择。其主要原因：一是生产者企业的核心竞争力的培育和发展问题，如果生产者企业的核心竞争能力在于产品的开发，销售物流可能占用过多的资源和管理力量，对核心竞争能力造成影响；二是生产企业销售物流专业化程度有限，自己组织销售物流缺乏优势；三是一个生产企业的规模终归有限，即便是分销物流的规模达到经济规模，延伸到配送物流之后，也很难再达到经济规模。因此，可能反过来影响市场更广泛、更深入的开拓。

2. 第三方物流企业组织销售物流

由专门的物流服务企业组织企业的销售物流，实际上是生产者企业将销售物流外包，将销售物流社会化。由第三方物流企业承担生产企业的销售物流，其最大优点在于，第三方物流企业是社会化的物流企业，它向很多生产企业提供物流服务。因此，可以将企业的销售物流和企业的供应物流一体化，可以将很多企业的物流需求一体化，采取统一解决的方案。这样可以做到：一是专业化；二是规模化。这二者可以从技术方面和组织方面强化成本的降低和服务水平的提高。在网络经济时代，这种模式是一个发展趋势。

3. 用户自己提货的形式

这种形式实际上是将生产企业的销售物流转嫁给用户，变成了用户自己组织供应物流的形式。对销售方来讲，已经没有了销售物流的职能。这是在计划经济时期广泛采用的模式，将来除非十分特殊的情况下，这种模式不再具有生命力。

任务五　企业管理

一、企业管理的含义

所谓企业管理就是由企业经营者充分开发和利用各种资源（包括人力资源和信息资源），协调生产经营活动，从而达到提高企业的经济效益和社会效益目的的一系列综合活动。

企业管理的主体应该是企业的领导者和全体职工。

企业管理的客观对象是企业整个生产经营活动。

企业管理的目的是充分利用各种资源以最佳的资源配置保证整个生产经营活动统一协调，以达到提高企业的经济效益和社会效益的根本目的。

从一般意义上讲，经营与管理既有一致性，又有所区别。从它们生产的过程来讲，管理是劳动社会化的产物，而经营则是商品经济的产物；从它们应用的范围来看，管理适用于一切组织，而经营只适用于企业；从它们要达到的目的来看，管理旨在提高作业效率，而经营则以提高经济效益为目标。

当商品经济高度发展，市场由卖方市场转变为买方市场后，企业管理就由以生产为中心转变为以交换和流通过程为中心，经营的功能日显重要，也日益为人们所重视，企业管理的职能自然要延伸到研究市场需要、开发适销产品、制定市场经营战略等方面，从而使企业管理从我国计划经济时代的以生产管理为核心合乎逻辑地、历史地转变到目前社会主义市场经济时代的企业经营管理。

二、企业管理的要素

国外一些学者非常简洁地将企业管理的基本要素概括为“7M”。

1. 人事（Men）

人事要素包括职工的招聘、培训、考核、奖惩、升降、任免。

2. 金钱（Money）

金钱要素包括筹资、预算控制、成本分析、财务分析、资本营运等。

3. 方法（Method）

方法要素包括战略经营、计划、决策、质量管理、作业研究、工作设计。

4. 机器（Machine）

机器要素包括工厂布局、工作环境、工艺装备、设施等。

5. 物料（Material）

物料要素包括材料的采购、运输、储存、验收等。

6. 市场（Market）

市场要素包括市场需求预测、生产决策以及价格和销售策略制定等。

7. 工作精神（Morale）

工作精神要素包括提高工作效率，把职工的热情、兴趣、志向引导到生产或工作上，发挥人的积极性、创造性。

三、企业管理的职能

企业管理的职能是指企业必须具备的基本功能，一般包括以下六种。

1. 战略职能

战略职能包括分析经营环境、制定战略目标、选择战略重点、制定战略方针和对策、制定战略实施规划。

2. 决策职能

决策职能包括环境预测、决策方案制定及择优、方案实施。

3. 开发、创新职能

开发、创新职能包括人才资源的开发、技术开发与创新、产品开发与创新、市场开拓战略制定、制度创新。

4. 财务、会计职能

财务、会计职能包括资金筹措、资金运用、资金增值价值分配、经营分析、投资决策、资本营运及其他会计活动。

5. 公共关系职能

企业的公共关系职能是指以企业为中心有意识进行积极的协调和必要的妥协，使各种利益集团根据各自立场对企业的生存和发展予以协作或承认。这些需要协调的关系包括企业与投资者的关系、企业与往来厂商的关系、企业与竞争者的关系、企业与顾客的关系、企业与职工的关系、企业与地区社会居民的关系、企业与公共团体的关系、企业与政府机关的关系。

6. 生产、经营职能

生产、经营职能包括市场营销、生产实施、质量保证。

四、企业管理的方法

现代企业管理的方法很多，但归纳起来主要有以下五种。

1. 行政方法

行政方法是按照行政系统隶属关系，通过行政手段来执行管理职能的一种方法，它主要通过各种行政的决议、决定、规章、制度、纪律、标准、定额等方式体现。

2. 经济方法

经济方法主要有工资、奖金、罚款等经济手段以及经济合同、经济责任制等经济方式。

3. 法律方法

法律方法主要表现在企业规章制度等方面，它可以保护生产经营管理中的各种重要的经济关系，从而有利于生产经营管理活动的正常开展。

4. 教育方法

人是企业生产经营活动的主体，企业管理的一个重要任务是充分发挥广大职工的聪明才智。为此，必须重视对职工的教育。通过教育、疏导、激励等方法，可以从根本上提高劳动者的积极性。

5. 现代科学方法

在企业管理中将系统论、信息论、控制论以及运筹学等各种现代科学方法应用于企业管理。

以上方法都有各自的局限性和适用范围，在实践中应将各种方法结合起来运用。

相关音频

项目小结

企业物流是以企业经营为核心的物流活动，是具体的以及微观物流活动的典型领域。企业重视物流的目的就是希望能以最低的成本将产品送达到用户手中。事实上，企业物流的作用不仅如此，企业物流更为核心的作用还表现在通过几种经济效用来增加产品或服务的价值。这几种经济效用分别为地点效用、时间效用、形态效用及占用效用。

企业物流在不同的发展阶段包含着不同的内容。随着企业物流从单纯的产品配送向综合物流直至向供应链管理阶段发展，企业物流包含的内容不断地得到增加、丰富；企业物流涉及的领域不断地得到扩大。现在看来，企业物流几乎贯穿着企业的整个运营过程。概括地说，企业物流包含着采购、运输、存储、搬运、生产计划、订单处理、包装、客户服务以及存货预测等若干项功能。

练习题

一、选择题

1. 企业是从事经济性活动的组织，这是企业的（　）。

   A. 首要属性　　B. 第二属性　　C. 第三属性　　D. 第四属性

2. 企业物流活动增加产品或服务价值的最直观的表现就是改变产品或服务的（　）。

   A. 提供时间　　B. 提供地点　　C. 提供物资　　D. 提供工具

3. 所谓形态效用就是指以制造、生产和组装来增加（　），企业的某些物流活动也能产生产品的形态效用。

   A. 产品的价格　　B. 产品的质量　　C. 产品的价值　　D. 产品的品质

4. 采购方式的选择主要取决于（　）、资源状况、环境优劣、专业水准、资金情况和储运水平等。

   A. 企业特征　　B. 企业形象　　C. 企业规模　　D. 企业制度

二、问答题

1. 企业的含义是什么？
2. 企业物流的增值作用有哪些？
3. 生产物流的特点有哪些？
4. 销售物流的主要模式有哪些？

三、实训题

▶【实训任务】

了解物流企业的管理。

▶【实训目标】

使学生对物流企业有个整体的认识。

▶【实训内容】

物流企业业务管理的内容。

▶【实训要求】

将班级同学进行分组，每组成员不超过8人，设立组长1名，负责总体的协调工作，选择2个物流企业进行实习，通过实习，提出物流企业业务管理的内容。

▶【考核标准与方法】

（1）提出物流企业业务管理的内容（30分）。

（2）提出物流企业管理的改进意见（40分）。

（3）实训过程表现（30分）。

四、案例分析题

长运全程的连锁超市物流经

集货配送的物流服务模式带来了多赢的结果，尤其对零售商，可以解决在无配送中心的情况下商品及时送达门店的问题，帮助零售商进行快速低成本扩张。

长运全程是广州交通集团旗下的专业第三方物流公司，在广州天河区有5 000m^2的现代化配送中心，主营业务包括了干线运输、仓储配送、危险品运输等业务，通过双方的接洽探讨，长运全程开始为大润发的供应商提供集货及运输的服务。运作模式是：供应商统一交货到长运全程指定的集货点，再从集货点配送到大润发在华南的各门店。

长运全程在给连锁超市服务过程中，摸索出一套自己的经验，主要体现在以下方面。

第一，收货快捷，管理规范。通过按门店收货，划区域、货物标签化管理，有效地解决了客户多、货物品类复杂易串货的问题。同时，货物按食品和日用分类摆放，进一步缩短了门店的收货时间。

第二，收费合理，配送及时。由于服务质量的不断提升，客户数量不断增加，物流配送成本得到进一步降低，不但缩短了配送时效，超市的送货费也低于同行。在合理控制物流成本的基础上，满足了少批量、多批次的超市物流配送需求。

第三，回单完整，返回及时。通过门店专车直送和海口、厦门、北海、深圳、东莞、顺德、中山等各驻外分部的有效配合，回单签收完好、返回及时，保证了客户货款的按时回笼。

第四，退货清楚，及时方便。通过按退货时间、按门店入库管理，满足了同客户、多门店同时退货的需求，退货时做到了同客户、多门店一单一货，交接清楚。由于退货及时，满足了客户及时调整货物销售区域的需求。

第五，信息化管理，方便快捷。通过流程再造和优化的工作，适时导入物流信息化系统，实施条码化管理，并利用其资源、能力和技术进行整合，为客户提供全面、集成的超市物流配送管理服务，借助信息化规范受理、配送、退货、转货和拒收货等各个环节的流程管理，进一步降低劳动强度，提高工作效率。同时，给客户提供网上查询货物到达以及回单返回情况，使得整个业务执行过程透明化。

长运全程的集货配送模式带来了多赢的结果，对零售商可以解决在无配送中心的情况下商品及时送达门店的问题，帮助零售商进行快速低成本扩张；对供应商简化了交货流程，降低了为多门店送货带来的高运输成本，供应商可专注于销售业务，物流配送全部交给长运全程打理；对长运全程，通过规模效应，整合资源，以高性价比的服务为合作伙伴创造了价值。

思考题：
长运全程的集货配送模式带来了哪些多赢的结果？

课后习题答案

项目三
采购管理

任务目标　1. 掌握采购及采购管理的概念
　　　　　2. 掌握采购类型

任务内容　1. 学会采购管理的内容
　　　　　2. 学会采购的模式

任务要求　1. 要求学生熟悉物流企业的采购程序
　　　　　2. 要求学生熟悉物流企业的采购业务

导入案例

采购的电梯质量不合格

据悉，2020年6月5日，深圳市某公司从日本采购一批电梯11台，总价值140万美元。后向深圳市皇岗检验检疫局申报，该局于6月16日派员进行检验，该批货物包括GPM—Ⅲ客用升降梯6台、GPS—Ⅲ客用消防梯3台、YS—MA液压升降梯2台，从日本横滨港海运至深圳蛇口，再运至工地。检验中，检验检疫人员发现该批货物存在如下质量问题：主机曳引轮、限速器等关键件生锈，主机包装箱内有积水；包装简陋，控制柜内干燥剂饱和并有水流出；导轨变形、锈蚀；部分设备，如限速器、缓冲器等无制造编号；随机未附技术资料，如安装、使用、维护说明书等。后经检验检疫局人员对机内积水进行抽样送检确认，积水样品"含有氯化钠"。经双方多次交涉和谈判，日方公司终于承认电梯出厂时未按标准提供包装，对货物保护不够，导致该批电梯在运输过程中出现受潮、生锈等情况。为避免造成工程延期，7月8日，皇岗检验检疫局经请示上级主管部门后同意实施应急方案，对部分配件生锈且不影响电梯整体运行质量的电梯进行现场防锈处理后安装，供载人、载货急用，防锈由日方公司负责，并在安装运行后，延长上述两台电梯的质量保证期两年。同时，对其余9台电梯出具了《进口设备不准安装使用通知书》和《检验证书》，作为中方向日方提出索赔、退换货的依据。

其后货主等相关方又以检验检疫局的《检验证书》和《不准安装使用通知书》为依据与供货方开展了多轮谈判。9月23日买卖双方达成电梯换货补充协议书。其主要内容包括9台电梯全部退回日本更换，涉及货值110万美元。

思考题：

严格的质量检验和包装对保证产品质量有哪些影响？

任务一 采购管理概述

在市场经济条件下，企事业单位获取所需物质资料的主要途径是市场采购。而采购行为是否合理，对保证生产和服务质量、降低成本、提高经济效益都会产生直接影响。采购的含义非常广泛，既包括生产资料的采购，又包括生活资料的采购；既包括企业的采购，又包括事业单位、政府和个人的采购；既包括生产企业的采购，又包括流通企业采购。

一、采购管理的概念

1. 采购及采购管理的概念

采购是指采购人员或采购实体基于生产、转售、消费等目的购买商品或劳务的交易行为。采购同销售一样，都是市场上一种常见的交易行为。

采购不是单纯的购买行为，而是从市场预测开始，经过商品交易，直到采购的商品到达需求方的全部过程。其中，包括了解需要、市场调查、市场预测、制订计划，确定采购方式、选择供应商、确定质量、价格、交货期、交货方式、包装运输方式、协商洽谈、签订协议、催交订货、质量检验、成本控制、结清货款、加强协作、广集货源等一系列工作环节。

采购管理是指为保障企业物资供应而对企业的整个采购过程进行计划、组织、指挥、协调和控制活动。

采购和采购管理是两个不同的概念：采购是一项具体的业务活动，是作业活动，一般由采购员承担具体的采购任务；采购管理是企业管理系统的一个重要子系统，是企业战略管理的重要组成部分，一般由企业的中高层管理人员承担。企业采购管理的目的是为了保证供应，满足生产经营需要，既包括对采购活动的管理，也包括对采购人员和采购资金的管理等。一般情况下，有采购就必然有采购管理。

2. 采购管理的地位

采购管理是企业经营管理的核心内容，是企业获取经营利润的一个重要源泉，也是竞争优势的来源之一。随着全球经济一体化和信息时代的到来，采购及采购管理的地位将会被提升到一个新的高度。

（1）采购管理在成本控制中的地位。

尽管企业的经济效益是在商品销售之后实现的，但效益高低却与物资购进时间、地点、方式、数量、质量、品种等采购业务有着密切的关系。企业的经济效益是直接通过利润额来表示的，而物资采购过程中支付费用的多少同利润额成反比。因此，购进物资的质量和价格对企业经营的效益有很大影响。采购工作能否做到快、准、好，对于企业是否能生产适销对路的产品、增加销售收入是至关重要的。为了提高经济效益，企业在组织物资的采购前，必须注重对采购工作的计划、组织、指挥、协调和监控。

（2）采购管理在供应中的地位。

从商品生产和交换的整体供应链中可以看出，每一个企业都既是顾客又是供应商，任何企业的最终目的都是为了满足最终顾客的需求，以获得最大的利润。企业要获取较大的利润，可采取的措施很多。例如，降低管理费用，提高工作效率等。但是，企业一般想到的是加快物料和信息的流动，因为加快物料和信息的流动就可以提高生产效率，缩短交货周期，从而使企业可以在相同的时间内创造更多的利润。同时，顾客也会因为企业及时快速的供货而对企业更加有信心，有可能因此而加大订单。这样一来，企业就必须加强采购的力量，选择恰当的供应商，并充分发挥其作用。

（3）采购管理在企业销售工作中的地位。

物资采购作为向企业销售提供对象的先导环节，只有使购进物资的品种、数量符合市场需要，产品销售经营业务才能实现高质量、高效率、高效益，从而达到采购与销售的和谐统一；反之，则会导致购销之间的矛盾，影响企业功能的发挥。因此，产品销售工作质量的高低，很大程度上取决于物资采购的质量，而销售活动的拓展和创新也与产品采购的规模和构成有直接联系。

（4）采购管理在企业研发工作中的地位。

从某种程度上讲，没有采购支持的研发，其成功率会大打折扣。研发人员经常会感觉到，因为采购不到某种物料或者受到某种加工工艺的限制，导致设计方案难以实现。另外的情况是，设计人员费尽心思所获得的研发样品在功能上与同行业的水平相差甚远或者即使性能一样，但外观、体积、成本、制造方便性、销售竞争等许多方面都显得逊色，这主要归结于研发人员信息落后，对先进元器件了解不多，在采购方面支持不够。

（5）采购管理在企业经营中的地位。

随着现代经济的发展，许多企业都将供应商看作是自身企业开发与生产的延伸，并与供应商建立合作伙伴关系，在自己不用直接进行投资的前提下，充分利用供应商的能力为自己开发生产产品。这样一方面可以节省资金，降低投资风险；另一方面又可以利用供应商的专业技术优势和现有的规模生产能力以最快的速度形成生产能力、扩大产品生产规模。现在很多企业对供应商的利用范围逐渐扩大，从原来的原材料和零部件扩展到半成品，甚至于成品。

（6）采购管理在项目中的地位。

采购工作是项目执行的关键环节，而且是构成项目执行的重要内容。采购工作能否经济有效地进行，不仅会影响项目成本，而且还会影响到项目管理的充分发挥。

小思考：
采购就是购买，这种说法对吗？为什么？

二、采购类型

1. 以采购性质分类

以采购性质分类，采购可分为公开采购与秘密采购、大量采购与零星采购、特殊采购与普通采购、正常性采购与投机性采购、计划性采购与市场性采购。

① 公开采购是指采购行为公开化；秘密采购是指采购行为在秘密中进行。

② 大量采购是指采购数量多的采购行为；零星采购是指采购数量零星化的采购行为。

③ 特殊采购是指采购项目特殊，需要采购人员事先花很多时间从事采购情报搜集的采购行为，如采购特殊规格、特种用途的机器；普通采购是指采购项目极为普通的采购行为。

④ 正常性采购是指采购行为正常化而不带投机性；投机性采购是指物料价格低廉时大量买进以期涨价时转手图利的采购行为。

⑤ 计划性采购是指依据材料计划或采购计划的采购行为；市场性采购是指依据市场的情况、价格的波动而从事的采购行为，此种采购行为并非根据材料计划而进行的。

2. 以采购时间分类

以采购时间分类，采购可分为长期固定性采购与非固定性采购、计划性采购与紧急采购、预购与现购。长期固定性采购是指采购行为长期而固定性的采购；非固定性采购是指采购行为非同定性，需要时就采购。计划性采购是指根据材料计划或采购计划的采购行为；紧急采购是指物料急用时毫无计划性的紧急采购行为。预购是指先将物料买进而后付款的采购行为；现购是指以现金购买物料的采购行为。

3. 以采购订约方式分类

以采购订约方式分类，采购可分为订约采购、口头或电话采购、书信或电报采购以及试探性订单采购。订约采购是指买卖双方根据订约的方式而进行采购的行为。口头或电话采购是指买卖双方不经过订约的方式而是以口头或电话的洽谈方式而进行采购的行为。书信或电报采购是指买卖双方利用书信或电报的往返而进行采购的行为。试探性订单采购是指买卖双方在进行采购事项时，因某种缘故不敢大量下订单，先以试探方式下少量订单，等试探性订单采购进行顺利时，才下大量订单。

4. 以采购范围分类

（1）国内采购。

国内采购主要指在国内市场采购，并不是指采购的物资都一定是国内生产的，也可以是国外企业设在国内的代理商采购所需物资，只是以本币支付货款，不需以外汇结算。国内采购又分为本地市场采购和外地市场采购两种。通常情况下，采购人员首先应考虑本地市场采购，这样可以节省采购成本和时间，减少运输，同时保障供应；在本地市场不能满足需要时，再考虑从外地市场采购。

（2）国外采购。

国外采购指国内采购企业直接向国外厂商采购所需物资的一种行为。这种采购方式一般通过直接向国外厂方咨询或者向国外厂方设在国内的代理商咨询采购，主要采购对象为成套机器设备、生产线等。国外采购的优点主要有：质量有保证；平抑国内产品的价格，因为国外供应商提供产品的总成本比国内供应商的低一些；可以利用汇率变动获利。但也存在一些不足，其中包括：交易过程复杂，影响交易效率；需要较高的库存，加大了储存费用；纠纷追索困难，无法满足急需交货。尽管国外采购存在一定的风险，但由于我国在材料，设备等方面技术相对落后，国外采购仍然是我国企业采购的一种重要途径。

国外采购的对象为：国内无法生产的产品，如电脑制造商需要的CPU、汽车制造商需要的光电控制系统等；无代理商经销的产品，通常直接进行国外采购；在价格上占据优势的国外产品，如进口汽车、农产品等。

知识链接

1. 直接采购

直接采购是指采购主体自己直接向物品供应单位（一般指生产厂家）进行采购的方式。一般指企业从物品源头进行采购，以满足生产经营所需。目前，绝大多数企业均使用此类采购方式。

2. 间接采购

间接采购是指通过中间商实施采购行为的方式，也称委托采购或中介采购。委托流通企业采购是目前经营活动中最常用的间接采购方式，一般依靠有资源渠道的贸易公司、物资公司等流通企业实施或依靠专门的采购中介组织执行。还有一种采购方式叫企业闲置物品互换或资源交换，也可算作间接采购方式。

相关音频

任务二　采购模式

采购模式是采购主体获取资源或物品、工程、服务的途径、形式与方法。采购模式很多，划分方法也不尽相同。采购模式依据不同的方法可划分为集中采购与分散采购、联合采购、询价采购、即时制（JIT）采购、政府采购、招标采购等。

一、集中采购与分散采购

1. 集中采购

（1）集中采购的含义。

集中采购是指企业在核心管理层建立专门的采购机构，统一管理企业所需物品的采购业务。它是相对于分散采购而言的，跨国公司的全球采购部门的建设是集中采购的典型应用。以组建内部采购部门的方式来统一管理其分布于世界各地分支机构的采购业务，减少采购渠道，通过批量采购获得价格优惠。

（2）实施集中采购的优点。

① 较大的采购规模，可以获得供应商的价格折扣，降低采购成本。

② 有利于实施采购的标准化和流程的优化。

③ 可以使物流过程合理化并降低物流成本。

④ 实施集中采购有利于企业与供应商之间建立良好的合作关系，在技术开发、货款结算、售后服务支持等诸多方面进行合作。

⑤ 集中采购适合采取公开招标、集体决策的方式，有利于采购质量的提高。

⑥ 对于供应商而言，可以推动其有效管理。供应商不必同时与公司内的几个人打交道，而只需要和采购经理联系。

⑦ 有利于采购中信息化的实现。

2. 分散采购

（1）分散采购的含义。

分散采购是指由各预算单位自行开展采购活动的一种采购活动的组织实施形式。分散采购的组织主体是各预算单位，其采购范围与分散程度相关，一般情况下，主要是特殊采购项目。

分散采购是集中采购的完善和补充，有利于采购环节与存货、供料等环节的协调配合，有利于增强基层工作责任心，使基层工作富有弹性和成效。

（2）分散采购的优势和劣势。

实行分散采购有利有弊。其有利之处主要是增强采购人的自主权，能够满足采购对及时性和多样性的需求。与集中采购相比分散采购具有货量小、过程短、手续简单，占用资金少、不增加库存成本等优势。不利之处主要是失去了规模效益，加大了采购成本，不便于监督管理等。

二、联合采购

联合采购是指两个以上的企业采用某种方式进行的联盟采购行为。相对于集中采购强调企业或集团内部的集中化采购管理而言，联合采购则是指多个企业组成的联盟为共同利益而进行的采购活动。因此，可以认为联合采购是集中采购在外延上的进一步拓展。加入联盟中的各企业在采购环节上实施联合可极大地减少采购及相关环节的成本，为本企业创造可观的效益。

1. 实施联合采购的必要性

从企业外部去研究目前我国企业的现行采购机制，就会发现各企业的采购基本上是各自为战，各企业之间缺乏在采购及相关环节的联合和沟通或采购政策不统一，重复采购、采购效率低下等现象十分突出，很难达到经济有效的采购目标，由此而导致了以下几个问题：

① 各企业基本都设有采购及相关业务的执行和管理部门。从企业群体、行业直至国家的角度来看，采购机构重叠设置，配套设施重复建设，造成采购环节的管理成本和固定资产投入的增加。

② 多头对外，分散采购。采购管理政策完全由企业自行制定，与其他企业缺乏横向联系，不了解其他企业的需求和采购状况。因此，企业之间对于一些通用材料和相似器材无法统一归口和合并采购，从而无法获得大批量采购带来的价格优惠，使各企业的采购成本居高不下。

③ 各企业自备库存，又缺乏企业间的库存信息交流和相互调剂使用，从而使通用材料重复储备，造成各企业的库存量增大，沉淀和积压的物资日益增多。

④ 采购环节的质量控制和技术管理工作重复进行，管理费用居高不下。以转包生产行业为例，各企业在质量保证系统的建立和控制、供应商审核和管理、器材技术标准等各类相关文件的编制和管理上未实现一致化和标准化。各企业重复进行编制和管理工作，自成体系，造成管理费用的上升。

⑤ 采购应变能力差。以飞机制造行业为例，由于设计、制造方法的改进等原因造成的器材紧急需求不可避免，但由于从国外采购周期较长，器材的紧急需求难以满足。

因此，在采购工作中需要突破现行采购机制的约束，探索新形势下企业间的联合采购方式，以解决上述问题。

2. 联合采购的方式

（1）采购战略联盟。

采购战略联盟是指两个或两个以上的企业出于对整个资源市场的预期目标和企业自身经营目标的整体考虑，采取的一种长期联合与合作的采购方式。这种联合是自发的，非强制性的，联合各方仍旧保持着各个公司采购的独立性和自主权，彼此因相互间达成的协议及经济利益的考虑联结成松散的整体。现代信息网络技术的发展，开辟了一个崭新的企业合作空间，企业间可通过网络保证采购信息的及时传递，使处于异地甚至异国的企业间实施联合采购成为可能。例如，美国的福特、通用、克莱斯勒三大汽车公司结为采购战略联盟，曾经实施了高达2 400亿美元的庞大联合全球采购计划，为三大厂商节约了大量成本。

（2）通用材料的合并采购。

这种方式主要是存在相互竞争关系的企业之间，通过合并通用材料的采购数量和统一归口采购来获取大规模采购带来的低价优惠。在这种联合方式下，每一项采购业务都交给采购成本最低的一方去完成，使联合体的整体采购成本低于原来各方进行单独采购的成本之和。例如，美国施乐公司、斯坦雷公司和联合技术公司三家组成了钢材采购集团，虽然施乐公司的钢材用量仅是其他两家用量的1/4，但是它通过这种方式获得了大规模采购带来的低价好处。

三、询价采购

1. 询价采购的特点

询价采购是指采购者向选定的若干个供应商发出询价函，让供应商报价，然后根据各个供应商的报价而选定供应商的方法。询价采购是企业较为常用的一种采购方式，也是比较简单的一种采购方式。询价采购也称货比三家，就是企业向选定的若干个供应商（通常不少于三家）发出询价函件，让他们报价，然后企业根据各个供应商的报价而选定供应商进行采购的方法。

询价采购具有以下特点：

① 不是面向整个社会所有的供应商，而是在充分调查的基础上，筛选了一些比较有实力的供应商，进行邀请性采购。所选择的供应商数量不是很多，但是其产品质量好、价格低、企业实力强、服务好、信用度高。询价采购是分别向各个供应商发询价函，供应商并不面对面的竞争，因此各自的产品价格和质量能比较客观、正确地反映出来，避免了面对面竞争时常常发生的价格扭曲、质量走样的事情。

② 采购过程比较简单、工作量小。这是因为备选供应商的数量少，通信联系比较方便、灵活，采购程序比较简单，工作量小，采购成本低、效率高。

询价采购的缺点：由于采购频繁，工作量较大，采购供货周期受到制定询价文件、报价、评审选择、签订合同，组织供货等环节流转的影响，采购周期相对来说就显得较长，采购效率不易提高，供货和使用要求时常要受到影响。

2. 询价采购的实施步骤

（1）供应商的调查与选择。

询价采购能够发挥出供应商的优越性，克服其局限性，最关键的一条就是对资源市场进行充分调查，了解掌握供应商的基本情况，这是保证询价采购有效实施的第一步。

（2）编制及发出询价函。

询价采购不同于别的采购方式，为了发挥其特点，需要编制简单明了的询价函。一份完整的询价函应该包括：项目名称、数量、技术参数、期限、交货地点、供应商的资质证明材料、递交报价单的地点、截止时间以及报价单位法人代表或委托人签字盖章。为了保证供应商的质量及有效选择，一般情况下，询价函应至少选择向三家供应商发出。如果邀请到的供应商不足三家或者三家报价均高于控制价格，应根据实际需要二次询价或者改变采购方式。

（3）询价单的递交与评审。

供应商应该在报价截止时间日前，将报价单密封并在封口处加盖公章，递交到采购部门。同时，采购部门也应该在规定时间内组成评审小组，对供应商的报价进行详细分析、比较，应该注意的是，省钱并不是采购的唯一目的，不能只为了追求节支率，而无限度压价和忽视产品质量。供应商为了抢夺采购市场，甚至以低于成本的价格竞价，从表面上看暂时会对采购商有利，但是从长远来看，会导致供应商之间的恶性竞争，供应商会逐渐失去参与询价采购活动的兴趣或产生一些投机取巧的行为，不利于企业采购的健康发展。

（4）合同的签订、验收及付款程序。

选中供应商后，就需要与供应商按照询价采购的程序签订采购合同，合同中要包括：采购项目名称、数量、金额、交货方式、履约期限、双方权利义务、保修期、验收方法、付款方式及违约责任等条款。合同签订后，采购单位就要对商品进行验收，验收合格后，由采购方填制验收单，交采购部检验，办理有关付款手续。

（5）履约保证金。

为了约束供应商切实履行合同，中标的供应商应在签订合同时向采购部门交纳一定数额的履约保证金。在合同履行完毕，质量无问题时，予以结清。

四、即时制（JIT）采购

1. 即时制采购的原理

即时制采购又称准时化采购，是一种很理想的采购模式，是在20世纪90年代，从即时制生产发展而来的。即时制生产方式是在20世纪60年代由日本丰田汽车公司率先使用的。这种方式使丰田公司安全度过了1973年爆发的全球石油危机，因此受到了日本和欧美等国家生产企业的重视。近年来，JIT模式不仅作为一种生产方式，也作为一种采购模式开始流行起来。

即时制生产方式是丰田公司的大野耐一先生在美国参观超级市场时受超级市场供货方式的启发而萌生的想法。美国超级市场除了商店货架上的货物之外，是不另外设仓库和库存的。商场每天晚上都根据今天的销售量来预计明天的销售量而向供应商发出订单。第二天清早供应商按照商场需要的品种，需要的数量，在需要的时候，送到需要的地点，所以基本上每天的送货刚好满足商场销售的需要，没有多余，也没有库存和浪费。大野耐一就想到要把这种模式运用到生产中去，因而产生了即时制生产。

即时制生产的基本思想是“彻底杜绝浪费”“只在需要的时间，按需要的量，生产所需要的产品”，这种生产方式的核心是追求一种无库存生产系统或是库存量达到最小的生产系统。即时制这种管理思想被应用到采购中就产生了即时制采购模式，它的核心就是在恰当的时间，恰当的地点，以恰当的数量，恰当的质量采购恰当的物品。具体来讲，即时制采购的原理可概括如下：

① 与传统采购面向库存不同，即时制采购是一种直接面向需求的采购模式。它的采购送货是直接送到需求点上。

② 用户需要什么，就送什么，品种规格符合客户需要。

③ 用户需要什么质量，就送什么质量，品种质量符合客户需要，拒绝次品和废品。

④ 用户需要多少，就送多少，不少送，也不多送。

⑤ 用户什么时候需要，就什么时候送货，不晚送，也不早送，非常准时。

⑥ 用户在什么地点需要，就送到什么地点。

> **小思考：**
> 大批量少次采购和小批量多次采购相比，有哪些利弊？

2. 即时制采购的优点

① 生产制造厂商与供应商之间建立长期稳定的战略伙伴关系，签订合同的手续大大简化，不需要双方再进行反复的询价和报价，采购成本会因此而大大降低。

② 采购的物资可以直接进入生产部门，减少了采购部门的工作压力和不增加价值的活动过程，实现供应链的精细化运作。

③ 大幅度减少原材料和外购件的库存。据国外一些实施即时制采购策略企业的测算，即时制采购可使原材料和外购件的库存降低40%～85%。原材料和外购件库存的降低，有利于减少流动资金占用，加快流动资金周转速度，同时，节省原材料和外购件的库存占用空间，从而降低库存成本。

④ 提高采购物资的质量。实施即时制采购，可以使购买的原材料和外购件的质量提高2～3倍。而且，原材料和外购件质量的提高，又可以有效地降低质量成本。据测算，实施即时制采购可使质量成本降低26%～63%。

⑤ 降低原材料和外购件的采购价格。由于制造商和供应商的战略合作以及内部规模效益与长期订货，使得购买的原材料和外购件可以享受较大的价格优惠。例如，生产复印机的美国施乐公司，通过实施即时制采购策略，使其采购物资的价格降低了40%～50%。

此外，推行即时制采购策略，能有效缩短交货时间，加强供需双方信息共享，实现企业供应链同步运作，从而提高企业的劳动生产率，增强企业的适应能力。

五、政府采购

1. 政府采购概述

政府采购制度起源于欧洲。1782年英国政府成立了“文具公用局”也称“办公用品局”，负责采购政府所需的货物和投资建设项目，并规定了一套政府采购所特有的采购程序及规章制度，其中包括超过一定金额的政府采购合同必须使用公开的、竞争的程序完成，即公开招标。瑞士政府也是世界上较早具备完善的政府采购体系的国家之一，他们制定和实施政府采购制度已有两百多年的历史。1861年，美国也通过了一项联邦政府采购法，规定了采购机构、采购官员应遵循的程序和方法。

1998年，深圳市率先制定了我国政府采购的第一个地方性法规《深圳经济特区政府采购条例》。随后，河北、上海、江苏、辽宁等省、市也先后制定了政府采购管理办法。

1998年，国务院明确规定财政部为政府采购的主管部门，从而在我国初步建立起了政府采购管理机构及执行机构来地方各级人民政府也相继在财政部门设立或明确了政府采购管理机构来监督管理政府采购活动。

> **小思考：**
> 个人独资经营企业的物资采购可以采用政府采购的方法吗？为什么？

（1）政府采购的概念。

政府采购是指各级国家机关、事业单位和团体组织使用财政性资金采购依法制定的集中采购目录以内的或者采购限额标准以内的货物、工程和服务的行为。

政府采购是国家经济的组成部分，是政府行政的一项重要内容。政府采购与其他采购活动相比，具有的特征：一是政府采购是财政支出方式的市场化；二是政府采购是财政支出管理方式的变革，从采购决策到采购方式和程序的选择都有较强的行政管理色彩，是财政管理与市场机制的有机结合。

（2）政府采购不以营利为目的。

政府采购的目的是为了满足开展日常政务活动和提供公共服务的需要。同时，以维护社会公共利益作为出发点，注重社会效益。

（3）政府采购具有较强的政策性。

政府采购与政府的宏观调控政策相协调，起到调节经济运行的作用。

（4）政府采购公开透明，并把竞争方式作为实现采购的主要手段。

（5）政府采购受到法律的严格限制。

突出表现在：采购决策必须按照法定程序批准后才能组织实施；采购的方式和程序由法律明文规定；采购机关的权利受到法律的制约；采购的对象受到法律的限制和采购标准的控制。

2. 实行政府采购的作用和意义

目前，世界发达国家和地区基本上都实行了政府采购，这是市场经济发展以及政府行为规范化的必然产物。

（1）实行政府采购的作用。

① 政府采购是规范财政支出管理、增强财政资金使用效益的有效途径。政府采购可以把资金限制在预算范围内，以获得竞争价格的优势，进而降低采购成本，形成规模效益。实际上是以规范化的形式结束过去各部门在使用财政性资金采购的过程中分散的无规可循、无法可依的采购历史，使采购工作迈入法制化、规范化的道路。

② 政府采购是防范腐败行为、强化廉政建设的重要举措。通过招投标方式进行交易，实现交易的公开、公正、公平，可以有效地抑制采购工作中的各种腐败现象和不正之风，有助于净化财经秩序和重塑廉洁之风。

③ 政府采购制度是保护民族产业和国内工业的重要手段。政府采购优先购买国货的政策要求是符合国际惯例的。事实上，政府采购市场已是各国对国内市场进行保护的最后保留地。

（2）实行政府采购的意义。

在我国现阶段，特别是在现行财政支出缺乏规范化管理的情况下，积极稳妥地建立、健全政府采购制度是一项当务之急的工作，具有重要的意义。

① 有利于完善社会主义市场经济体制。建立政府采购制度，可以有效地促进公平交易，维护正常的交易秩序。同时，还能促进政府消费行为的市场化。

② 有利于国家加强宏观调控。政府是国内最大的单一消费者，采购政策对国民经济有着直接的影响，采购政策可调整产业结构，保护民族工业。

③ 有利于加强财政支出管理，提高财政性资金的使用效益。政府采购制度的实施，不仅提高了财政支出的透明度，而且有利于提高财政资金的使用效益。

④ 有利于加强廉政建设。政府采购活动在公开、公平、公正和透明的环境中运作，便于从源头上有效地抑制采购活动中的各种腐败行为。

⑤ 有利于对外开放。政府采购制度的建立为我国进一步对外开放奠定了基础。

3. 政府采购的目标

政府采购有巨大的社会政策功能，利用政府采购推行国家的社会政策目标，是各国政府采购法立法的重要目标之一。我国《政府采购法》第九条规定，政府采购应当有助于实现国家的经济和社会发展目标，具体如下：

（1）保护环境。

政府采购应当优先采购高科技和环保产品，促进环保企业的发展，保证经济的可持续发展。

（2）扶持不发达地区和少数民族地区。

我国疆域辽阔，经济发展不平衡，特别是中西部地区和少数民族地区经济相对比较落后，开发中西部地区是我国重要的经济战略，政府采购在扶持不发达地区和少数民族地区方面是有所作为的。

（3）促进中小企业发展。

中小企业在社会经济发展中起了重要的作用，国家创造条件促进中小企业的发展，专门制定了《中小企业促进法》，政府采购应当向中小企业倾斜，促进中小企业的发展，保证经济的持续稳定发展。

4. 政府采购的原则

政府采购应遵循公开透明、公平竞争、公正和诚实信用等原则，具体如下：

（1）竞争性原则。

竞争是政府采购的最大特点。政府采购的主要目标是通过促进供应商、承包商或服务提供者之间最大限度的竞争来实现的。通过竞争，形成买方市场，促使投标人提供更好的商品、技术和服务，设法降低产品成本和投标报价，从而形成对买方有利的竞争局面，可以以较低的价格采购到优质的商品。

（2）公开透明性原则。

公开透明性原则是指有关政府采购的法律：政策、程序和采购过程都要公开，采购机关使用公共资金进行采购，对公众具有管理责任，务必谨慎地执行政府采购政策并使采购具有透明度。

公开透明性原则使得采购法律和程序具有可预测性，有利于投标商预测参加投标的代价和风险，提出最为合理的价格。同时，公开透明性原则还有利于防止采购机构及其上级主管做出随意的或不适当的行为或决定，从而增加潜在的投标商参与采购竞争并中标的信心。

（3）公平性原则。

公平性原则是指参加竞争的所有投标商机会均等，享受平等待遇。有兴趣的供应商、承包商或服务提供者都有机会参加竞争；资格预审和投标评价对所有的投标人都使用同一标准，采购过程向所有投标人提供的信息都一致；不歧视公有或非公有、本地或外地、国内或国外投标商等。公平性原则是实现政府采购目标的重要原则。

（4）保护民族经济，提高国民经济竞争力原则。

面对经济全球化的挑战，政府采购成为保护民族经济的“主力军”。随着我国加入世贸组织，我国经济已经逐步融入国际经济全球化，需要逐步开放政府采购市场。其实，在我国政府采购市场上早已充斥着形形色色的进口产品，而我国民族企业的产品却很难打入别国的政府采购市场，这就形成了事实上的不平等。因此，用政府采购制度扶持具有竞争力的民族产业，保护民族经济对增强我国综合国力具有重要的经济战略意义。因此，在开放的市场竞争环境中，利用政府采购这个庞大的购买力系统保护民族经济就显得尤为重要。

（5）扩大政府采购的范围与规模原则。

由于我国政府采购制度起步较晚，目前仍处在积极发展的阶段，许多应纳入《政府采购法》调整的公共支出行为仍未纳入规范管理。与发达国家相比，我国政府采购的相对规模较小。本来政府采购就是一项发挥采购商品的规模效应、节约和有效使用有限的财政资金的制度，范围太窄、规模太小就难以发挥政府采购制度的优势，甚至反而会增加成本。因此，扩大政府采购的范围与规模，应该是我国政府采购发展还不完全成熟时期的特殊原则。

5. 政府采购中心

《政府采购法》规定，集中采购机构是非营利性事业法人，根据采购人的委托办理采购事宜。因此，集中采购机构属于为党政机关各部门办理采购工作的服务性机构。同时，行政性事业单位的性质也决定了集中采购机构属于公益性组织，不以营利为目标，它的运行和所从事的集中采购活动全部依靠国家财政来维持。

（1）政府采购中心不隶属于财政部门。

财政部门作为本级政府采购工作的主管部门，要确保其监督工作的客观公正性，就不能既行使政府采购工作的管理职能，又实施采购业务的具体操作。否则，对采购工作的管理监督机制就会流于形式、名存实亡。

（2）政府采购中心是一个非营利性的事业组织。

采购中心作为采购单位与供应商联系的桥梁，要保持其“公平、公开、公正”的立场，就必须与双方之间都没有任何性质的经济利益关系，而一旦采购中心是一个营利性的组织，就很难保证它在选择中标供应商时就没有权衡其自身利益最大化的“私心”，把采购、营利的手段，以至于产生各种违背政府采购宗旨的不法行为。

（3）政府采购中心必须要有独立的法人资格。

政府采购中心有时要接受采购单位等的委托开展采购业务，就要与它们签订相关的委托协议或受托与供应商签订有关合同等，这就要求其必须具有独立的法人资格，对自己的事业活动、商业行为等承担相应的风险，并依法承担不可推卸的经济、法律责任。

（4）政府采购中心是一个具有严格的内部牵制约束机制的机构。

政府采购中心是行使集中采购的具体操作机构，从事高度集中的商业行为，在其各个运行环节上均有可能涉及商业秘密或信息等。因此，必须要有一套完善的、规范的操作规程，使各操作岗位之间具有一个严密的监督制约机制，如采购活动的决策岗位与具体操作岗位之间就必须相互监督牵制；采购经办人与采购合同审核岗位之间就必须相互分离制约等，以避免内控不严、牵制不力、责任不清等原因，导致不法分子乘虚而入，产生各种各样的腐败行为，扰乱政府采购的正常工作秩序。

小思考：

政府采购权力如果掌握在政府主要领导者的手中，可能会出现什么问题？

6. 政府采购的基本制度

（1）政府采购的模式。

根据集中采购程度的不同，政府采购模式分为三种，即集中采购模式、分散采购模式和集中与分散相结合的采购模式。

（2）信息公开制度。

政府采购的信息应当在政府采购监督管理部门指定的媒体上及时向社会公开发布。政府采购项目的采购标准应当公开，采购人在采购活动完成后，应当将采购结果予以公布。

（3）回避制度。

在政府采购活动中，采购人员及相关人员的回避，包括自行回避和申请回避。

（4）采购本国货物政策。

各国都利用政府采购保护和促进本国工业的发展，所以各国的政府采购法规定优先购买本国的产品，如美国制定《购买美国产品法》。因此，我国《政府采购法》第十条规定，政府采购应当优先采购本国货物、工程和服务。

知识链接

政府采购的程序

2020年1月，某市政府采购中心受该市教育局的委托，以竞争性谈判方式采购一批教学仪器设备。政府采购中心接受委托后，按规定程序在监管机构规定的媒体上发布了采购信息，广泛邀请供应商参加。由于本次未涉及特许经营，采购文件也未对供应商资格提出特殊限制条件，除规定供应商具备《政府采购法》第二十二条的规定条件外，仅要求供应商提供所供仪器设备是正品的证明，并保证售后服务即可。然后，政府采购中心在规定的时间内，组成谈判小组，并按规定程序，在有关部门的监督下，于2月16日履行了谈判等程序。

外市的一家公司M从4家供应商中胜出，成为第一候选人。7天后，政府采购中心正等待教育局确认结果时，收到本市一家供应商H的内装有书面投诉书的挂号信。其主要内容是：供应商H是成交货物生产商在本市的唯一代理商，M公司不是代理商，其授权书是假的，现M公司正在外地联系货源，要求政府采购中心查处造假者，且查处之前不得公布成交结果。政府采购中心收到挂号信后不到2小时，H公司的代表也来到政府采购中心，又当面提出了上述要求。

与此同时，该市财政局党委、纪检组，市纪委、监察局等部门也都收到了H公司的投诉书，内容都是反映政府采购中心“暗箱操作”，使“造假者成交”，严重违反了《政府采购法》等法律法规，要求市财政局党委、纪检组，市纪委、监察局等部门立即调查处理，并要求查处之前不准政府采购中心公布成交结果。后来，政府采购中心没有接受H公司的要求，只向其进行了解释，仍按程序在规定的时间内公布了成交结果，市财政局党委、纪检组也没有接受H公司的要求，而是要H公司认真学习《政府采购法》等法律法规，正确对待本次采购。由此可见，H公司的投诉没有得到政府采购中心等部门的受理，是一次无效投诉。

六、招标采购

招标采购是在众多的供应商中选择最佳供应商的有效方法。它体现了公平、公开和公正的原则。招标采购方式通常用于比较重大的建设工程项目、新企业寻找长期物资供应商、政府采购或采购批量比较大等场合。

1. 招标采购的方式

招标采购是通过在一定范围内公开购买信息，说明拟采购物品或项目的交易条件，邀请供应商或承包商在规定的期限内提出报价，经过比较分析后，按既定标准确定最优惠条件的投标人并与其签订采购合同的一种高度组织化的采购方式。

目前，世界各国和国际组织的有关采购法律及规则都规定了公开招标、邀请招标、议标三种招标方式。

（1）公开招标。

公开招标又称竞争性招标，即由招标人在报刊、电子网络或其他媒体上发布招标公告，吸引众多企业单位参加投标竞争，招标人从中选择中标单位的招标的方式。《招标投标法》第十条第二款规定，公开招标是指招标人以招标公告的方式邀请不特定的法人或者其他组织投标。

公开招标的种类：按照竞争程度，公开招标方式又可以分为国际竞争性招标和国内竞争性招标，其中国际竞争性招标是采用最多、占采购金额最大的一种方式。

公开招标的条件具体如下：

① 招标人需向不特定的法人或者其他组织（有的科研项目的招标还可包括个人）发出投标邀请。招标人应通过公共媒体公布其招标项目、拟采购的具体设备或工程内容等信息，向不特定的人提出邀请。任何认为自己符合招标人要求的法人或其他组织、个人都有权向招标人索取招标文件并届时投标。采用公开招标的招标人不得以任何借口拒绝向符合条件的投标人出售招标文件；依法必须进行招标的项目，招标人不得以地区或者部门不同等借口违法限制任何潜在投标人参加投标。

② 公开招标须采取公告的方式，向社会公众明示其招标要求，使尽量多的潜在投标商获取招标信息前来投标，从而保证招标的公开性。

实际生活中，人们经常在报纸上看到“××招标通告”，此种方式即为公告招标方式。采取其他方式，如向个别供应商或承包商寄信等方式招标的都不是公告方式，不应为公开招标人所采纳。

（2）邀请招标。

邀请招标是由采购人根据供应商或承包商的资信和业绩，选择一定数目的法人或其他组织（不能少于三家），向其发出招标邀请书，邀请他们参加投标竞争，从中选定中标供应商的一种采购方式。

适用条件，具体如下：

① 涉及国家安全、国家秘密或者抢险救灾，适宜招标但不宜公开招标的。

② 项目技术复杂或有特殊要求，再或者受自然地域环境限制，只有少量潜在投标人可供选择的。

③ 采用公开招标方式的费用占项目合同金额的比例过大的。

④ 非依法必须公开招标的项目，由招标人自主决定采用公开招标还是邀请招标。

⑤ 国家重点建设项目的邀请招标，应当经国家国务院发展计划部门批准；地方重点建设项目的邀请招标，应当经各省、自治区、直辖市人民政府批准。

⑥ 全部使用国有资金投资或者国有资金投资占控股，再或者主导地位的并需要审批的工程建设项目的邀请招标，应当经项目审批部门批准，但项目审批部门只审批立项的，由有关行政监督部门审批。

（3）议标。

议标也称谈判招标或限制性招标，是指直接邀请三家以上合格供应商就采购事宜通过谈判来确定中标者。议标主要有以下方式：

① 比价议标方式。“比价”是兼有邀请招标和协商特点的一种招标方式，一般适用于规模不大、内容简单的工程和货物采购。通常的做法是由招标人将采购的有关信息送交选定的几家企业，要求他们在约定的时间提出报价，招标单位经过分析比较，选择符合自己要求的企业，对于工期、造价、质量付款条件等细节进行协商，从而达成协议，签订合同。

② 直接邀请议标方式。选择中标单位不是通过公开或邀请招标，而由招标人或其代理人直接邀请某一企业进行单独协商，达成协议后签订采购合同。如果与一家协商不成，可以邀请另一家，直到协议达成为止。

③ 方案竞赛议标方式。选择工程规划设计任务的常用方式。通常组织公开，也可邀请经预先选择的规划设计机构参加竞赛。一般由招标人提出规划设计的基本要求和投资控制数额，同时

提供可行性研究报告或设计任务书、场地平面图、有关场地条件和环境情况的说明以及规划、设计管理部门的有关规定等基础资料，参加竞争的单位据此提出自己的规划或设计方案，阐述方案的优势，并提出该项规划或设计任务的主要人员配置、进度安排和完成任务的时间、总投资估算和设计等，一并报送招标人。然后，由招标人邀请有关专家组成的评选委员会，选出中标单位，招标人与中标企业签订合同。对未中选的参审单位给予一定补偿。

此外，在科技招标中，一般使用公开招标。招标单位在接到各投标单位的标书后，先就技术、设计、加工、资信能力等方面进行调整，并在初步认可的基础上来选择一名最理想的预中标单位并与之协商，对标书进行调整洽谈，如果双方的意见一致，就可定为中标单位，若不一致则再找第二家预中标的供应商或承包商。这样逐次协商，直到双方达成一致意见为止。这种议标方式使招标单位有更多的灵活性，可以选择到比较理想的供应商和承包商。

相关案例

大批量电脑招标采购案例

1. 案例背景

本项目为电脑采购项目，于2018年8月23日下达采购中心，被列入政府采购范围。这次联合集中采购计算机为3 120台，涉及120个单位，分布在全市的各个地方。计算机的配置要求高，其中120台计算机的配置要求为当前最先进配置，具有极高性能价格比的高档多媒体PC机。

2. 招标准备

由于本次招标计算机数量多，所以在确定招标方式上，既考虑到120个单位需要计算机的紧迫性，又考虑到采购程序的严密性、招标范围的公开性，最终把招标方式确定为公开招标。8月24日以公开招标的方式在政府采购网站发布招标公告，并在当地报纸上发布招标公告。

招标文件编制的具体做法是将计算机分为A、B和C3个包，A包为2 000台计算机，B包为1 000台计算机，C包为120台高档计算机。这样分主要考虑到两个因素：一是要求制造供应商供货时间短，3 000台计算机可能的话由两家供应商提供，缩短制造周期；二是120台高档计算机要求配置高，性能稳定可靠，兼顾到中高档国内外品牌的投标、中标机会。随后开始出售标书，共有15家公司购买了招标文件。

3. 招标过程

9月6日在政府采购中心开标，特别邀请公证处的两位公证员开标公证，邀请政府采购监督小组的两位监督员作为监标人，评标专家由政府采购中心提供，在评标当天通知采购中心，保证了评标专家的保密性和公正性。邀请四位资深专家和一位使用单位人员组成评标小组，评标小组决定3 000台计算机项目授予L公司，120台高档计算机项目授予T公司。

4. 履约合同

9月10日与L公司签订合同，L公司授权，具体工作由B公司实施。9月14日与T公司签订合同，T公司授权，具体工作由Q公司实施。随后采购中心与使用单位、中标单位、被授权单位召开了协调会议，达成《工作安排备忘录》。

在各单位具备安装条件的情况下，10月13日完成了计算机的安装调试。为保证该项目的顺利实施，B公司和Q公司做了大量的工作（事前准备、调查，事中协调、联系用户等），全心全意地为使用单位服务，最大范围内满足使用单位提出的要求。

5. 后记

定标与签订合同之后，采购中心的工作并未完成，监督履约和项目的验收及付款等是政府采购工作的重要环节。项目的执行责任人必须与供应商、买方、出资方保持经常的联系，了解履约中出现的问题，及时进行协调，这方面的工作今后有待加强。

本次招标项目节约资金364.8万元，节约率达21.9%。效果比较明显。

对于公开招标的项目，要做到公正、公平，其重点在于评标小组的组成。使用单位往往作为评标小组的组成人员之一，在评标时专家评委经常首先倾听他们的意见，而使用单位有可能提出一些片面的带有某些导向性的意见，如何避免类似的问题有待思考。

为了确保大批量计算机的供货质量，在签订供货合同的时候，特别增加了一条，就是在计算机送到单位后，抽出一定数量机器到技监部门做性能和防辐射检测，合格后再使用。因此，供应商在制造计算机时，势必加强对产品质量的控制，使用户对政府采购感到放心满意。

（资料来源：牛鱼龙. 经营物流：采购与销售[M]. 北京：海天出版社. 2018.）

2. 招标采购的一般程序

（1）策划。

在策划阶段，要对招标投标活动的整个过程做出具体安排，包括制定总体实施方案、项目综目分析、确定招标采购方案、编制招标文件、制定评标办法、组建评标委员会和邀请有关人员等。

（2）招标。

招标采购活动方案得到企业领导的同意后，进入第二阶段，就是招标阶段。招标阶段应当做以下工作：

① 拟订招标采购工作计划，其主要内容包括招标物资名称、规格、数量、技术质量标准、估价金额、用途、招标时间、聘请专家人数，然后报公司主管领导批准后，按确定的招标方式开展招标活动。

② 形成招标书。物资采购主办单位，应当根据采购项目的要求认真编制招标文件；招标文件分为两个部分，即“招标标书”和“投标须知”。

③ 由招标负责人、专家和主管领导共同编制，并密封保存，在定标前不得泄密。必要时还可以要求咨询公司代理。

④ 发送招标书。招标人在向投标供应商提供招标文件前，应按招标文件要求对供应商资信进行预审。然后采用适当的方式，将招标书送到潜在投标供应商手中。

招标人于投标截止日前若干个工作日在网上发布招标公告。凡是与招标有关的内容，需要向投标人公开的，一律在网上发布；不能公开的，也不能私下泄露给任何投标方。招标工作要本着“公开选购、公平竞争、公正交易”的原则，严格按程序办事，任何人不得更改程序和私自插进未经确定的单位参加投标，不得私自与供应厂商串通，泄露招标秘密，如有违反者，应严肃处理。

（3）投标。

投标供应商收到招标书后，如果投标人符合条件，并愿意投标，就可以进入第三阶段，就是投标阶段。投标阶段应当做以下工作：

① 编制投标文件。根据招标文件的要求编制投标文件，其投标文件内容主要包括投标物资明细价格表、投标项目方案及说明、技术和服务响应书、投标资格和资信、投标保证书等。投标文件加盖供应商单位印章并由法定代表人或其授权代理人签署后，以电子文档的方式在投标截止

时间前，通过加密邮件发送给招标指定的邮箱。

② 在招标规定的截止时间前按招标所规定的金额或比例交纳投标保证金，通过网上电子银行汇入招标办公室指定银行账户上。

③ 投标截止时间前，供应商可以提供补充、修改文件（亦按规定密封），也可以书面申请撤回投标，这些文件还可以用加密邮件传送给招标人指定的邮箱。

（4）开标。

投标结束后，将投标文件在规定的时间和地点公开进行开标，开标时可以邀请投标商和委托代表参加。这样就可以进入第四阶段，就是开标阶段。开标阶段应当做以下工作：

① 招标人按规定时间和地点组织开标，开标由招标负责人主持，评委会成员、采购部门、使用单位、社会公证机构参加。开标前宣布评标方法和标准，该标准应当发布在网上。

② 开标时应当众检查和启封投标书，宣读供应厂商投标文件的主要内容，宣布评标、定标原则和办法。开标时发现投标文件不符合规定要求的应宣布该投标书无效。公开招标、邀请招标、协商招标均应有两个以上有效投标才能成立。

③ 评标委员会依照“公正、科学、合法”的原则和招标文件要求进行评标。所有的投标书的相关内容亦应公布在网上，提高公正性。在满足招标文件各项要求的情况下，接近标底最低投标价中标。对于可能引起误会的做法，招标人应当给予解释。

在开标前，如果有不正当的违法行为、采购单位收到诉讼或质疑、出现突发事故，要变更或取消采购计划。

（5）评标。

开标后，就可以进入第五阶段，就是评标阶段。评标阶段应当做以下工作：

① 投标人可以拿自己的投标书当着全体评标小组陈述自己的投标书，并且接受全体评委的质询，必要时还要辩论。招标人对评标过程进行记录，并做出裁决书，由招标负责人、评标委员会成员签名并备案。

② 全体评标小组成员对投标人进行分析评比，最后投票选出最优中标人。

评标是招标投标活动中十分重要的阶段，评标是否真正做到公正、公平，决定着整个招标投标活动是否公平和公正，而且关系到投标活动的成败。所以，评标委员会的组成和工作程序必须有严格的规定。评标委员会不少于5人，依照《招标投标法》第37条的规定，评标委员会必须有技术、经济等方面的专家，且人数不得少于成员总数的2/3。供应商通过技术咨询对项目的提前介入，不可避免地使用户具有了某种程度上的倾向性。此外，从用户的角度往往希望技术先进一些，指标高一些，这在主观上也造成对评标结果的不公。因此，缺乏技术专家参与评标委员会往往在技术上会倒向一边，并导致评标委员会中商务与技术两方面的对立。

（6）定标。

经过专家评比分析后，选择出中标人，这样就可以进入最后阶段，就是定标阶段。定标阶段应当做以下工作：

① 评标结束后，招标办公室应在三个工作日内以电子文档的形式向中标供应商发出《中标通知书》，同时向落标供应商发出《落标通知书》。

② 中标人在接到《中标通知书》后，应接通知指定时间、地点，双方签订物资供需合同。

上述六个阶段基本完成了整个招标采购业务活动。不同国家和地区的招标程序会因实际情况略有所变化，但不会存在太大差异。

3. 网上招标

（1）网上招标的作用。

网络招标是以招投标相关法律法规为依据，以信息技术为依托，通过互联网发布信息、下载标书、投标、开标、评标、合同授予等工作环节，实现招投标活动的电子信息系统。信息技术在信息传播领域中具有及时性、广泛性等特点，为招投标采购活动公开、公证提供了技术保障，说明了电子化推动了采购活动本身的公开和透明。

① 提高招标采购效率，降低采购成本。招标采购能够缩短招标项目采购周期，节约采购活动的时间，提高采购效率。实施网络招标，招标人、投标人、中介机构所负担的差旅费、运输费、印刷费等直接费用也有很大程度的降低。

② 降低腐败现象的发生。在我国，社会公众比较关注政府和公共资金的支出情况。加强招标采购透明化建设，让社会公众了解到招标采购活动的整个过程，这样在招标中出现的“暗箱操作”等现象，通过社会公众的“阳光监督”机制下，得以最大限度地避免。

将招标采购情况在网上公布是防止行业腐败的有效机制。社会公众可以通过互联网了解采购行为的全过程，实现他们的知情权和监督权，发挥公众和社会监督的作用。在颁布的《北京市城市基础设施特许经营者招标投标程序性规定》中，就增加了招投标信息公示的内容，这些措施取得了很好的社会效果。

③ 节约资源和保护环境。招投标工作要为国民经济和社会发展的全局服务，建设资源节约型和环境友好型社会，加强和谐社会建设等指导原则和政策，贯彻到招标投标的具体活动中去。

④ 规范市场秩序。国家虽然颁布并实施了《招标投标法》等法律法规，但是在实际招标过程中，有法不依、执法不严的现象依然存在。网上招标建立在公开、公平、公正的投标环境，规范了市场秩序，防止上述现象的发生。

（2）招投标制度及招标采购运作模式。

① 招投标制度就是一种规范的比价采购模式。在国际通行的招投标制度（如世界银行采购招标程序、国际土木工程师协会FIDIC招标程序）中，对询价和定价的每一步操作均做出了详细的规定和说明。特别突出在3个方面：一是严格的操作程序、规则和标准招标文件；二是具体和明确的技术要求和计量规则；三是详细而全面的标准合同条件。

对于大型和复杂的采购项目，招投标制度的优点是非常明显的。近年我国政府开始推行招投标制度并首先在政府采购和建筑工程项目管理方面应用，取得了良好的效果。

招投标制度本身并不复杂，但对于绝大多数企业来说，全面实行招投标制度是很不容易的。首先，招投标要求有具备足够法律和商务知识并经过专业训练的人员进行具体操作，这对中小型企业来说是不经济的。这些都限制了招投标制度的应用。不过招投标制度的基本思想仍然是非常有价值的，如对承包商进行资格预审，排除不合格的卖方，报价密封及公证开标，防止恶意操纵等。

② 招标采购运作模式，具体如下：

第一，政府采购招标。政府采购招标一般都是国家财政出钱，招标范围广、量多、频次高，一般针对的是万元以上额度的采购。

目前，政府招标采购办都会对IT企业进行资质认证，一般应有厂家的代理资质，实在没有也要有临时资质。通过认证后，在本年度就可以参与投标。这里，不同政府用的招标方法不一样，有的采用电子商务模式，实行网上招标，有专门的网页，这样，所有通过资质认证的企业都可以实时参与。还有的采用书面标书形式，标书是免费的，但是要想得到标书就要首先知道有标书，这个信息有两个渠道：采购办的人通知企业；用户通知企业。这种方式，首先就限制了参与者，企业不可能每个标书都得到信息，采购办的人会根据其主观判断来办理。通知谁，不通知谁是有选择的，这自然就涉及人际沟通。

政府采购招标有严格规定，如果发现企业违规，三年内严禁其参与投标。但如何算违规，谁去管理，目前没有明确界定。

第二，行业投标。行业投标不像政府投标那样规则一致，不同行业有自己的规定，做法差异较大。大行业，如电信、农垦、银行等都有自己常设的招标采购机构，有的还聘请评标专家组，由相关职能部门，如计财、纪检、审计、法规等多方组成。有的行业规模较小，没有专门机构负责，一般由信息或科技管理部门分管。

行业投标有的不承诺最低价中标，原因是行业面窄、专业性强。注重对业务层面的了解。所以，有时会对标书的细节做些讨论，也往往带有一些倾向性。

行业招标并不十分规范：有的行业有自己内部建立的相关公司，一般招标会倾向于自己内部公司，毕竟由于体制等多方面的问题，平衡和妥协也是需要的；有的行业还没有建立科学的招标体制，往往投标就是走一种形式和过场，主要工作基本上在投标之前就已做好了。

第三，投标公司。投标公司是商业机构，一般受市场用户委托。靠卖标书收取标的额手续费而生存，往往承接的是一些较大的项目招标。它的招标信息一般由内部刊物刊登。它一般不拒绝企业参与招标，相反，标书卖得越多越好。开标、唱标一般有一个固定时间，由用户及相关专家到场。大家都可以参与，相对公正。当然，有时参与投标的公司搞些猫腻也是存在的。

4. 招标中常见问题及其解决

（1）招标代理选择的条件。

招标代理机构是依法设立的、从事招标代理业务并提供相关服务的社会中介组织。其机构应具备下列条件：

① 具有营业场所和相应资金。这是开展业务所必需的物质条件，也是招标代理机构成立的外部条件。营业场所，是提供代理服务的固定地点。相应资金，是开展代理业务所必要的资金。

② 具有编制招标文件和组织评标的专业力量。是否能够编制招标文件和组织评标，既是衡量招标人能否自行办理招标事宜的标准，也是招标代理机构必须具备的实质要件。从整个招标投标程序看，编制招标文件和组织评标是其中最重要的两个环节。招标文件是整个招标过程中遵循的基础性文件，是投标和评标的依据，也是合同的重要组成部分。招标文件是联系、沟通招标人与投标人的桥梁，是直接影响招标质量的关键。招标文件还是顺利组织评标、公平、公正评定中标人的重要保证，能否组织高质量的招标文件，组织好评标活动是招标代理机构应具备的实质性要件。

③ 要符合相关规定。第三十七条第三款规定条件，可以作为评标委员会成员人选的技术、经济等方面的专家库。有符合法律规定参加评标委员会的专家，应当占评标委员会总人数的三分之二以上，应当在从事相关领域工作满八年，并且有高级职称或具有同等业务水平，由招标人从国务院有关部门或由省、自治区、直辖市人民政府有关部门提供或者在代理招标机构的专家库内相关专业中确定。

（2）招标代理存在问题。

① 招标代理机构备案问题。现在具有建设工程招标代理甲级资格的招标代理机构到异地开

展招标代理活动之前，需要到当地建设行政主管部门进行备案，备案的内容与招标代理机构再次申请甲级资质无异（甚至更为复杂），有的省份还要求法定代表人亲自到场递交备案资料，这种做法是对建设部颁发的资质证书公信力的一种挑战，同时增加了社会成本，建议协会开设招标代理机构信用查询平台，打破招标代理行业地方封锁、垄断的局面，促进全国代理市场的规范发展。

② 招标代理机构的专家库问题。根据建设部对招标代理机构的要求，具有资质的招标代理机构一定要组建独立的专家库，主要是考察招标代理机构编写招标文件和参与评标的技术支持能力。实际上，目前，全国几乎没有哪个地方在评标时从招标代理机构的专家库中抽取专家，如何让招标代理机构的专家库发挥作用，提升招标代理机构的服务深度也是值得研究的问题。

③ 招标代理的收费问题。尽管国家发改委等部委发布了招标代理的收费规定，但目前招标代理的收费方式、收费范围、收费比例各不相同。事实上，对招标代理的收费标准的规定似乎可以更加灵活或分出不同服务深度，更加合理且有效。

（3）加强招标代理的管理。

① 依法整顿和规范招标代理活动。招标代理机构必须与行政主管部门脱钩，并不得存在任何隶属关系或者其他利益关系。凡违反《招标投标法》和《行政许可法》规定设立和认定招标代理机构资格的行为，一律无效。建立健全招标代理市场准人和退出制度。招标代理机构应当依法经营，平等竞争，对严重违法违规的招标代理机构，要取消招标代理资格。招标代理机构可以依法跨区域开展业务，任何地方和部门均不得以登记备案等方式变相加以限制。

② 建立和完善招标投标行业自律机制。推动组建跨行业、跨地区的招标投标协会。由协会制定行业技术规范和行为准则，通过行业自律，维护招标投标活动的秩序。

③ 要建立招标代理职业道德标准及信用评价体系。建立健全各项规章制度，以加强代理机构管理，整合招标代理队伍，促进其向规范化、法制化方向发展。同时，要加强代理从业人员的培训，提高其综合协调能力、语言交流能力、社交能力、写作能力等多方面的才能，构筑一个复合型的人才高地。要强化职业道德水平，提高从业人员的整体素质。

④ 要发挥行业协会的职能充分发挥桥梁纽带作用，加强政府与企业间的交流与沟通，组织资格管理、人员培训、学术讨论、市场调研等工作，及时了解企业对政府管理、行业发展的意见和建议，并提出对策，为政府部门制定政策提供支持，要重点培育一批上规模、上水平的代理机构，积极培育招标代理市场，激活招标代理市场，扩大需求，要加强代理同行的交流和代理发展的科学理论研究。

对此，招标代理机构必须清醒地认识现状，理清思路，进一步抢抓机遇，力求在短期内提高企业素质，提升核心竞争力，迎接国际化竞争的挑战。同时，政府部门也将进一步转变政府职能，完善管理体制，使其更适应市场经济和参与国际经济合作与竞争的要求，逐步实现管理行为法制化、管理形式科学化、管理主体知识化、管理过程信息化，提高行政管理水平和公共服务能力。

（4）投标的标底。

标底是招标单位的绝密资料，不能向任何无关人员泄露。标底一般是以概预算为基础编制的，标底价包括招标工程总造价、单元造价、钢材、木材、水泥总用量及其单方用量，其中没有三材指标而需要议价采购的应注明其数量、单位价差及差价总金额。招标工程总造价中的所含各项费用的说明，包括包干系数或不可预见费用的说明和工程特殊技术措施费的说明。

（5）围标的治理。

① 围标的含义。假设评标标底是各投标单位有效报价的算术平均值A与招标人招标审定的标底B和的平均值：在这种情况下，如果参加投标的某企业的项目经理同时又挂靠其他几个企业以不同的单位参加投标，只要他的几个投标报价比较接近，而又在有效报价范围之内，那么就能控制“A”值，使得“A+B”的平均值向他的投标报价靠拢，达到中标的目的。这就是俗称的“围标”。因为这种手段具有一定的隐蔽性。因此，只有对入围投标企业进行严格审查，严防各投标企业之间相互串通“围标”，才能保证“A+B”招标的公平、公正。

② 围标的治理措施，具体如下：

第一，编制高质量的标底。聘请技术过硬、信誉高、实力雄厚的咨询代理机构编制标底和资料清单，使编制出的标底符合社会平均水平，防止高估，防止高额利润的发生，降低围标的期望收益。

第二，在招标文件的评标程序中，除了对标书的纵向符合性评审，还应加强投标文件的横向符合性评审。目前，评标方法中的初步符合性评审往往只注重投标单位的纵向独立性评审，即对各投标单位的投标文件包括商务符合性和技术符合性作独立的检查，看各标书是否实质上响应招标文件的所有条款、条件、有无显著差异或保留，称之为纵向评审。相对于评审过程中各标书的相互检查比较，称之为横向符合性评审。通过标书横向的初步符合性评审可以找出的围标行为，剔除不正当竞争的投标单位进入下一阶段评标，规范招标投标市场，并对违规单位按招标投标法作相应处罚。

第三，正常情况下，禁止以综合评审法评标，提倡实行合理低价法中标的评标办法。可以防止评标时受贿赂的评标专家对围标人打高分，而对其他投标人打低分的不公正现象；可以防止中标单位获取超额利润，降低围标的期望收益。

第四，加大对围标成员的惩罚力度，包括经济、行政和刑事惩罚，降低围标的预期收入。特别是对于陪标人、参与围标的招标人和评标专家而言，虽然参与围标对政府或企业本身造成一定的损失，但由于花的是政府或企业的成本，自己却能得到好处，这时的围标行为完全没有预算控制。因此，加大对所有陪标者的处罚，可以有效降低围标现象的发生。

第五，提高招标过程的透明度，减少暗箱操作和加强监督是防患于未然的一个有效措施，纪检和监察部门要对各招标中心进行协调、管理和监督，对于不进行招标、假招标或变应公开招标为邀请招标的项目实行专项审查。纪检、监察人员参加整个招标投标过程，对招标程序是否合法、评标专家是否按规定在专家库中抽取、是否按规定评标办法进行评标、评标是否公正，以及有无其他人员在其中干预等进行监督。立举报箱，公布举报电话，对有围标行为的招标工程进行揭发，对举报者加以保护和给予奖励。

第六，增加入围的投标人数量，降低中标概率；对符合招标文件的投标人用随机抽取的方式抽取入围；全部评标专家在专家库中随机抽取，实行异地评标专家本地评标的评标制度，招标人不允许参加评标；提高评标专家的人数，变5位评标专家为7人，甚至9人。

第七，实行公开招标，防止招标人以邀请招标的名义只邀请围标者参加投标。

知识链接

目前，有些招标人要求投标商提交资审文件和投标文件有的可达一正本六副本，而在实际过程中投标人往往要准备十份文件以防不时之需。如果以每份文件2kg计算，假设一个项目有十家投标人，则会使用纸张约200kg，据有关数据，制造1t纸需砍树520棵左右，这个项目光是投标环节的纸张使用就要砍掉105棵树。每年在中国采购与招标网上发布的招标项目近20万个，依上数据，完成这些项目就要砍掉超过2 000万棵树。我国的人均森林面积和蓄积量均排在世界120位以后，这些消耗无疑是对自然资源的浪费。因此，推广采购电子化，是招标业界对我国环境保护和资源节约的一大贡献。

相关音频

项目小结

本项目主要介绍了采购的概念、类型、方法等，在市场经济条件下，企事业单位获取所需物质资料的主要途径是市场采购。而采购行为是否合理，对保证生产和服务质量、降低成本、提高经济效益都会产生直接影响。

采购是指采购人或采购实体基于生产、转售、消费等目的，购买商品或劳务的交易行为。采购同销售一样，都是市场上一种常见的交易行为。

采购的含义非常广泛，既包括生产资料的采购，又包括生活资料的采购；既包括企业的采购，又包括事业单位、政府和个人的采购；既包括生产企业的采购，又包括流通企业采购。

采购管理是指为保障企业物资供应而对企业的整个采购过程进行计划、组织、指挥、协调和控制活动。

练习题

一、选择题

1. 根据集中采购程度的不同，政府采购模式分为三种，即集中采购模式、分散采购模式和(　　)的采购模式。

   A. 集中与分散相结合　　B. 生产采购
   C. 供应采购　　D. 生产与供应相结合

2. 网络招标是以招投标相关法律法规为依据，以信息技术为依托，通过互联网发布信息、下载标书、投标、开标、评标、合同授予等工作环节，实现招投标活动的(　　)。

   A. 招标系统　　B. 电子信息系统　　C. 投标系统　　D. 招投标系统

3. 交货期是指从(　　)开始到供应商送货日为止的时间长短。

   A. 采购谈判日　　B. 采购运输日　　C. 采购订货日　　D. 采购调查日

4. 采购成本不仅包括采购价格，而且包括获得物料过程中所发生的(　　)。

   A. 部分费用　　B. 一切劳务　　C. 一切运费　　D. 一切费用

二、问答题

1. 政府采购的原则有哪些?
2. 供应商交货期管理的措施有哪些?
3. 采购方影响交货期的因素有哪些?
4. 什么是网上招标? 网上招标有哪些作用？

三、实训题

▶【实训任务】

使学生了解采购。

▶【实训目标】

使学生了解采购的程序、内容、方法及注意的事项。

▶【实训内容】

观看招标采购。

▶【实训要求】

（1）到招标现场观看采购的程序、内容、方法及注意的事项。

（2）学会企业如何投标。

▶【考核标准与方法】

（1）提出招标采购的优点（30分）。

（2）提出招标采购中的问题（40分）。

（3）实训过程表现（30分）。

四、案例分析题

西门子公司的全球采购策略

过去很长一段时间里，西门子公司的通信、交通、医疗、照明、自动化与控制等各个产业部门根据各自的需求独立采购。随着西门子公司的逐渐扩大和发展，采购部门发现不少的元部件需求是重叠的，如通信产业需要订购液晶显示元件，而自动化和控制分部也需要购买相同的元件，购买数额有多有少，选择的供应商、产品质量、产品价格与服务差异也非常大。

精明的西门子人很快就看到了沉淀在这里的“采购成本”，于是西门子公司设立了一个采购委员会，来协调全球的采购需求，把六大产业部门所有公司的采购需术汇总起来，这样，西门子公司可以用一个声音同供应商进行沟通，大订单在手，就可以吸引全球供应商进行角逐，西门子公司在谈判桌上的声音就可以响亮很多。

对于供应商来说，这也是一件好事情。以前一个供应商，可能要与西门子公司的六个不同产业部门打交道，而现在只需与一个“全球大老板”谈判，只要产品、价格和服务过硬，就可以拿到全球的订单，当然也省下了不少时间和精力。

西门子公司的全球采购委员会直接管理全球材料经理，每位材料经理负责特定材料领域的全球性采购，寻找合适的供应商，达到节约成本的目标，确保材料的充足供应。“手机市场的增长很快，材料经理的一项重要职能就是找到合适的能够与西门子公司一起快速成长的供应商”。西门子公司认为，供应商的成长潜力在其他成熟产业可能并不重要，但是在手机产业，100%的可得性是选择供应商的重要指标。

西门子移动公司的采购系统还有一个特色，就在采购部门和研发设计部门之间有一个“高级采购工程部门”，作为一座架在采购部和研发部之间的桥梁，高级采购工程部门的作用是在研发设计的阶段就用采购部门的眼光来看问题，充分考虑到未来采购的需求和生产成本上的限制。

有了这些充分集权的中央型采购战略决策机构，还需要反应灵活的地区性采购部门来进行实际操作。由于产业链分布在各个国家，西门子移动公司在各地区采购部门的角色很不一样，日本西门子移动公司采购部门的角色类似于一个协调者；由于掌握着核心技术，日本的供应商如东芝公司和松下公司直接参与了西门子公司手机的早期开发。西门子移动公司需要知道哪些需求在技术上是可行的，哪些是不可行的，而东芝和松下等企业也要知道西门子公司想要得到什么产品。因此，采购部门的主要工作就是与日本供应商的研发中心进行研发技术方面的协调、沟通和同步运作。

中国西门子移动公司采购部门的角色重心就不同了，主要任务是利用中国市场的廉价材料，降低生产成本，提高西门子公司手机的全球竞争力。

思考题：

西门子公司采购的经验是什么？它对我国企业的采购有哪些启示？

分析指南：

对于大量物资的采购，集中统一采购和分散采购相比，无论从管理、价格、时间等方面都具有优势。

课后习题答案

项目四
运输管理

任务目标 1. 掌握现代运输方式的选择
2. 熟悉不合理运输的方式

任务内容 1. 学会运输合理化
2. 学会降低运输费用的方法

任务要求 1. 要求学生熟悉运输管理的程序
2. 要求学生熟悉运输企业的业务

导入案例

企业合理运输五要素

企业运输合理化的影响因素很多，起决定作用的有五个主要因素，称之为合理运输五要素，即运输距离、运输环节、运输工具、运输时间和运输费用。运距长短是运输是否合理的一个最基本因素，运输时间、运输货损、运费、车辆或船舶周转等运输的若干技术经济指标都与运距有一定比例关系；运输环节的减少可以大大降低装卸、包装等中间环节的费用；各种运输工具都有其使用的优势领域，应对运输工具进行优化选择；运输时间的缩短对整个流通时间的缩短有决定性作用；运输费用是衡量运输经济效益的一项重要指标，也是合理组织运输的主要目的之一。

思考题：

为什么说运输是物流活动的核心？

任务一　运输管理概述

运输是指人和物的载运及输送。运输成本在整个物流成本中所占的比例是最大的，有不少企业的物流成本中，一半以上是运输成本。产品的生产与需求之间存在着空间和时间上的差异必然需要运输，它是整个物流过程中不可缺少最为基础的作业。

一、运输的概念和作用

1. 运输的概念

运输是指专用运输设备将物品从一个地点向另一个地点的运送。其中，包括集货、分配、搬运、中转、装入、卸下、分散等一系列操作。

在商品社会中，由于市场的广阔性、商品的生产和消费不可能在同一个地方进行，一般来说商品都是集中生产、分散消费的。为了实现商品的价值和使用价值，使商品的交易过程能够顺利完成，必须经过运输这一环节，把商品从生产地运到消费地，以满足社会消费的需要和实现商品的再生产。

2. 运输在国民经济中的作用

运输在商品流通中发挥着举足轻重的作用。物质产品生产的目的是为了满足社会的各种需要，只有通过运输，物质产品才能进入消费，从而实现物质产品的实用价值，满足社会的各种需求。

（1）运输可以创造出商品的空间效用和时间效用。

运输通过改变商品的地点或者位置所创造出的价值，成为商品的空间效用；运输使得商品能够在适当的时间到达消费者的手中，就产生了商品的时间效用。通过运输这两种效用的发挥，才能够满足消费者消费商品的需要，使整个商品交易过程得以实现。

（2）运输可以扩大商品的市场范围。

随着各种运输工具的出现和各种先进的交易形式的发展，企业通过运输可以到很远的地方去进行销售，特别是电子信息技术的发明使企业的市场范围随着网络技术的出现而产生了无限扩大的可能，任何有可能加入因特网的地方，都有可能成为企业的市场。为了真正地将这种可能变成现实，这就必须借助于运输过程。因此，运输可以帮助企业扩大它的市场范围并给企业带来无限发展的机会。

（3）运输可以促进商品价格的稳定。

各个地区因为地理条件的不同，拥有的资源也各不相同。如果没有一个顺畅的运输体系，其他地区的商品就不能到达本地市场，那么，本地市场所需要的商品也就只能由本地来供应。正是因为这种资源的地域不平衡性，造成了商品供给的不平衡性。因此，在一年中，商品的价格可能会出现很大的波动。但是如果拥有了一个顺畅的运输体系，那么当本地市场商品的供给不足时，外地的商品就能够通过这个运输体系进入本地市场，本地的过剩产品也能够通过这个体系运送到其他市场，从而保持供求的动态平衡和价格的稳定。

（4）运输能够促进社会分工的发展。

随着社会的发展，为了实现真正意义的社会的高效率，需推动社会分工的发展，而对于商品的生产和销售来说，也有必要进行分工以达到最高的效率。运输是商品生产和商品销售之间不可缺少的联系纽带，只有有了它，才能真正实现生产和销售的分离，促进社会分工的发展。

3. 运输在国民经济中的地位

运输是物流过程中最主要的增值活动。社会产品的生产和需求之间存在着空间上和时间上的差异。由于生产布局和各地区经济发展的不平衡，会导致产品此地有余而彼地不足；由于有些产品生产与消费上存在着时间上的差异，会导致产品此时有余而彼时不足。这些就要靠流通过程加以调节，尤其是运输。

（1）运输是物流活动的核心。

运输是物流活动的重要组成部分。通过运输，物流的各环节有机地联系起来，物流的目标才得以实现。可以说，稳定可靠、灵活便捷的运输是物流系统成功运作的关键，没有运输，就没有物流，运输是物流活动的中心环节。

（2）运输对其他功能有重要影响作用。

运输与物流的其他方面有着千丝万缕的联系。例如，选择的运输方式决定着装运货物的包装要求；使用不同类型的运输工具决定配套使用的装卸搬运设备以及接收和发运站台的设计；企业库存储备量的大小，直接受运输状况的影响，发达的运输系统能比较适量、快速和可靠地补充库存，以降低必要的储备水平。

（3）合理运输是降低物流费用的关键。

运输是运动中的活动，依靠大量的动力消耗才能实现这一活动。而运输又承担大跨度空间转移的任务，所以活动时间长、距离长、能源与动力消耗多，其成本占物流总成本的35%～50%。因此，合理组织运输，以最小的费用，及时、准确、安全地将货物从一个地点运送到另一个地点是降低物流费用的关键。

二、不合理运输

（1）空驶。

空车无货载行驶，可以说是不合理运输的最严重形式。造成空驶的不合理运输主要有以下几种原因：

① 能利用社会化的运输体系而不利用，却依靠自备车送货提货，这往往出现单程车，单程空驶的不合理运输。

② 由于工作失误或计划不周，造成货源不实，车辆空去空回而形成双程空驶。

③ 由于车辆过分专用，无法搭运回程货，只能单程实车，单程回空周转。

（2）对流运输。

对流运输亦称“相向运输”或“交错运输”，指同一种货物在同一线路上或平行线路上做相对方向的运送，而与对方运程的全部或一部分发生重叠交错的运输称对流运输。

（3）迂回运输。

迂回运输是舍近取远的一种运输。可以选取短距离进行运输而不办，却选择路程较长路线进行运输的一种不合理形式。

（4）重复运输。

本来可以直接将货物运到目的地，但是未达目的地就将货卸下，再重复装运送达目的地，这是重复运输的一种形式；同品种货物在同一地点运进，同时又运出，这是重复运输的另一种形式。重复运输的最大毛病是增加非必要的中间环节，这就延缓了流通速度，增加费用，增大货损。

（5）倒流运输。

倒流运输是指货物从销地或中转地向产地或起运地回流的一种运输现象。其不合理程度要甚于对流运输，其原因在于两程的运输都是不必要的，形成了双程的浪费。

（6）过远运输。

过远运输是指调运物资舍近求远。

（7）运力选择不当。

未选择各种运输工具优势，而不正确地利用运输工具造成的不合理现象，称为运力选择不当。常见有以下三种形式：

① 弃水走陆。在同时可以利用水运及陆运时，不利用成本较低的水运或水陆联运，而选择成本较高的铁路运输或汽车运输，使水运优势不能发挥。

② 铁路、大型船舶的过近运输。不是铁路及大型船舶的经济运行里程，却利用这些运力进行运输的不合理做法。主要不合理之处在于火车及大型船舶起运及到达目的地的准备、装卸时间长，且机动灵活性不足。在过近距离中利用，发挥不了运速快的优势，相反由于装卸时间长，反而会延长运输时间。另外，和小型运输设备比较，火车及大型船舶装卸难度大、费用也较高。

③ 运输工具承载能力选择不当。不根据承运货物数量及重量选择，而盲目决定运输工具，造成过分超载、损坏车辆或货物不满而浪费运力的现象。尤其是“大马拉小车”现象发生较多。由于装货量小，单位货物运输成本必然增加。

（8）托运方式选择不当。

对于货主而言，可以选择最好托运方式而未选择，造成运力浪费及费用支出加大的一种不合理运输。应选择整车而未选择，反而采取零担托运。应当直达而选择了中转运输，应当中转运输而选择了直达运输等都属于这一类型的不合理运输。

（9）超限运输。

超过规定的长度、宽度、高度和重量，容易引起货损、车辆损坏和公路路面及公路设施的损坏，还会造成严重的事故。这是当前表现突出的不合理运输。

> **小思考：**
> 出现超限运输的原因在哪里？

知识链接

“四就”直拨运输的含义和具体形式

“四就”直拨运输是指物流经理在组织货物调运的过程中，以当地生产或外地到达的货物不运进批发站仓库，运用直拨的办法，把货物直接分拨给基层批发、零售中间环节。这种方式可以减少一道中间环节，在时间与各方面收到双重的经济效益。

“四就”直拨的主要形式如下：

① 就厂直拨指物流部门从工厂收购产品，在经厂验收后，不经过中间仓库和不必要的转运环节，直接调拨给销售部门或直接送到车站码头运往目的地的方式。具体方式：厂际直拨、厂店直拨、厂批直拨、用工厂专用线、码头直接发运。

② 就车站直拨指物流部门对外地到达车站的货物，在交通运输部门允许占用货位的时间内，经交接经验收后，直接分拨或运给各销售部门。具体方式：直接运往市内各销售部门和直接运往外埠要货单位。

③ 就仓库直拨指在货物发货时越过逐级的层层调拨，省略不必要的中间环节，直接从仓库拨给销售部门的方式。具体方式：对需要储存保管的货物就仓库直拨；对需要更新库存地货物就仓库直拨；对常年生产、常年销售货物就仓库直拨；对季节生产、常年销售货物就仓库直拨。

④ 就车船过载指对外地用车、船运入的货物，经交接验收后，不在车站或码头停放，不入库保管，随即通过其他运输工具换装置直接运至销售部门。具体方式：就火车直装汽车；就船直装火车或汽车；就大船过驳小船等。在实际的物流工作中，物流经理可以根据不同的情况，采取就厂直拨、就车站直拨、就仓库直拨、就车船等具体运作方式。

相关音频

任务二　现代运输方式

运输是物流一个必不可少的基本功能，是物流过程中最主要的增值活动。运输过程是生产过程的前导与后续，是沟通产销部门的重要桥梁。运输包含从生产地到消费地的运输，也包含消费地向消费者配送时的运输，包括供应及销售物流中的车、船、飞机等方式的运输，生产物流中的管道、传送带等方式的运输。

一、现代运输方式的分类

1. 公路运输

公路运输是主要使用汽车或其他车辆（如人、畜力车）在公路上进行货客运输的一种方式。公路运输主要承担近距离、小批量的货运和水运、铁路运输难以到达地区的长途、大批量货运及铁路、水运优势难以发挥的短途运输。由于公路运输具有灵活性，近年来，在有铁路、水运的地区，长途大批量运输也开始用公路运输。

公路运输的主要优点是灵活性强，公路建设期短，投资较低，易于因地制宜，对收到站设施要求不高，可采取“门到门”运输形式，即从发站者门口直到收货者门口，而不需转运或反复装卸搬运。公路运输也可作为其他运输方式的衔接手段。公路运输的经济半径，一般在200km以内。

汽车货物运输与其他运输方式相比，具有的优点：一是汽车运输途中不需中转，因此汽车运输的运送速度比较快；二是汽车运输可以实现“门到门”的直达运输，因而货损货差少；三是机动灵活，运输方便；四是原始投资少，经济效益高；五是驾驶技术容易掌握。但是，汽车运输也存在一些问题，主要是装载量小、运输成本高、燃料消耗大、环境污染严重等。

基于上述特点，汽车运输的主要功能：一是独立担负经济运距内的运输，主要是中短途运输（我国规定50km以内为短途运输，200km以内为中途运输）。由于高速公路的新建，汽车运输从中、短途运输逐渐形成短、中、远程运输并举的局面，将是一个不可逆转的趋势。二是补充和衔接其他运输方式。所谓补充和衔接，即当其他运输方式担负主要运输时，由汽车担负起点和终点处的短途集散运输，完成其他运输方式到达不了的地区的运输任务。

（1）公路运输的技术装备与设施。

公路运输的技术装备与设施主要由公路货运车辆、公路和货运站组成。

① 公路货运车辆。公路货运车辆按其载运功能可以分为载货汽车、牵引车和挂车。

第一，载货汽车。载货汽车是指专门用于运送货物的汽车，又称载重汽车。载货汽车按其载重量的不同可分为微型（最大载重量0.75t）、轻型（载重量0.75～3t）、中型（3～8t）、重型（载重量在8t以上）四种。目前，在我国中型载货汽车是主要车型，数量较多。

载货汽车的车身具有多种形式。敞车车身是载货汽车车身的主要形式，它适用于运送各种货物。厢式车身可以提高货物安全性，多用于运送贵重物品。自卸汽车可以自动卸货，适用于运送散装货物，如煤炭、矿石、沙子等。专用车辆仅适于装运某种特定的用普通货车或厢式车装运效率较低的货物。它的通用性较差，往往只能单程装运，因此运输成本高，如汽车搬运车、水泥车、油罐车、混凝土搅拌车、冷藏车等。

第二，牵引车和挂车。牵引车也称拖车，是专门用以拖挂或牵引挂车的汽车。牵引车可分为全挂式和半挂式两种。挂车本身没有发动机驱动，它是通过杆式或架式拖挂装置，由牵引车或其他的汽车牵引行驶。而只有与牵引车或其他汽车一起组成汽车列车方能构成一个完整的运输工具。

挂车有全挂车、半挂车、轴式挂车（无车厢）以及重载挂车等类型。半挂车与半挂式牵引车一起使用，它的部分重量是由牵引车的底盘承受的；全挂车则由全挂式牵引车或一般汽车牵引；轴式挂车是一种单轴车辆，专用于运送长、大货物；重载挂车是大载重量的挂车，它可以是全挂车，也可以是半挂车，专用于运送笨重特大货物，其载重量可达300t。由于挂车结构简单，保养方便，而且自重小，在运输过程中使用挂车可以提高运送效率。因此，在汽车运输中应用较广。

牵引车与挂车组合在一起便形成了汽车列车。

② 公路。为行驶汽车而按照一定技术规范修建的道路（包括城市道路），称为公路。公路是一种线形构造物，是汽车运输的基础设施，由路基、路面、桥梁、涵洞、隧道、防护工程、排水设施与设备以及山区特殊构造物等基本部分组成，此外还需设置交通标志、安全设施、服务设施及绿化栽植等。

桥隧是桥梁、涵洞和隧道的统称，都是为车辆通过自然障碍（河流、山岭）或跨越其他立体交叉的交通线而修建的构造物。桥梁和涵洞的共同点在于车辆在其上运行，主要用来跨越河流。一般桥梁的单跨径较涵洞大，总长较涵洞长。隧道主要用于穿越山丘，车辆是在隧道内运行。根据公路的有关规范，凡单孔标准跨径小于5m的或多孔跨径总长小于8m的是涵洞；大于上述规定的为桥梁。

③ 货运站。公路运输货运站的主要功能包括货物的组织与承运、中转货物的保管、货物的交付、货物的装卸以及运输车辆的停放、维修等内容。简易的货运站点，则仅有供运输车辆停靠与货物装卸的场地。

（2）公路运输的种类。

① 按托运批量大小可分为整车运输与零担运输。凡托运方一次托运货物在3t及3t以上的，为整车运输。整车运输的货物通常有煤炭、粮食、木材、钢材、矿石、建筑材料等。这些一般都是大宗货物，货源的构成、流量、流向、装卸地点都比较稳定。整车运输一般多是单边运输，故应大力组织空程货源，充分利用全车行程，提高经济效益。

凡托运方一次托运货物不足3t者为零担运输。零担运输非常适合商品流通中品种繁杂、量小批多、价高贵重、时间紧迫、到达站点分散等特殊情况下的运输，弥补了整车运输和其他运输方式在运输零星货物方面的不足，并便利了乘客旅行。

② 按运送距离可分为长途运输与短途运输。长途运输是在各种类型和不同等级的公路上进行的运输，也称公路运输。与铁路运输相比较，长途运输具有迅速、简便、直达的特点；与短途运输相比，长途运输具有运输距离长、周转时间长、行驶线路较固定等特点。

短途运输具有运输距离短，装卸次数多，车辆利用效率低；点多面广，时间要求紧迫；货物零星，种类复杂，数量忽多忽少等特点。

③ 按货物的性质及对运输条件的要求可分为普通货物运输与特种货物运输。被运输的货物本身的性质普通，在装卸、运送、保管过程中没有特殊要求的，称为普通货物运输。相反，被运输的货物本身的性质特殊，在装卸、运送、保管过程中需要特定条件、特殊设备，来保证其完整无损的，称为特种货物运输。特种货物运输又可分为长大、笨重货物运输、危险货物运输、贵重货物运输和鲜活易腐货物运输。各类运输都有不同的要求和不同的运输方法。

④ 按运输的组织特征可分为集装化运输与联合运输。集装化运输也称成组运输或规格化运

输。它是以集装单元作为运输的单位，保证货物在整个运输过程中不致损失，而且便于使用机械装卸、搬运的一种货运形式。集装化运输最主要的形式是托盘运输和集装箱运输。集装化运输促进了各种运输方式之间的联合运输，构成了直达运输集装化的运输体系，它是一种有效的、快速的运送形式。

联合运输就是两个或两个以上的运输企业，根据同一运输计划，遵守共同的联运规章或签订的协议，使用共同的运输票据或通过代办业务，组织两种或两种以上的运输工具，相互接力、联合，实现货物的全程运输。联合运输是按照社会化大生产客观要求组织运输的一种方法，用以谋求最佳经济效益，它对于充分发挥各种运输方式的优势，组织全程运输中各环节的协调配合。充分利用运输设备，加快车船周转，提高运输效率，加速港口、车站、库场周转，提高吞吐能力，缩短货物运输期限，加速资金周转，方便货主，简化托运手续，活跃城乡经济，促进国民经济发展，提高社会经济效益，都具有明显的实效。

2. 铁路运输

（1）铁路运输的概念及特点。

铁路运输是指利用机车、车辆等技术设备沿铺设轨道运行的运输方式。

铁路运输具有的优点：一是运输能力大，这使它适合于大批低值商品的长距离运输；二是单车装载量大，加上有多种类型的车辆，使它几乎能承运任何商品，几乎可以不受重量和容积的限制；三是车速较高，平均车速在五种基本运输方式中排在第二位，仅次于航空运输；四是铁路运输受气候和自然条件影响较小，在运输的经常性方面占优势；五是铁路运输可以方便地实现集装箱运输及多式联运。但铁路运输也有其缺点：一是由于铁路线路是专用的，其固定成本很高，原始投资较大，建设周期较长；二是铁路按列车组织运行，在运输过程中需要有列车的编组、解体和中转改编等作业，占用时间较长，因而增加了货物的在途时间；三是铁路运输中的货损率比较高，而且由于装卸次数多，货物毁损或丢失事故通常也比其他运输方式多；四是不能实现“门到门”运输，通常要依靠其他运输方式配合，才能完成运输任务，除非托运人和收货人均有铁路专线。

根据上述铁路运输的特点，铁路运输担负的主要功能是：大宗低值货物的中、长距离（经济里程一般在200km以上）运输，也较适合运输散装货物（如煤炭、金属、矿石、谷物等）、罐装货物（如化工产品、石油产品等）。

> **小思考：**
> 铁路运输可以实现“门对门”的运输，这种说法对吗？

（2）铁路运输的技术装备和设施。

铁路运输的技术装备和设施主要包括铁路机车、铁路车辆及铁路线路。

① 铁路机车是铁路运输的动力装置，包括蒸汽机车、内燃机车和电力机车。

② 铁路货车车辆有：一是棚车（通用型），即标准化的有顶货车，侧面有拉门，用于装运普通商品；二是棚车（专用型），即专门改装的棚车，用于装运特种商品，如汽车配件；三是漏斗车，货车地板斜向有一个或几个可开关的底门，便于卸出散装物料；四是有盖漏斗车，用于装运需要防风雨的散粒货物；五是平板车，即没有侧墙、端墙和车顶的货车，主要用于驮背运输；六是冷藏车，即加装有冷冻设备以控制温度的货车；七是敞车，即没有车顶，有平整地板和固定侧墙的货车，主要用于装运长大货物；八是罐车，即专门用于运送液体和气态货物的车辆。

通常将若干铁路车辆编排在一起，配以列车标志，并由铁路机车牵引组成铁路列车完成运输任务。其中，由大功率机车或多部机车牵引载重量大的货车，编成5 000t以上的普通列车合并运行，这种列车称为组合（合并）列车。

③ 铁路线路是支撑列车重量、引导列车前进的基础，主要由路基和轨道两部分组成。

（3）铁路运输的种类。

铁路运输分为车皮运输和集装箱运输。

① 车皮运输是指租用适合货物数量和形状的车皮所进行的铁路运输方式。这种方式适合运送大宗货物，主要用来运送煤炭、水泥、石灰等无须承担高额运费的大宗货物。但车皮难以往返利用，运输效率较低，运费亏损集中，而且通常是经专用铁路通往收发货地点，需要有专用搬运机械。

② 铁路集装箱运输是铁路和公路联运的一种复合型直达运输，其特征是送货到门，可以由托运人的工厂或仓库直达收货人的工厂或仓库，适合于化工产品、食品、农产品等多种货物的运输。

3. 水上运输

（1）水上运输的概念及特点。

水上运输是指利用船舶、排筏和其他浮运工具，在江、河、湖泊、人工水道以及海洋上运送旅客和货物的一种运输方式。

水上运输具有的优点：一是可以利用天然水道、线路，投资少，且节省土地资源；二是船舶沿水道浮动运行，可实现大吨位运输，降低运输成本。对于非液体商品的运输而言，水运一般是运输成本最低的运输方式；三是江、河、湖、海相互贯通，沿水道可以实现长距离运输。但水运也存在着缺点：一是船舶平均航速较低；二是船舶航行受气候条件影响较大，如在冬季存在断航之虞。断航将使水运用户的存货成本上升，这决定了水运主要承运低值商品；三是可达性较差。如果托运人或收货人不在航道上，就要依靠汽车或铁路运输进行转运；四是同其他运输方式相比，水运（尤其海洋运输）对货物的载运和搬运有更高的要求。

根据水上运输的上述特点，水上运输的主要功能是：一是承担大批量货物，特别是散装货物运输；二是承担原料、半成品等低价货物运输，如建材、石油、煤炭、矿石、粮食等；三是承担国际贸易运输，系国际商品贸易的主要运输工具之一。

（2）水上运输的技术装备与设施。

水上运输的技术装备和设施主要包括船舶和港口。

① 船舶是水上运输的载运工具。船舶大致可分为集装箱船、散装船、油船、液化气船、冷藏船、运木船、滚装船、载驳船、客货两用船、双体船、水翼船、气垫船等。船舶的主要性能包括重量性能和容积性能。前者又包括排水量和载重量，其中排水量的大小是载重能力大小的基础；后者又包括货舱容积和船舶登记吨位，其中货舱容积可用散装舱容（能够装散装货的货舱容积）、包装舱容（能够装载包装货物的货舱容积）及舱容系数（货舱容积与其载重量之比）度量，而登记吨位是指按吨位丈量规范检定吨位，由总吨位和净吨位组成。

② 港口是水上运输的主要设施。港口是指具有一定面积的水域和陆域，供船舶出入和停泊、货物集散的场所。它主要由公共部门提供或建造，当然水运货主也常投资建设港口设施，这些自用设施是专门为满足自己的特定需要而设定的。

港口水域指港界之内的水上面积，它是供船舶进出港以及在港内运转、锚泊和装卸作业使用的。一般将港池以外的部分称为港外水域，包括进出港航道和港外锚地；而将港池内的水面部分称为港内水域，包括港内航道、港内锚地、码头前沿水域和船舶调头区等。

港口陆域指港口范围内的陆地面积，包括码头、泊位、仓库、堆场、铁路、道路、装卸机械等。其中，码头是供船舶停靠、货物装卸的水中建筑物。码头前沿线即为港口的生产线，也是港口水域和陆域的交接线。泊位是指供船舶停泊的位置，一个泊位即可供一艘船只停泊。通常一个码头往往要同时停泊几艘船只，即应具备多个泊位。

此外，船舶在航线上航行还离不开海图、航标、灯塔等设施，供船舶增补燃料、淡水和生活物资的设施以及发生事故后的救助打捞设施等。

（3）水上运输的种类。

水上运输包括内河运输、海上运输。

① 内河运输是一种古老的运输方式，是水运的重要组成部分。中国分布有长江、珠江、黄河、淮河、辽河、黑龙江等七大主要水系，还有可贯通海河、黄河、淮河、长江、钱塘江等五大水系的南北向大运河。全国河流总长43万公里，内河通航里程10.4万公里。长江水系是内河运输的主体。中国长江航运（集团）总公司是长江航运的骨干力量，是国内最大的内河航运企业。

② 海上运输包括远洋运输和沿海运输。远洋运输一般是伴随着国际贸易而进行的国际货物运输，因此成为国际贸易的重要组成部分。沿海运输是利用沿海航道在港口之间进行的货物运输。海上运输又分为定期航班运输和不定期航班运输。

4. 航空运输

（1）航空运输的概念及特点。

航空运输简称空运，是使用飞机运送客货的运输方式。航空货物运输的运价要远远高于其他运输方式。因此，在过去除了紧急或特殊场合外，一般不使用飞机运送货物。但是，如今航空货物运输已经在商业上普遍使用，在发达国家，甚至来自一般家庭的礼品赠送、搬家等也开始使用航空运输。

航空运输的优点是：航线直、速度快，可以飞跃各种天然障碍、作长距离不着陆运输，对货物的包装要求较低；缺点是：载运能力小，受气候条件限制比较大，可达性差，运输成本高。

航空运输的上述特点使得它主要担负贵重、急需或时间性要求很强的小批量货物运输和邮政运输。

（2）航空运输的技术装备与设施。

航空运输的技术装备与设施主要包括飞机及航空港（机场）。飞机是航空货物运输的运输工具，由于飞机是以高速造成与空气间的相对运动而产生空气动力以支托并使飞机在空中飞行的。因此，为了确保飞行安全、起飞和着陆安全，飞机的重量是其主要的技术指标。每次飞行前，应严格根据当地的条件控制飞机装载重量。同时，飞机重量也是确定跑道长度、道面结构及厚度的重要设计参数。

航空港是航空运输的重要设施，是指民用航空运输交通网络中使用的飞机场及其附属设施。与一般飞机场比较，航空港的规模更大，设施更为完善。航空港体系主要包括飞机活动区和地面工作区两部分，而航站楼则是两个区域的分界线。

（3）航空运输业务类型。

① 航空运输业是适应他人需要，使用飞机有偿地进行物品运输的事业。

② 航空运送代理业是为航空运送商进行缔结运送契约代理的事业，即作为航空业者的代理人，承担航空物品运送经营，并与委托者签订航空运送契约的事业。

③ 航空运送作业是以自己的名义进行飞机物品运送作业的事业。

5. 管道运输

管道运输是利用运输管道，通过一定的压力差而完成气体、液体和粉状固体运输的一种现代运输方式。管道运输运量大、运输快捷、效率高、占地少、不受气候影响、运行稳定性强、便于运行控制、耗能低、成本低、有利于环境保护，但灵活性差，承运的货物种类比较单一。管道运输主要担负单向、定点、量大的流体状货物运输。

以石油产品运输为例，管道运输的技术装备与设施主要包括输油站和运输管线。其中，输油站是指沿管道干线为输送油品而建立的各种作业和加压站场，由首站（起点站）、中间站和末站（终点站）组成。首站指输油管道的起点，通常位于油田、炼油厂或港口，其任务是接受来自油田或海运的原油或来自炼油厂的成品油，经计量、加压（有时还加热）后输往下一站。中间站设在管道沿线的中间地点，其任务主要是给油流提供能量（压力能、热能）。末站位于管道线的终点，往往是收油单位的油库或转运油库，或二者兼而有之。

管道运输按照运输对象分为：原油管道运输、成品油管道运输、天然气管道运输以及煤浆管道运输等。

知识链接

随着“一带一路”建设的持续推进，越来越多的国家认识到“一带一路”给全球经济发展带来的深远影响。“一带一路”正在打造的全球物流和运输网络将重塑全球航运和物流模式，给世界经济发展注入新的活力。

早在公元前200多年，中国就开辟了陆上丝绸之路，这条庞大的商贸网络连接亚洲和欧洲的主要市场，为中国日后发展成为国际贸易大国奠定了重要的基础。后来，随着航海技术和海运贸易的发展，这条内陆商贸运输方式逐渐被海运运输取代。2018年中欧贸易额约6 000亿美元，其中70%的贸易就是通过海运实现的。

为了实现更大范围的互联互通，2013年9月，习近平主席提出“一带一路”倡议。除修建港口和火车站等基础设施关键节点之外，“一带一路”计划开辟一个全球物流和运输网络，将有望依赖国家战略性资源实现经济高速增长的国家和地区连接起来。例如，对于有望在2030年成为世界第四大市场的东南亚来说，“一带一路”将把拥有6亿人口的东南亚市场与世界其他地区相连接，届时将有力促进东盟十国的经济增长。

“一带一路”开创了一种全新的物流模式，即“轴辐式物流网络”，它将港口和铁路系统进行“配对”，从而实现了“点到点”的货物交付模式，取代了传统的“港口到港口”模式。与传统的物流网络空间布局不同，“轴辐式物流网络”将一个或多个节点设立为枢纽中心站，非中心站的节点都由中心站彼此相连。货物先由各节点运至枢纽中心站，再依据目的站进行集中运输，此种方法可以降低单位运输成本，在网络干线上形成规模效应，提高资源利用率，同时产生集群效益，带动所在区域及城市的经济发展。该运营模式实现了更高效的“产品最后一英里和第一英里的交付”。例如，过去，中国义乌生产的袜子依赖海运，交货时间长达45天，在新的模式下，货运列车只需14天就能将产品从义乌运到伦敦。

“点到点”的货物交付模式实现后，全球物流和航运的未来在一到二十年内将会截然不同，传统的航运和物流运营体系将会被重塑，而不适应这一新模式的经济体将会落后。

二、现代运输方式的选择

1. 运输决策

委托运输减轻了企业的压力，可以使企业集中精力于新产品的开发和产品的生产。但是，委托运输需要处理与企业外部的承运商之间的关系，增加了交易成本，也增加了对运输控制的难度。关于委托运输还是自行运输的决策不仅是运输决策，更是财务决策。在分销商品时，企业往往面临着一个重要的运输决策：委托运输还是自行运输。

企业内部的自行运输体现了组织的总体采购战略，便于控制。但是，实施低成本、高效率的自行运输需要企业内部各部门之间的广泛的合作和沟通。企业之所以会自行运输，最主要的原因是考虑到承运人不一定能达到自己所需要的服务水平。通常而言，企业有自己的车队的原因是：一是服务的可靠性；二是订货提前期较短；三是意外事件反应能力强；四是与客户的合作关系。

2. 服务的选择

客户服务是物流管理的重要目标，物流管理的每一个活动对客户服务水平都有影响。服务水平主要包括的服务特性：一是可靠性；二是运送时间；三是市场覆盖程度——提供到用户服务的能力；四是柔性——处理多种产品及满足托运人的特殊需求；五是运输货物的损耗。

各种服务特性的重要程度是不尽相同的，其成本、速度和可靠性是最重要的因素。因此，服务成本、平均运送时间（速度）、运送时间的变化幅度（可靠性）是运输服务水平决策的基础，决策时必须在服务质量和服务成本之间进行权衡。

3. 运输方式及承运人选择决策

经济和资源的限制、竞争压力、客户需求都要求企业做出最有效的运输方式和承运人选择。因为运输影响到客户服务水平、进货时间、服务的连续性、库存、包装、能源消耗、环境污染及其他因素，运输部门必须开发最佳的运输方式及承运人选择策略。

> **小思考：**
> 运输合同中的托运人指的是付出劳务，收取劳务费用的一方，这种说法对吗？

运输方式及承运人选择可以分为以下四步：

第一步，问题识别。问题识别要考虑的因素有：客户要求、现有模式的不足之处以及企业的分销模式的改变。通常最重要的是与服务相关的一些因素。

第二步，承运人分析。分析中要考虑的信息有：过去的经验、企业的运输记录、客户意见等。

第三步，选择决策。选择过程中要做的工作是在可行的运输方式和承运人中做出选择。

第四步，选择后评价。一旦企业做出选择之后，还必须制定评估机制来评价运输方式及承运人的表现。评估技术有成本研究、审计、适时运输和服务性能的记录等。

4. 承运人—托运人合同

（1）合同对托运人的重要性。

有效的物流网络要求托运人和承运人在战略和操作方面都保持良好的关系。托运人一般喜欢与可靠的、高质量的承运人之间订立长期合作合同。合同对托运人和承运人都有好处，可以使得托运人对运输活动便于管理，增强了可预测性并可去除费率波动对托运人的影响。另外，合同还可保证达到托运人所要求的运输服务水平，从而使运输成为托运人的竞争优势领域。

（2）合同对承运人的重要性。

合同这种合作方式也有利于承运人自觉改善运输服务，使得承运人的服务适合托运人的物流需求，并使运费和服务之间的关系更直接，而且改善了托运人和承运人之间的关系。此外，长期合同减少了承运人为了满足特殊的托运人的服务要求而购买机器设备的投资风险，并保证托运人得到所需的特殊的服务。一般情况下，既提供随叫随到服务，又提供合同服务的承运人会给合同托运人以最高的优先级，因为合同的普遍特征使服务不善的惩罚费用很高。因此，托运人对承运人有较强的影响力，并能得到较好的服务。

5. 运输协议的协商

承运人的价格策略越来越灵活，这使得托运人有比较大的余地通过与承运人的协商来降低成本。协商程序的目的是考虑到协议各方的利益，开发出一种对于承运人和托运人双方都有利的协议，并且促使双方密切合作。因为大多数协商都以服务成本定价为基础，所以承运人应该精确核算其成本。只有所有的成本都经全面考虑，承运人和托运人才能协作，以便共同降低承运人的服务成本。

6. 车辆路线计划

运输设备需要巨大的资金投入，运作中成本也很高。因此，在企业可接受的利润率和客户服务水平限制下开发最合理车辆路线计划非常重要。

一般而言，承运人从合理的车辆路线计划中得到的好处有：更高的车辆利用率、更高的服务水平、更低的运输成本、减少设备资金投入、更好的决策管理。对托运人而言，路线计划可以降低他们的成本并提高其所接受的服务水平。

尽管有各种各样的路线计划问题，我们可以把它们分为几种不同的类型：单一出发地和单一目的地，而且出发地和目的地不同；多出发地和多目的地；出发地和目的地为同一地点。

下面分别讨论以上三种情况：

（1）单一出发地和单一目的地。

单一的出发地和目的地的车辆路线计划问题可以看作为网络规划问题，可以用运筹学的方法解决，其最简单直接的解法是最短路线方法。

（2）多出发地和多目的地。

实际运输中常碰到有多个供应商并供应给多个工厂的问题或者把不同工厂生产的同一产品分配到不同客户处的问题，在这些问题中，起点和终点都不是单一的。在这类问题中，各供应点的供应量往往也有限制。

（3）出发地和目的地为同一地点。

自有车辆运输时，车辆往往要回到起点。比较常见的情况是，车辆从一座仓库出发到不同的零售点送货并回到仓库，这一问题实际是出发地和目的地不同的问题的延伸，但相对而言更为复杂一些。它的目标是找到一个可以走遍所有地点的最佳顺序，使得总运输时间最少或距离最短。这一类问题没有固定的解题思路，在实践中通常是根据实际情况的不同，结合经验寻找适用的方法。

在实际运输中，一些具体的限制使得问题变得更为复杂。例如，每一地点既有货物要送又有货物要取；有多辆运输工具可以使用，每一运输工具都有自己的容量和承载量限制；部分或全部地点的开放时间都有限制；因车辆容量的限制或其他因素，要求先送货再取货；司机的就餐和休息时间也在考虑的范围内。

有了这些限制，运输路线计划和进度计划就很难找到最佳方案。实际操作中，通常是求助于简单易行的方法以得到解决问题的可行方案。

知识链接

公路等级：根据交通量及其使用性质，公路分为五个等级。

① 高速公路指能适应年平均昼夜汽车交通量在25 000辆以上，具有特别重要的政治、经济意义，专供汽车分道高速行驶，全部立体交叉并全部控制出入口的公路。

② 一级公路指能适应年平均昼夜汽车交通量为5 000~25 000辆，连接重要的政治、经济中心，通往重点工矿区，可供汽车分道行驶并部分控制出入口、部分立体交叉的公路。

③ 二级公路指能适应平均昼夜交通量为2 000~5 000辆，连接政治、经济中心或大型矿区等地的干线公路，或运输任务繁忙的城郊公路。

④ 三级公路指能适应年平均昼夜交通量在2 000辆以下，沟通县及县以上城市的一般公路。

⑤ 四级公路指能适应年平均昼夜交通量在200辆以下，沟通县、乡、镇的支线公路。

相关视频

任务三　运输的合理化

相关音频

由于运输是物流中最重要的功能要素之一，物流合理化在很大程度上依赖于运输合理化。

一、运输合理化的概念

运输路线合理化就是按照货物流通规律，组织货物运输，力求用最少的劳动消耗，得到最高的经济效益。

在有利于生产，有利于市场供应，有利于节约流通费用、运力以及劳动力的前提下，使货物运输里程最短，经过最少的环节，用最快的时间，以最小的损耗和最低的成本把货物从出发地运到客户要求的地点。运输路线合理化是物流中心进行运输管理的最基本要求，合理化的运输路线可以节省运力、缩短运输时间。最终表现为节约运输成本和提高运输质量，增强物流中心的竞争优势。

二、影响运输合理化的因素

运输合理化的影响因素很多，起决定作用的有五个方面，称做合理运输的“五要素”。

1. 运输距离

在运输时，运输时间、运输货损、运费、车辆或船舶周转等运输的若干技术经济指标都与运距有一定比例关系，运距长短是运输是否合理的一个最基本因素。缩短运输距离从宏观、微观都会带来好处。

2. 运输环节

每增加一次运输，不但会增加起运的运费和总运费，而且必须要增加运输的附属活动，如装卸、包装等，各项技术经济指标也会因此下降。所以，减少运输环节，尤其是同类运输工具的环节，对合理运输有促进作用。

3. 运输工具

各种运输工具都有其使用的优势领域，对运转工具进行优化选择，按运输工具特点进行装卸运输作业，最大限度发挥所用运输工具的作用，是运输合理化的重要一环。

4. 运输时间

在全部物流时间中，运输时间占绝大部分。所以，运输时间的缩短对整个流通时间的缩短有决定性作用。此外，运输时间短，有利于运输工具的加速周转，充分发挥运力的作用，有利于货主资金的周转，有利于运输线路通过能力的提高，对运输合理化有很大贡献。

5. 运输费用

前文已说到运费在全部物流费中占很大比例，运费高低在很大程度决定整个物流系统的竞争能力。实际上，运输费用的降低，无论对货主企业来讲还是对物流经营企业来讲都是运输合理化的一个重要目标。运费的多少，也是各种合理化措施是否行之有效的最终判断依据之一。

从上述五方面考虑运输合理化，就能取得预想的结果。

三、运输合理化的途径

运输合理化的途径有以下方面。

1. 提高运输工具实载率

实载率有两个含义：一是单车实际载重与运距之乘积和标定载重与行驶里程之乘积的比率，这在安排单车、单船运输时，是作为判断装载合理与否的重要指标；二是车船的统计指标，即一定时期内车船实际完成的货物周转量占车船载重吨位与行驶公里之乘积的百分比。在计算时，车船行驶的公里数不但包括载货行驶，也包括空驶。

提高实载率的意义在于：充分利用运输工具的额定能力，减少车船空驶和不满载行驶的时间，减少浪费，从而求得运输的合理化。

当前，国内外开展的“配送”形式，优势之一就是将多家需要的货和一家需要的多种货实行配装，以达到容积和载重的充分合理运用，比起以往自家提货或一家送货车辆大多空驶的状况，是运输合理化的一个进展。在铁路运输中，采用整车运输、装整车、整车分卸及整车零卸等具体措施，都是提高实载率的有效措施。

2. 采取减少动力投入，增加运输能力的有效措施求得合理化

在设施建设已定型和完成的情况下，尽量减少能源投入，是少投入的核心。做到了这一点就能大大节约运费，降低单位货物的运输成本，达到合理化的目的。

3. 发展社会化的运输体系

运输社会化的含义是发展运输的大生产优势，实行专业分工，打破一家一户自成体系的状况。

一家一户的运输小生产，车辆自有，自我服务，不能形成规模，且一家一户运量需求有限，难于自我调剂，因而经常容易出现空驶、运力选择不当（因为运输工具有限，选择范围太窄）、不能满载等浪费现象，且配套的接、发货设施和装卸搬运设施也很难有效运行，所以浪费颇大。实行运输社会化，可以统一安排运输工具，避免对流、倒流、空驶、运力不当等多种不合理形式发生，不但可以追求组织效益，而且可以追求规模效益。所以，发展社会化的运输体系是运输合理化非常重要的措施。

当前，火车运输的社会化运输体系已经比较完善，而在公路运输中，小生产方式非常普遍，

是建立社会化运输体系的重点。

社会化运输体系中，各种联运体系是其中水平较高的方式。联运方式充分利用面向社会的各种运输体系，通过协议进行一票到底的运输，有效打破了一家一户的小生产，受到了欢迎。

我国在利用联运这种社会化运输体系时，创造了“一条龙”货运方式。对产、销量都较稳定的产品，实现通过与铁路、交通等社会运输部门签订协议，规定专门收、到站，专门航线及运输路线，专门船舶和泊位等，有效保证了许多工业产品的稳定运输，取得了很大的成绩。

4. 发展中短距离铁路、公路分流（“以公代铁”的运输）

这一途径的要点，是在公路运输经济里程范围内或者经过论证，超出通常平均经济里程范围，也尽量利用公路。这种运输合理化的表现主要有两点：一是对于比较紧张的铁路运输，用公路分流后，可以得到一定程度的缓解，从而加大这一区段的运输通过能力；二是充分利用公路从门到门和在中途运输中速度快且灵活机动的优势，实现铁路运输服务难以达到的水平。

我国“以公代铁”目前在杂货、日用百货运输及煤炭运输中较为普遍，一般在200km以内，有时可达700 ~ 1 000km。

5. 尽量发展直达运输

直达运输是追求运输合理化的重要形式，其对合理化的追求要点是通过减少中转换载，从而提高运输速度，节省装卸费用，降低中转货损。直达的优势，尤其是在一次运输批量和用户一次需求量达到了一整车时表现最为突出。此外，在生产资料、生活资料运输通过直达，建立稳定的产销关系和运输系统，也有利于提高运输的计划水平，考虑用最有效的技术来实现这种稳定运输，从而大大提高运输效率。

6. 配载运输

配载运输是充分利用运输工具载重量和容积，合理安排装载的货物及载运方法以求合理化的一种运输方式。配载运输也是提高运输工具实载率的一种有效形式。

> **小思考：**
> 什么是合理运输？

配载运输往往是轻重商品的混合配载，在以重质货物运输为主的情况下，同时搭载一些轻泡货物，如海运矿石、黄沙等重质货物，在舱面捎运木材、毛竹等，铁路运矿石、钢材等重质货物上面搭运轻泡农、副产品等，在基本不增加运力投入情况、不减少重质货物运输情况下，解决了轻泡货物的搭运，因而效果显著。

7. “四就”直拨运输

“四就”直拨运输是减少中转运输环节，力求以最少的中转次数完成运输任务的一种形式。一般批量到站或到港的货物，首先要进分配部门或批发部门的仓库，然后再按程序分拨或销售给用户。这样一来，往往出现不合理运输。“四就”直拨，首先是由管理机构预先筹划，然后就厂、就站（码头）、就库、就车（船）将货物分送给用户，而无须再入库了。

8. 发展特殊运输技术和运输工具

依靠科技进步是运输合理化的重要途径。例如，专用散装及罐车解决了粉状、液状物运输损耗大，安全性差等问题；袋鼠式车皮，大型半挂车解决了大型设备整体运输问题；滚装船解决了车载货的运输问题；集装箱船比一般船能容纳更多的箱体，集装箱高速直达车船加快了运输速度等，都是通过采用先进的科学技术实现合理化。

9. 通过流通加工，使运输合理化

有不少产品，由于产品本身形态及特殊问题，很难实现运输的合理化，如果进行适当加工，就能够有效解决合理运输问题。例如，将造纸材料在产地预先加工成干纸浆，然后缩体积运输，就能解决造纸材料运输不满载的问题；轻泡产品预先捆紧包装成规定尺寸，装车就容易提高装载量；水产品及肉类预先冷冻，就可提高车辆装载率并降低运输损耗。

10. 利用综合运输体系与多式联运

综合运输体系是由各种运输方式组建起来的、相互协作有机结合的、联系贯通的交通运输体系。基本内容大致包括各种运输方式的分工，综合运输网络的布局，综合运输枢纽的配置，集疏运系统和换装设施的作业，联合运输的组织以及综合运输管理系统的建立。其中，综合运输网络是在一定空间范围内，由铁路、公路、水路、航空和管道线路及各种运输方式的枢纽节点等所组成的综合体。综合运输网络的合理布局必须充分利用运输节点的作用。

运输节点是指物流系统网络中，连接物流线路的节点。现代物流网络中节点对优化整个物流网络起着重要作用，并且更多地执行指挥调度和信息管理等中枢职能。例如，运输转运型节点是处于运输路线上的节点，是物品的集散地，是各种运输工具的衔接点，是办理运输业务和运输工具作业的场所，也是运输工具保养和维修基地。

知识链接

某企业物流运输不合理的主要类型及原因

物流中的运输不合理是指不注重经济效果，造成运力浪费、运费增加、货物流通速度降低、货物损耗增加的运输现象。物流经理应在实际工作中尽量避免，力争使其出现的概率降低到零。某企业物流运输不合理的表现主要有以下五种类型：

（1）对流运输。

对流运输是指同一种货物或可以相互代用的货物在同一条运输路线或平行运输路线上作相对方向的不合理运输方式。它主要有两类形式：一是明显的对流运输，即在同一运输路线上的对流；二是隐含的对流运输，即违反近产销原则，在平行路线上朝着相对方向上的运输。

（2）迂回运输。

迂回运输是指货物多余的路线绕道运物的不合理运输方式。其原因是增加了运输路线，延长了解货物在途时间，因此造成了运输能力的巨大浪费。

（3）倒流运输。

倒流运输是指把货物从销地向产地或其他地点向产地倒流的不合理运输方式。倒流运输导致运力流费、增加运费开支等。

（4）重复运输。

重复运输是指一种货物本可直达目的地，但因物流仓库设置不当或计划不周使其在中途卸下，导致增加运输环节、浪费运输设备和装卸运能力，延长了运输时间的不合理运输方式。

（5）过远运输。

过远运输是指相同质量及价格的货物舍近求远的不合理方式。即销地应由距离较近的产地购进所需相同质量和价格的货物，但却超出货物合理辐射的范围，从远距离的地区运来或产地就近供应，却调到较远的消费地运输现象。过远运输延长了货物运程和在途时间，导致了运力的流费和资金的积压，增加了运输费用。

造成物流工作中不合理运输的主要原因表现为：一是在主观上对合理运输的重视不够，不了解所需货物的货源分布，不研究各种运输工具和运输方式的特点及费用情况；二是受自然条件和地理因素的影响；三是我国目前交通运输条件的紧张所造成的制约因素。

相关视频

项目小结

本项目主要介绍了运输合理化的途径和不合理运输的方式等，运输是用设备和工具将物品从一地点向另一地点运送的物流活动，包括集货、分配、搬运、中转、装入、卸下、分散等一系列操作。运输在物流过程中，主要有两大功能：产品位移和短期储存，企业要合理地组织产品运输，必须遵循“及时、准确、安全、经济”的原则。产品运输的主要环节包括：编制产品运输计划、产品发运、产品中转和产品接收。

对大多数企业而言，运输成本在整个物流成本中所占的比例是最大的，有不少企业的物流成本中，一半以上是运输成本。产品的生产与需求之间存在着空间和时间上的差异必然需要运输，它是整个物流过程中不可缺少最为基础的作业。

不合理运输主要表现在：返程或起程空驶、对流运输、迂回运输、重复运输、倒流运输、过远运输、托运方式选择不当和运力选择不当等。运输合理化的主要途径包括：正确确定货物流向和流量，积极开展分区产销平衡合理运输；合理规划运输网络和节点；选择最佳运输方式，有效开展中短距离铁路、公路分流；开展直达运输、直拨运输和合装整车运输；提高运输工具的运行效率，增加运输能力；通过流通加工，减少无效运输；建立综合运输体系；发展特殊运输技术和运输工具，加强运输监控。

练习题

一、选择题

1. 管道运输按照运输对象分为：原油管道运输、成品油管道运输、天然气管道运输以及(　　)等。

   A. 煤浆管道运输　B. 食用油管道运输　C. 煤气管道运输　D. 原煤管道运输

2. 提高实载率的意义在于：充分利用运输工具的额定能力，减少车船空驶和不满载行驶的时间，减少浪费，从而求得(　　)。

   A. 运输时间　B. 运输的合理化　C. 物流合理化　D. 运输效率

3. 一级公路是指能适应年平均昼夜汽车交通量为(　　)辆，连接重要的政治、经济中心，通往重点工矿区，可供汽车分道行驶并部分控制出入口、部分立体交叉的公路。

   A. 2 500～5 000辆　B. 10 000～25 000辆　C. 5 000～25 000辆　D. 5 000～50 000辆

4. 航空运输的缺点是(　　)，受气候条件限制比较大，可达性差，运输成本高。

   A. 载运能力大　B. 载运能力适中　C. 运输速度快　D. 载运能力小

二、问答题

1. 运输的作用主要体现在哪些方面?
2. 不合理运输的形式有哪些?

3. 水上运输有哪些优缺点？
4. 运输合理化的途径有哪些方面？

三、实训题

▶【实训任务】

了解运输企业。

▶【实训目标】

使学生对运输有整体的感性认识。

▶【实训内容】

（1）如何对运输人员和车辆进行调度管理。

（2）如何注意运输中的安全问题。

（3）了解运输业务和运输环节。

▶【实训要求】

选择2个物流运输企业进行实习，通过实习提出该运输企业的业务流程，并提出改进意见。

▶【考核标准与方法】

（1）提出招标采购的优点（30分）。

（2）提出招标采购中的问题（40分）。

（3）实训过程表现（30分）。

四、案例分析题

韩国三星公司合理化运输

企业物流进行的根本目标就是通过在采购、销售过程中有效地掌握物流、信息流去满足客户的需求，也就是在最合适的时间、最合适的地点提供给客户需要的产品。

三星公司将运输、销售、配送、生产和采购有机结合起来，实现公司的目标。即将客户的满意程度提高到100%，同时将库存量再减少50%。三星公司将进一步扩展和强化物流网络，同时建立了一个全球性的物流链使产品的供应路线最优化，并设立全球物流网络上的集成订货交货系统，从原材料采购到交货给最终客户的整个路径上实现物流和信息流一体化，这样客户就能以最低的价格得到高质量的服务，从而对企业更加满意。基于这种思想，三星公司物流工作合理化革新小组在配送选址、实物运输、现场作业和信息系统四个方面去进行物流革新。

1. 配送选址新措施

为了提高配送中心的效率和质量，三星公司将其划分为产地配送中心和销地配送中心。前者用于原材料的补充，后者用于存货的调整。对每个职能部门都确定了最优工序，配送中心的数量被减少、规模得以最优化，便于向客户提供最佳的服务。

2. 实物运输革新措施

为了及时地交货给零售商，配送中心考虑货物数量和运输所需时间的基础上确定出合理的运输路线。同时，一个高效的调拨系统也被开发出来，这方面的革新加强了支持销售的能力。

3. 现场作业革新措施

为使进出工厂的货物更方便快捷地流动，公司建立了一个交货点查询管理系统，可以查询货物的进出库频率，高效地配置资源。

4. 信息系统新措施

三星公司在局域网环境下建立了一个通信网络，并开发了一个客户服务器系统，公司集成系统（SAPR）的三分之一将投入物流中使用。由于将生产配送和销售一体化，整个系统中不同的职能部门将能达到信息共享。客户如有涉及物流的问题，都可以通过实行订单跟踪系统得到回答。

另外，随着客户环保意识的增强，物流工作对环境保护负有更多的责任，三星公司不仅对客户许下了保护环境的承诺，还建立了一个全天开放的由回收车组成的回收系统，并由回收中心来重新利用那些废品，以此来提升自己企业在客户心目中的形象，从而更加有利于企业的经营。

公司还实现了合理运输的主要形式：分区产销平衡合理运输；直达运输；“四就”直拨运输；合装整车运输；提高技术装载量。

思考题：

分区产销平衡合理运输的优点有哪些？

分析指南：

这种方式是指在物流活动中，在产销平衡的基础上，按着近产近销的原则，使货物走最少的里程，组织运输活动。

这种方式加强了产、供、运销的计划性，消除过远、迂回、对流等不合理运输，降低了物流费用、节约运输成本及运输耗费。

在实际工作中，这种方式适用于品种单一、规格简单、生产集中、消费分散或生产分散、消费集中且调动量大的货物，如煤炭、木材、水泥、粮食等。

课后习题答案

项目五 装卸搬运

任务目标 1. 掌握装卸搬运的有关概念
2. 掌握如何提高装卸搬运的效率，减少装卸搬运的费用

任务内容 1. 学会装卸搬运的方法
2. 学会避免不合理装卸搬运的方法

任务要求 1. 要求学生熟悉装卸搬运中需要注意的事项
2. 要求学生熟悉如何提高装卸搬运的效率

导入案例

沈阳铁路局的装卸搬运

铁路装卸是铁路运输工作不可分割的一部分。为此，沈阳铁路局对铁路装卸搬运工作十分重视，他们承担着铁路的行李、包裹及货物的装卸搬运任务。装卸工作的机械化水平及工作效率和工作质量，对铁路运输的安全生产，加速机车车辆周转，提高运能及建设现代化铁路有着重要的意义。

铁路装卸搬运工作是为运输生产服务的，而不是以营利为目的。首先，装卸设备的配置、装卸作业的组织、装卸职工的管理等都是以运输生产为中心，以满足运输生产的需要为目的。其次，由于装卸服务于运输生产，决定了货物装卸对铁路运输主业有较强的依赖性。从生产力的三要素来讲，装卸系统有先进的生产工具，雄厚的机械设备，熟练掌握生产工具的劳动者，但劳动对象——货物却是由货运部门来组织的，装卸搬运掌握不了主动权。如果装卸搬运分离于运输主业之外，将极大地限制装卸生产力的发展。再次，装卸搬运的工作性质决定了铁路装卸与运输主业密不可分。与生活、房建、工厂等游离于运输主业之外的行业不同，铁路装卸与铁路货运是货场管理中不可分割的两个有机组成部分，其服务对象、作业场地、生产目的均相同。车站是完成任务的载体，货场是装卸生产经营的主战场。如果离开货物运输，铁路装卸将失去生存空间，绝大多数装卸机械将无用武之地，成为无本之木、无源之水。

1．装卸工作是铁路实现跨越式发展的基础

① 实现铁路跨越式发展，离不开装卸机械化水平的提高。铁路运输能力的快速扩充，技术装备水平的快速提高，都离不开铁路装卸的发展。

② 保障运输安全，实现铁路大提速离不开铁路装卸。安全是铁路运输的永恒主题，是铁路实现提速，扩大运输市场份额，服务于社会的保证。

③ 实现铁路跨越式发展关键是要有高素质的职工队伍。由于历史原因，装卸行业员工的素质相对偏低，装卸人员年龄偏大，难以承受繁重的人力装卸工作，只能从事机械操纵或辅助作业。过于繁重的纯人力装卸作业，必须依靠路外委托装卸工来完成。

2．装卸搬运工作是铁路运输生产的重要环节

装卸搬运工作是铁路运输这个大联动机中的一个重要环节，是铁路运输组织工作的一个重要组

成部分，是运输工作的基础，也是影响货物运输合同全面履行的重要因素。作为承运人的铁路方在合同签订时，有义务把托运方的货物安全、迅速、经济、便利地运送到指定地点，而整个运送过程要经过从货物地托运、受理、承运、装车、运输、卸车、交付等诸多环节。在这诸多环节之中，装卸搬运起着举足轻重的作用。装卸搬运工作的效率和质量直接影响着运输生产。车站的运输工作离不开装卸搬运，装卸搬运只有和运输工作相互配合，协同工作，才能有利于运输任务的完成。

① 装卸效率直接影响着铁路运输的效率，如一次装卸作业时间，车辆周转效率等。采取有力措施提高装卸效率，是提高运输效率的有效途径。

② 装卸质量直接影响到货车的装载质量，关系到铁路的安全生产。货车装载方案的直接落实者是装卸人员，如果装卸人员责任心不强，装车时不能正确执行装载加固方案和进行作业防护，很容易影响运输安全，造成严重后果。

③ 装卸搬运部门是铁路的窗口单位，其服务质量的好坏直接影响到铁路的形象，关系到铁路路风建设，是搞好路风工作的重要保证。

④ 装卸搬运是运输收入完整性的重要保证。货物装卸费属于铁路运输杂费中的一种，是铁路运输收入的重要组成部分。铁路局规定了统一的装卸作业费率标准，并规定装卸收费要由铁路专职人员统一核收清算，防止货场内乱收费现象的发生，维护了路风路誉，保证了运输收入的完整性。

⑤ 装卸工作是现代物流活动的重要环节。铁路货物列车运输距离少于500km时，装卸时间将超过实际运输时间，而且随着我国货车速度的提高，这个参考距离将随之加大，如不采取相应对策提高装卸效率，必将影响铁路运输效率，降低铁路在物流市场上的竞争力。

综上所述，在铁路运输中装卸搬运占有重要地位，发挥着不可替代的作用，没有铁路装卸搬运，铁路运输过程就不完整。在激烈的竞争中，充分发挥自身优势，以优质的服务，良好的信誉，上乘的装载质量，为全面深入推进铁路跨越式发展奠定坚实的基础。

思考题：
请说明铁路装卸搬运是不是铁路运输主业的有力支撑。

任务一　装卸搬运概述

装卸活动是物流各项活动中出现频率最高的一项作业活动，装卸活动效率的高低，直接会影响到物流整体效率。虽然装卸活动本身并不产生效用和价值，但由于装卸活动对劳动力的需求量大，需要使用装卸设备，因此物流成本中装卸费用所占的比重较大。装卸活动的合理化对于物流整体的合理化至关重要。

装卸搬运是介于物流各环节（如运输、储存等）之间起衔接作用的活动。它把货物运动的各个阶段连接成为连续的“流”，使物流的概念名副其实。

一、装卸搬运的概念

装卸是指物品在指定地点以人力或机械装入运输设备或卸下的活动；搬运是指在同一场所内，对物品进行的以水平移动为主的物流作业。

装卸是物流过程对于保管货物和运输两端货物的处理活动，具体来说，包括货物的装载、卸货、移动、货物堆码上架、取货、备货、分拣等作业以及附属于这些活动的作业。与装卸相类似的词汇还有搬运，一般来说，搬运是指物体横向或斜向的移动，装卸指上下方向的移动。广义的装卸则包括了搬运活动。此外，搬运与运输的区别主要是物体的活动范围不同。运输活动是在物流节点之间进行，而搬运则是在物流节点内进行，而且是短距的移动。

在工业尚不发达的年代，货物装卸主要依靠人力来完成，装卸现场的劳动强度很大，且劳动环境恶劣。在发展中国家，即便到了今天，仍有相当部分的装卸活动依然是依靠人背肩扛来完成的。改善体力劳动的环境，提高装卸作业效率是物流现代化的重要课题。

在物流过程中，装卸活动是不断出现和反复进行的，它出现的频率高于其他各项物流活动，每次装卸活动都要花费很长时间，所以往往成为决定物流速度的关键。装卸活动所消耗的人力也很多，所以装卸费用在物流成本中的比重也很高。以我国为例，铁路运输的始发和到达的装卸作业费大致占运费的20%，船运占40% 左右。据我国统计，火车货运以500km为分歧点，运距超过500km，运输在途时间多于起止的装卸时间；距低于500km，装卸时间则超过实际运输时间。此外，进行装卸操作时往往需要接触物资，故它是物流过程中造成物资破损、散失、损耗等损失的主要环节。

从某种意义上讲，装卸发展的历史实际上就是用机械代替人力，不断提高装卸的机械化程度，将人从繁重的体力劳动中解放出来的历史。装卸的机械化不仅可以减轻人的作业压力，改善劳动环境，而且可以大大提高装卸效率，缩短物流时间。

搬运活动主要目的见表5-1所示。

表5-1 搬运活动主要目的

目的	内容
① 提高生产力	顺畅的搬运系统能够消除瓶颈以维持及确保生产水准，使人力有效利用，设备减少闲置
② 降低搬运成本	减少每位劳工及每单位货品的搬运成本，并减少延迟、损坏及浪费
③ 提高库存周转率，以降低存货成本	有效率的搬运，可加速货品移动及缩减搬运距离，进而减少总作业时间，使得存货存置成本及其他相关成本皆得以降低
④ 改善工作环境，增加人员、货品搬运安全	良好的搬运系统能使工作环境大为改善，不但能保物品搬运的安全，减少保险费率，且能提高员工的工作情绪
⑤ 提高产品品质	良好的搬运可以减少产品的毁损，使产品品质水准提升，减少客户抱怨
⑥ 促进配销成效	良好的搬运可增进系统作业效率，不但能缩短产品总配销时间，提高客户服务水准，也能提高土地劳动生产力，对公司营运成效助益很大

二、装卸搬运应遵循的原则

由于装卸搬运作业仅是衔接运输、保管、包装、配送、流通加工等各物流环节的活动，本身不创造价值，所以应尽量节约时间和费用，在装卸搬运作业合理化方面，可遵循以下七项原则。

1. 省力化原则

所谓省力就是节省动力和人力。因为货物装卸搬运不产生价值，作业的次数越多，货物破损和发生事故的频率越大，费用越高。因此，首先要考虑尽量不装卸搬运或尽量减少装卸搬运次数。集装化装卸、多式联运、集装箱化运输、托盘一贯制物流等都是有效的做法；利用货物本身的重量和落差原理，如滑槽、滑板等工具的利用；减少从下往上的搬运，多采用斜坡式，以减轻负重；水平装卸搬运，如仓库的作业台与卡车车厢处于同一高度，手推车直接进出；卡车后面带尾板升降机，仓库作业月台设装卸货升降装置等。总之，省力化装卸搬运原则是：能往下则不往上、能直行则不拐弯、能用机械则不用人力、能水平则不要上斜、能滑动则不摩擦、能连续则不间断、能集装则不分散。

2. 活性化原则

这里所说的活性化是指“从物的静止状态转变为装卸状态的难易程度”。如果容易或适于下一步装卸搬运作业，则活性化高。如仓库中的货物乱七八糟，与整齐堆码的差别；散乱状态与放在托盘上的差别等。此外，在装卸机械灵活化方面的例子有：叉车、铲车、带轨道的吊车、能转动360º的吊车和带轮子、履带的吊车等。

3. 顺畅化原则

货物装卸搬运的顺畅化是保证作业安全、提高作业效率的重要方面，所谓顺畅化，就是作业场所无障碍，作业不间断、作业通道畅通，如叉车在仓库中作业，应留有安全作业空间，转弯、后退等动作不应受面积和空间限制；人工进行货物搬运，要有合理的通道，脚下不能有障碍物，头顶留有空间，不能人撞人，人挤人；用手推车搬运货物，地面不能坑坑洼洼，不应有电线、工具等杂物影响小车行走；人工操作电葫芦吊车，地面防滑、行走通道两侧的障碍等问题均与作业顺畅与否相关。机械化、自动化作业途中停电、线路故障、作业事故的防止等都是确保装卸搬运作业顺畅和安全的因素。

4. 短距化原则

短距化，即以最短的距离完成装卸搬运作业，最明显的例子是生产流水线作业。它把各道工序连接在输送带上，通过输送带的自动运行，使各道工序的作业人员以最短的动作距离实现作业，大大地节约了时间，减少了人的体力消耗，大幅度提高了作业效率；转动式吊车、挖掘机也是短距化装卸搬运机械；短距化在人们生活中也能找出实例，如转盘式餐桌，各种美味佳肴放在转盘上，人不必站起来就能夹到菜。缩短装卸搬运距离，不仅省力、省能，又能使作业快速、高效。

5. 单元化原则

单元化装卸搬运是提高装卸搬运效率的有效方法，如集装箱、托盘等单元化设备的利用等都是单元化的例证。

6. 连续化原则

连续化装卸搬运的例子很多，如输油、输气管道，气力输送设备、皮带传送机、辊道输送机、旋转货架等都是连续化装卸搬运的有力证明。

7. 人格化原则

装卸搬运是重体力劳动，很容易超过人的承受限度。如果不考虑人的因素或不够尊重人格，容易发生野蛮装卸、乱扔乱摔现象。搬运的东西在包装和捆包时应考虑人的正常能力和抓拿的方便性，也要注重安全性和防污染性等。

三、装卸搬运的作用

1. 装卸搬运直接影响物流效率

物流效率主要表现为运输效率和仓储效率，二者都与装卸搬运直接相关。在货物运输过程中，发运的装车时间和在目的地的卸车时间占有不小的比重，特别是在短途运输中，装卸车时间所占比重更大，有时甚至超过运输工具运行时间。所以，通过缩短装卸搬运时间可以提高运输效率。在仓储活动中，装卸搬运效率对货物的收发速度和货物周转速度产生直接影响。同时，装卸搬运组织与技术对仓库利用率和劳动生产率也有一定影响，装卸活动包括装车（船）、卸车（船）、堆垛、入库、出库以及上述各项活动之间的短程输送，是随运输和保管等活动而产生的必要活动。

在物流过程中，装卸活动是不断出现和反复进行的，它出现的频率高于其他各项物流活动，每次装卸活动都要花费很长时间，所以往往成为决定物流速度的关键。装卸活动所消耗的人力也很多，所以装卸费用在物流成本中所占的比重也较高。由此可见，装卸活动是影响物流效率及决定物流技术经济效果的重要环节。可以从以下数据中反映出来：

① 我国统计，火车货运运距超过500km，运输的在途时间多于起止的装卸时间；运距低于500km，装卸时间则超过实际运输时间。

② 美国与日本之间的远洋船运，一个往返需25天，其中运输时间13天，装卸时间12天。

③ 我国对生产物流的统计，机械工厂每生产1t成品，需装卸搬运252t的物料，其成本为加工成本的15.5%。

小思考：

在实际工作中，取消人工装卸搬运可以吗？

2. 装卸搬运直接影响物流质量

因为装卸搬运是使货物产生垂直和水平方向上的位移，货物在移动过程中会受到各种外力的作用，如震动、撞击、挤压等，容易使货物包装和货物本身受损。此外，进行装卸操作时往往需要接触货物。因此，这是在物流过程中造成货物破损、散失、损耗、混合等损失的主要环节。例如，袋装水泥纸袋破损和水泥散失主要发生在装卸过程中，玻璃、机械、煤炭等产品在装卸时最容易造成损失。每年我国由于装卸搬运造成的经济损失达上亿元，装卸搬运损失在物流费用中占有一定的比重。

3. 装卸搬运直接影响物流安全

在物流活动中确保劳动者、劳动手段和劳动对象的安全非常重要。装卸搬运特别是装卸作业，货物要发生垂直位移，不安全因素比较多。实际表明：物流活动中发生的各种货物损失事故、设备毁坏事故、人身伤亡事故等，相当一部分是在装卸搬运过程中发生的。特别是一些危险品，在装卸搬运过程中如违反操作规程进行野蛮装卸，很容易造成燃烧、爆炸、泄漏等重大事故。

4. 装卸搬运直接影响物流成本

装卸搬运是劳动力借助于劳动手段作用于劳动对象的生产活动。由于装卸搬运作业量比较大，它往往是货物运量和库存量的若干倍。因此，为了进行此项活动，必须配备足够的装卸搬运人员和装卸搬运设备。以我国为例，铁路运输的始发和到达的装卸作业费大致占运费的20%左右，搬运占40%左右。因此，装卸是降低物流费用的重要环节。

四、活性指数

装卸活性是装卸搬运专用术语，是指货物的存放状态对装卸搬运作用的方便（或难易）程度，也称装卸活性。如果很容易转变为下一步的装卸搬运而不需过多进行装卸搬运准备工作，则活性高；如果难于转入下一步的装卸搬运，则活性低。

活性一般是用“活性指数”进行定量地衡量。根据物料所处的状态，即物料装卸、搬运的难易程度，可划分不同的级别，即所谓的“活性指数”。一般说来，活性指数越高越好，一般用数字0，1，2，3，4表示，具体含义如下：

① 0级表示物料杂乱地堆在地面上的状态。

② 1级表示物料装箱或经捆扎后的状态。

③ 2级表示箱子或被捆扎后的物料，下面放有枕木或其他衬垫后，便于叉车或其他机械作业的状态。

④ 3级表示物料被放于台车上或用起重机吊钩钩住，可以即刻移动的状态。

⑤ 4级表示被装卸、搬运的物料，已经被起动、直接作业的状态。

在货场装卸搬运过程中，下一步工序比上一步的活性指数高，因而下一步比上一步工序更便于作业时，称为“活化”。装卸搬运的工序、工步应设计得使货物的活性指数逐步提高，则称“步步活化”。通过合理设计工序、工步，在做到步步活化作业的同时，还要采取相应的措施和方法尽量节省劳力、降低能耗。从理论上讲，活性指数越高越好，但也必须考虑到实施的可能性。例如，物料在储存阶段中，活性指数为4的输送带和活性指数为3的车辆，在一般的仓库中很少被采用，这是因为大批量的物料不可能存放在输送带和车辆上。

装卸搬运活性指数见表5-2所示。

表5-2 装卸搬运活性指数

装卸搬运活性指数	物资所处状态描述
0级	货物散乱堆放于地面
1级	货物已被成捆地捆扎或集装
2级	货物被置于箱内，以便于叉车或其他机械进行装卸搬运
3级	货物被置于台车或起重机等装卸搬运机械上，处于可移动状态
4级	已被启动，处于装卸搬运的直接作业状态

知识链接

三星公司的物流革新

三星公司物流工作合理化革新小组在配送选址、实物运输、现场作业和信息系统四个方面去进行物流革新，具体如下：

（1）配送选址新措施提高配送中心的效率和质量。

三星公司将其配送中心划分为产地配送中心和销地配送中心。前者用于原材料的补充，后者用于存货的调整。这样对每个职能部门都确定了最优工序，配送中心的数量被减少、规模得以最优化，便于向客户提供最佳的服务。

（2）实物运输革新措施能及时地交货给零售商。

配送中心考虑货物数量和运输所需时间的基础上确定出合理的运输路线。同时，一个高效的调拨系统也被开发出来，这方面的革新加强了支持销售的能力。

（3）现场作业革新措施使进出工厂的货物更方便快捷地流动。

为此，公司建立了一个交货点查询管理系统，可以查询货物的进出库频率，高效地配置资源。

（4）信息系统新措施将生产配送和销售一体化。

三星公司在局域网环境下建立了一个通信网络，并开发了一个客户服务器系统，公司集成系统（SAPR）的1/3将投入物流中使用。由于将生产配送和销售一体化，整个系统中不同的职能部门将能达到信息共享。客户如有涉及物流的问题，都可以通过实行订单跟踪系统得到回答。

三星公司物流工作合理化革新小组对配送选址、实物运输、现场作业和信息系统四个方面去进行物流革新，提升了自己企业在客户心目中的形象，从而更加有利于企业的经营。

相关音频

任务二　装卸搬运的合理化

装卸搬运是装卸搬运人员借助于装卸搬运机械和工具，作用于货物的生产活动，它的效率高低，直接影响着物流整体效率。为此，科学组织装卸搬运作业，实现装卸搬运合理化对物流整体的合理化至关重要。

一、装卸搬运合理化目标

1. 装卸搬运距离短

装卸搬运距离的长短与搬运作业量大小和作业效率是联系在一起的。在装卸搬运作业中，装卸搬运距离最理想的目标是“零”。货物装卸搬运不发生位移，应该说是最经济的，然而这是不可能办到的，因为凡是“移动”都要产生距离。距离移动得越长，费用越大；距离移动得越短，费用越小。所以，装卸搬运合理化的目标之一，就是尽可能使装卸搬运距离最短。

2. 装卸搬运时间少

装卸搬运时间少主要指货物从开始装卸搬运到完成装卸搬运的时间少。如果能尽量压缩装卸搬运时间，就能提高物流速度，及时满足客户的需求。为此，应根据实际情况，实现装卸搬运机械化。装卸搬运实现机械化、自动化作业后，不仅大大缩短了时间、节约了费用、提高了效率，而且通过装卸搬运环节的有效连接，还能激活整体物流过程。所以，装卸搬运时间尽量少，是装卸搬运合理化的重要目标之一。

3. 装卸搬运质量高

装卸搬运质量高是装卸搬运合理化目标的核心。装卸搬运作业的质量高，是为客户提供优质服务的主要内容之一，也是保证生产顺利进行的重要前提。安全及时地将货物装卸搬运到指定的位置，这是装卸搬运合理化的主体和实质。

4. 装卸搬运费用省

装卸搬运合理化目标中，既要求距离短、时间少、质量高，又要求费用省，这似乎不好理解。实际上，如果真正实现装卸搬运机械化和物流现代化，装卸搬运费用肯定能大幅度地节省。采取机械化、自动化装卸搬运作业，既能大幅度削减作业人员，又能降低人工费用。这笔开支在国外企业中所占的比例非常高，在我国也会逐渐上升，这方面费用削减的潜力很大。为此，应合理规划装卸搬运工艺，设法提高装卸作业的机械化程度，尽可能地实现装卸搬运作业的连续化，从而提高装卸搬运效率，降低装卸搬运成本。

知识链接

三星公司提高技术装载的运输方式主要做法

提高技术装载的运输方式，充分利用车船载重吨位和装载容积，对不同的货物进行搭配运输或组装运输，使同一运输工具能装载尽可能多的货物。这种方式一方面最大限度地利用了船的载重吨位，另一方面充分使用车船的装载容积，提高了运输工具的使用效率。

三星公司将进一步扩展和强化物流网络，同时建立了一个全球性的物流链使产品的供应路线最优化，并设立全球物流网络上的集成订货——交货系统，从原材料采购到交货给最终客户的整个路径上实现物流和信息流一体化，这样客户就能以最低的价格得到高质量的服务，从而对企业更加满意。三星公司提高技术装载的运输方式主要做法有以下三种：

① 将重货物和轻货物组装在一起。

② 对一些体大笨重、容易致损的货物解体运输，使之易于装卸和搬运。

③ 根据不同货物的包装形状，采取各种有效的堆码方法。

二、商品装卸搬运不合理的表现形式

对于装卸搬运合理化，不能简单处之，也很难有一个绝对的标准。但是，在装卸搬运作业时，必须避免由于不合理装卸搬运的出现而造成的损失。因为有时某些不合理现象是伴生的，要追求大的合理，就可能派生小的不合理。所以，在此只概括论述不合理装卸搬运的表现形式，具体辨别时要防止绝对化。

1. 过多的装卸搬运次数

在物流过程中，装卸搬运环节是发生货损的主要环节，而在整个物流过程中，装卸搬运又是反复进行的，其发生的频数超过其他任何活动，过多的装卸搬运必然导致损失的增加。同时，每增加一次装卸搬运，就会较大比例地增加费用，就会大大减缓整个物流的速度。

2. 过大的包装装卸搬运

包装过大过重，在装卸搬运作业中，就会反复在包装上消耗较大的劳动。这一消耗不是必需的，因而会形成无效劳动。

3. 无效物质的装卸搬运

进入物流过程中的货物，有时混杂着没有使用价值或对用户来讲使用价值不对路的各种掺杂物，如煤炭中的矸石、矿石中的水分、石灰中的未烧熟石灰及过烧石灰等。在反复装卸搬运时，会对这些无效物质反复消耗劳动，因而形成无效劳动。

由此可见，无效装卸搬运增加了物流成本，增加了货物的损耗，降低了物流速度，如能防止无效装卸搬运，则可节省劳动，使装卸搬运合理化。

三、商品装卸搬运合理化的途径

1. 防止和消除无效作业

尽量减少装卸次数，减少人力、物力的浪费和货物损坏的可能性；努力提高被装卸物品的纯度，仅装卸搬运必要的货物，如有些货物要去除杂质之后再装卸搬运比较合理；选择最短的作业路线；避免过度包装，减少无效负荷；充分发挥装卸搬运机械设备的能力和装载空间，中空的物件可以填装其他小物品再进行搬运，以提高装载效率；采用集装方式进行多式联运等，都可以防止和消除无效装卸搬运作业。

2. 提高物品的装卸搬运活性

货物平时存放的状态是各种各样的，可以是散放在地上，也可以是装箱存放在地上或放在托盘上等。由于存放的状态不同，货物的装卸搬运难易程度也不一样。人们把货物从静止状态转变为装卸搬运运动状态的难易程度称之为装卸搬运活性。

在装卸搬运整个过程中，往往需要几次装卸搬运作业，为使每一步装卸搬运都能按一定活性要求操作，对不同放置状态的货物做了不同的活性规定，这就是活性指数。在装卸搬运作业工艺方案设计中，应充分应用活性理论，合理设计作业工序，不断改善装卸搬运作业。货物放置时要有利于下次搬运，如装于容器内并垫放的物品较散放于地面的物品易于搬运；在装卸时要考虑便于卸下，在入库时要考虑便于出库；还要创造易于搬运的环境和使用易于搬运的包装。总之，要提高装卸搬运活性，以达到作业合理化、节省劳力、降低消耗、提高装卸搬运效率的目的。

3. 充分利用重力和消除重力影响，进行少消耗的装卸搬运

装卸搬运使货物发生垂直和水平位移，必须通过做功才能完成。由于我国目前装卸机械化水平还不高，一些装卸搬运作业尚需人工完成，劳动强度大。因此，在有条件的情况下，可利用货物的重量，进行有一定落差的装卸搬运。例如，可将设有动力的小型运输带（板）斜放在货车、卡车上依靠货物本身重量进行装卸搬运，使货物在倾斜的输送带（板）上移动，这样就能减轻劳动强度和能量的消耗。

在装卸搬运时，尽量消除或削弱重力的影响，也会获得减轻体力劳动及其他劳动消耗的效果。例如，在进行两种运输工具的换装时，如采用落地装卸方式，即将货物从甲工具卸下并放到地上，一定时间后，再从地上装到乙工具之上的方式，这样必然消耗过多的劳动。如果能进行适当安排，将甲、乙两工具靠接，使货物平移，就能有效地消除货物重力的影响，实现装卸搬运合理化。

4. 合理利用装卸搬运机械设备

现阶段，装卸搬运机械设备大多在以下情况使用：超重物品；搬运量大、耗费人力多、人力难以操作的；粉体或液体的物料搬运；速度太快或距离太长，人力不能胜任时；装卸作业高度差太大，人力无法操作时。今后的发展方向是，即使在人可以操作的场合，为了提高生产率、安全性、服务性和作业的适应性等，也应将人力操作转由机械设备来实现。同时，要通过各种集装方式形成机械设备最合理的装卸搬运量，使机械设备能充分发挥自己的效能，达到最优效率，实现规模装卸搬运。

5. 保持物流的均衡顺畅

货物的处理量波动大时会使搬运作业变得困难，但是搬运作业受运输等其他环节的制约，其节奏不能完全自主决定，必须综合各方面因素妥善安排，使物流量尽量均衡，避免忙闲不均的现象。

6. 合理选择装卸搬运方式，不断改善作业方法

在装卸搬运过程中，必须根据货物的种类、性质、形状、重量来合理确定装卸搬运方式，合理分解装卸搬运活动，并采用现代化管理方法和手段，改善作业方法，实现装卸搬运的高效化和合理化。

相关案例

上海华联的装卸搬运

上海华联的装卸搬运贯穿于商品物流的全过程，通过提高装卸搬运的效率，减少了配送时间，提高了服务质量。

1. 提高了物流环节的衔接性

物流活动是多要素多环节的综合性生产活动，各物流要素和各物流环节的衔接是通过装卸搬运实现的，如商品流通过程中储运之间、各种运输方式之间的衔接，都要靠装卸搬运。正是由于装卸撤运的衔接性，才使上海华联整个物流活动连贯、畅通、高效。

2. 装卸搬运的制约性

由于装卸搬运的衔接性和辅助性，装卸搬运常起到“开关”和“阀门”的作用，既服务于生产和流通领域内的物流活动，又制约着物流活动的顺利进行，直接影响物流活动的综合能力和物流效率。上海华联由于合理安排了装卸搬运，避免了车等人和人等车的现象。

任务三　装卸搬运设备的选择与运用

随着物流现代化的不断发展，装卸搬运机械将会得到更为广泛的应用。因此，科学使用好、管理好装卸搬运机械，充分发挥装卸搬运机械的潜能，实现装卸搬运机械作业，是取得良好装卸搬运效率的重要手段。

一、装卸搬运设备的概念和作用

1. 装卸搬运设备的概念

装卸搬运设备是指用来搬移、升降、装卸和短距离输送物料或货物的机械。它是物流机械设备中重要的机械设备。它不仅用于完成船舶与车辆货物的装卸，而且又用于完成库场货物的堆码、拆垛、运输以及舱内、车内、库内货物的起重输送和搬运。

2. 装卸搬运设备的作用

装卸搬运设备是机械化生产的主要组成部分，是实现装卸搬运作业机械化的物质技术基础，是实现装卸搬运合理化、效率化、省力化的重要手段。在装卸搬运作业中，要不断反复进行装、搬、卸操作，这些都靠装卸搬运机械有效地衔接。因此，合理配置和应用装卸搬运机械，安全、迅速、优质地完成货物装卸、搬运、码垛等作业任务，对于加快现代化物流发展，促进经济发展，均有着十分重要的作用。

二、装卸搬运设备的选择

1. 以满足现场作业为前提

装卸机械首先要符合现场作业的性质和货物特点、特性要求，如在有铁路专用线的车站、仓库等，可选择门式起重机；在库房内可选择桥式起重机；在使用托盘和集装箱作业的生产条件下，可尽量选择叉车以至跨载起重机，且机械的作业能力（吨位）与现场作业量之间要形成最佳的配合状态。影响物流现场装卸作业量的最基本因素是吞吐量，此外还要考虑堆码、卸垛作业量、装卸作业的高峰量等因素的影响。装卸机械吨位的具体确定，应对现场要求进行周密的计算、分析。在能完成同样作业效能的前提下，应选择性能好、节省能源、便于维修、利于配套、成本较低的装卸机械。

2. 控制作业费用

装卸机械作业发生的费用主要有设备投资额、运营费用和装卸作业成本等项。其中，设备投资额是平均每年机械设备投资的总和（包括购置费用、安装费用和直接相关的附属设备费用）与相应的每台机械在一年内完成装卸作业量的比值；装卸机械的运营费用是指某种机械一年运营总支出（包括维修费用、劳动工资、动力消耗、照明等项）和机械完成装卸量的比值；装卸作业成本是指在某一物流作业现场，机械每装卸一吨货物所支出的费用，即每年平均设备投资支出和运营支出的总和与每年装卸机械作业现场完成的装卸总吨数之比。

3. 装卸搬运机械的配套

装卸搬运机械的配套是指根据现场作业性质、运送形式、速度、搬运距离等要求，合理选择不同类型的相关设备。主要包括要克服各种机械自身的弱点，使多台装卸机械在生产作业区内能够有效衔接；设备吨位要相互匹配，便于发挥出每台设备的最大能力；合理安排运行距离，缩短总的物流作业时间等内容。

装卸机械配套的方法是按装卸作业量和被装卸物资的种类进行机械配套，在确定各种机械生产能力的基础上，按每年装卸1万吨货物需要的机械台数和每台机械所担任装卸货物的种类以及每年完成装卸货物的吨数进行配套。

三、装卸搬运设备的运用

装卸搬运设备可以提高作业效率，但是系统的设计配置不是越先进越好，必须根据物流管理的基本目标，即以最细小成本、最好的服务质量来配置。

1. 选择设备

（1）设备配置的基本要求。

虽然物流系统的具体形态千差万别，使用的设备也不一样，但是，物流管理的基本目的是一致的，所以在设备配置方面具有以下一些共同的要求：

① 选取的作业设备尽可能合乎标准。

② 尽可能把资金投在移动货物的设备上，而不是投在固定不动的设备上。

③ 设备性能必须能满足系统要求，以保证设备的使用率，不让设备闲置。

④ 选取搬运设备时，应选净载重量与总重量之比尽可能大的设备。

⑤ 系统设计时应该考虑重力流。

⑥ 建成的系统应能提供尽可能大的连续的货物物流。

（2）常见的机械搬运设备。

机械化系统中搬运设备种类繁多，设备选择必须根据系统搬运功能的特点配备。现将主要的搬运设备的性能特点作简单介绍，具体如下：

① 叉车。叉车具有一副水平伸出的叉臂，叉臂可作上下移动，因此叉车具有装载货物的功能，并能携带货物作水平和垂直方向的移动。由于叉车在堆码、卸货作业和搬运、移动作业两方面都十分灵活便利，这就使叉车成为目前使用最广泛的装卸机械。叉车的类型很多，应根据货物的特征、货架的高度、库区的通道宽度合理选取。

叉车按构造可分成平衡重式、前移式和侧面叉式三种。叉车的动力有电动和内燃两种，内燃又有汽油和柴油之分，汽油车为2t以下的叉车，柴油车多数属于2t以上的叉车。

② 电瓶车。这类运输工具以蓄电池为动力源，装载重量很小，1t左右。起动快而稳，无废气无噪声，操作简单，驾驶灵活，很适宜在库区内作短途运输，在我国使用比较广泛。缺点是运量小，在港口码头、货车月台等货物运输量大的场合，如果使用电瓶车，则运输效率会很低。

③ 牵引车。这种设备只有动力，没有装载能力。主要用于拖带货车或挂车，可作较长距离的运输，一台牵引车可拖很长一列挂车。

④ 挂车。这种设备自身没有动力，有一个载物平台，仅用于装载货物。载满货物的挂车连成一列后，由牵引车拖到目标库区。车列可长可短，可任意组合，十分灵活。缺点是需要大量人员参与，而且经常闲置，使用率低，不经济。比较适合于运输量大而稳定的场合，如码头、铁路的中心货站，大型企业的原料仓库等。挂车必须和牵引车配套使用。

⑤ 输送机。这种设备有多种分类和多种形式，它用于不同的场合。一般可按重力式、滚轴式、皮带式分类。动力都采用电力，经济方便。输送机被广泛用于短距离的出入库运输，它也是构成分拣系统的基本组成部分。这种运输设备可实现连续运输，效率非常高，只是在输送机两端有时需要人员看管，人力成本是很低的。

⑥ 回转货架。这种设备既是货架，可存储货物，又能作回转运动，起到运输的作用。回转货架主要为了方便货物分拣作业。它由一系列的储物箱组成，可以在一个封闭的轨道上移动，通过移动把储物箱传送给分拣操作人员。因此，该系统可以减少人员走动的时间。回转货架有水平回转和垂直回转两种。

手动液压搬运车、液压升高车如图5-1、图5-2所示。

2. 装卸搬运的设备系统

（1）半自动化系统。

物料处理的半自动化系统是指在机械化的基础上，在局部关键的作业面上采用自动化设备，以提高作业效率，一般在分拣、运输环节实现自动化。比较常用的自动化设备有自动引导搬运车、自动分拣设备、机器人等。

① 自动引导搬运车。自动引导搬运车的用途是库内运输，它由控制机构和行驶机构组成一个自动化系统，称作AGVS。它具有无人操作的特点，能自动定位和行走，所以需要在库内安装

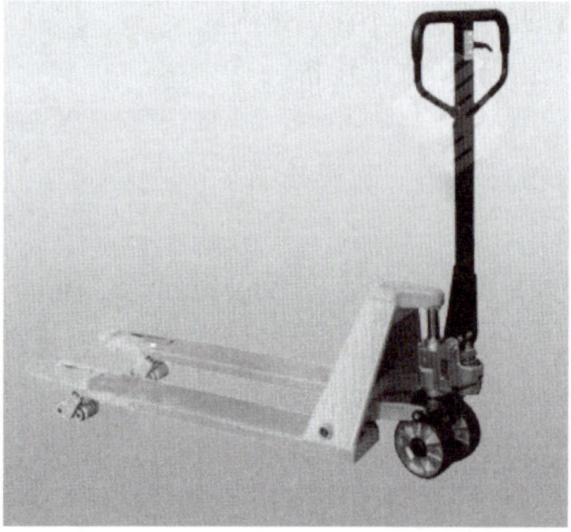

图5-1　手动液压搬运车

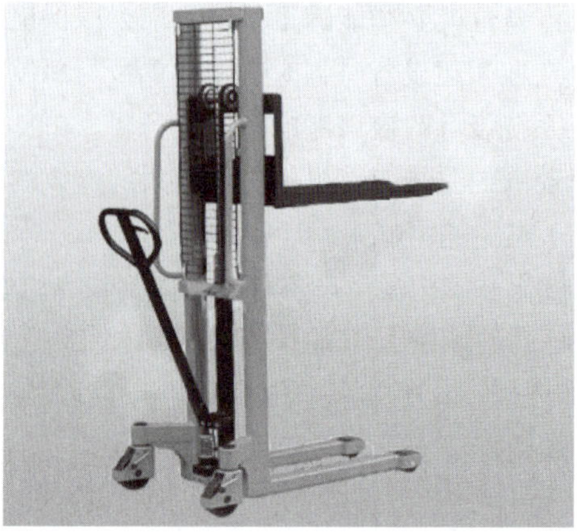

图5-2　液压升高车

一套引导系统。典型的引导方式有光导和磁导两种。在光导系统中，库区地面的行车路径上装有发光装置，其发出的光束可引导搬运车行驶到指定的位置。在磁导系统中，路径地面上安装有磁性物体，靠磁场来引导搬运车行驶。由于省去了驾驶员，人工成本可以减少。

② 自动分拣设备。所谓自动分拣设备指的是受到自动控制的一套机械分拣装置，它是由接受分拣指令的控制装置、把到达分拣位置的货物取出的搬送装置、在分拣位置把货物分送的分支装置和在分拣位置存放货物的暂存装置等组成。分拣作业只需通过键盘向控制装置输入分拣指令，其余的全部由机械装置执行完成。目前，比较常用的分拣控制技术是扫描识别技术，在货物的固定位置上贴有某种标识，货物到达分拣位置，扫描仪对标识扫描识别，然后按事先设定的程序操作，使货物按指定路线运到指定的位置。采用自动分拣装置使分拣处理能力提高，分类数量比较大，准确率也大大提高。

③ 机器人。机器人是安装有微型电脑，能按编程指令自动完成一系列动作的机械。仓库中的作业具有多样性，要求机器人具有识别和判断功能，还需要具备一些简单的决策功能。在物料处理系统中，机器人主要用于货物分类、成组载荷。在分类作业中，机器人能够记忆位置、识别垛形，把指定位置的货物取出后放到输送机上。在成组作业中，机器人能够按成组要求，把有关的货物集中到一起，甚至装箱打包。

使用机器人的另外一个理由：在恶劣环境中，如高温、冷藏、有毒气体等会危害人员身体健康的场合，可由机器人替代人工作业。

机器人的最大优点是操作的准确率和高速度，在自动化分拣作业中起着重要作用。

④ 活动货架。货架用于存放货物，而设计活动货架的目的是为了让存有货物的货架移动到分拣位置，将存储功能与运输功能结合在一起，可以减少人力消耗。活动货架的工作原理是尽可能地利用物料重力产生一个滑动力，使物料自动向前移动。所以，活动货架都设计成后部高于前部，货物从后部装入，逐步向前移动，这对于先进先出的库存管理是非常有利的；也有将滚轴输送机设计成活动货架，工作时使后部抬高。

（2）自动化系统。

随着仓库规模的扩大、库存品种与库存量的不断增大，为了减轻劳动强度，降低误差率，近几十年来，库区作业的自动化程度越来越高。当库区的物料处理的全部功能都实现自动作业，并且各作业环节相互连成一体，从入库到出库在整体上实现自动控制时，这样的物料处理系统称为自动化系统。

自动化的优势来自于应用大量的自动化设备。大量使用电子计算机，需要大量的投资和配备专门的技术人才。所以，它的缺点也是十分明显的，主要是投资额大，开发和应用技术比较复杂，维护工作难度高。

① 自动化分拣系统。在自动化系统中，使分拣作业实现自动化是关键步骤。在以往的半自动化系统中，分拣后的暂存装置，在不同的作业环节交接处仍使用人工处理方式。特别是货物的输入、输出环节还是靠大量的人力劳动。而现代自动化分拣系统与半自动化系统不同的是，它需要把分拣作业前后的作业连接起来，并实现自动作业，从收到货物，接受处理，到出库装车，整个过程实现自动化。

a. 自动分拣装置的控制方式。控制的目的是为了把货物按要求分拣出来，并送到指定地点。通常需要把分拣的指示信息记忆在货物或分拣机械上，当货物到达时，将其识别并挑出，再开动分支装置，让其分流。

控制方式分为外部记忆和内部记忆两种：外部记忆是把分拣指示标记贴在分拣对象上，工作时用识别装置将其区分，然后作相应的操作；内部记忆是在自动分拣装置的搬送设备人口处设置控制盘，利用控制盘，操作者在货物上输入分拣指示信息，这个货物到达分拣位置时，分拣设备接收到信息，开启分支装置。控制方式的选择在决定全部分拣系统时是一个需要考虑的重要因素，对分拣系统的能力和成本有很大的影响。

b. 自动分拣装置的分支方式。分支装置是将挑选出的货物移出主输送带，转入分支输送带，是自动分拣系统的一个重要装置。主要有推出式、浮出式、倾斜式。

推出式。在输送机的侧面安装推出设备，分拣出的货物到达此位置后，设备将货物推离主输送带，并推入分支输送带。它不受货物包装形式的限制，瓦楞纸箱、袋装货物、木箱等均适宜这种方式。不过，太薄的货物、容易转动的货物、易碎的货物不宜采用这种方式。分拣能力越高，分支机械的冲击力也越大，此时必须注意对货物的损伤情况。

浮出式。它是一种在主输送机的下方安装浮出式机构，工作时把货物托起并送入分支输送机的装置。在分送时，对货物的冲击力较小，适合分拣底部平坦的纸箱和用托盘装的轻、重货物，不能分拣很长的货物和底部不平的货物。

倾斜式。它是在主输送机上装有分送装置，货物到达规定的分拣位置，分送装置动作，如分送装置转动一个角度或开放通路对货物分拣。自动分拣装置的分支方式很多，具体选择哪种形式，需要考虑的因素：分拣对象的形状、体积、重量和数量；搬运的路线及变动性；单位时间内的处理能力；分拣的种类数；设备费用、占地面积、周围环境等条件。

② 自动化高架仓库。高架仓库又称立体仓库或机械化仓库，由于货架很高，可以高达20m以上，所以在高架库中，从收货入库到出库装运全部实现自动化。此类仓库有货架、存取设备、输入输出系统、控制系统四个基本部分组成。

货架为钢结构，成排地放置在货架区，排与排之间有一条通道隔开，通道是专供装卸机械通行之用，主要的存取作业几乎都在通道中完成。

存取设备是高架仓库的专用装卸机械，它有两个功能：一是能在通道里作水平方向来回移动，它的作业臂能作垂直方向的上下移动，所以能把货物搬运到立体空间的某一指定位置；二是能在货架上存取货物，存取机有很高的高度，既要作水平方向快速移动，又要在垂直方向快速升降货物，需要一定的稳定性，所以多数的存取机需要在地面上铺设引导装置。仓库一般配备多台存取机供使用。如果需要将货物在不同的通道之间运送，存取机是无法执行的，这时要靠转运车完成，专用的转运车总是配备在通道的一端，并不是每个高架仓库都作通道之间的转运，这需视系统需要而定。

输入输出系统担当高架仓库与外部联系的职能，执行接受和发运货物的操作，所以与仓库的理货场地的设计有关。理货场地用于货物整理，如分拣、配货、货物的出入库作业等，它是介于高架存储区与系统外部的中间地带，与存储区域相接。货物接受后，卸在理货场上，需要以最快的速度处理完毕，存入库位。为了充分利用存取设备，要求卸货区和分拣操作能够为每个通道提供足够的货物。反之，由通道运出的货物要立即分散到理货场所。为此，需要设计一个灵活高效的搬运系统，承担存储区和理货场地之间的运输任务。

控制系统其实就是一个信息管理系统，由电脑实现控制。除了信息接收、处理、存储以外，还需要执行决策和产生作业指令，以控制设备的运行状态。

知识链接

装卸搬运机械化带来的益处主要体现在以下五方面：

① 提高装卸效率，节约劳动力，减轻装卸工人的劳动强度，改善劳动条件。

② 缩短作业时间，加速车辆周转，加快货物的送达和发出。

③ 提高装卸质量，保证货物的完整和运输安全。

④ 降低装卸搬运作业成本。装卸搬运机械的应用，势必会提高装卸搬运作业效率，而效率提高使每吨货物摊到的作业费用相应减少，从而使作业成本降低。

⑤ 充分利用货位，加速货位周转，减少货物堆码的场地面积。采用机械作业，堆码高度大，装卸搬运速度快，可以及时腾空货位。因此，可以减少场地面积占用。

相关音频

项目小结

本项目主要介绍了装卸搬运的概念、意义、作用等，装卸是物流过程对于保管货物和运输两端货物的处理活动，具体来说，包括货物的装载、卸货、移动、货物堆码上架、取货、备货、分拣等作业以及附属于这些活动的作业。与装卸相类似的词汇还有搬运，一般来说，搬运是指物体横向或斜向的移动，装卸指上下方向的移动。广义的装卸则包括了搬运活动。此外，搬运与运输的区别主要是物体的活动范围不同。运输活动是在物流节点之间进行，而搬运则是在物流节点内进行，而且是短距的移动。

从某种意义上讲，装卸发展的历史实际上就是用机械代替人力，不断提高装卸的机械化程度，将人从繁重的体力劳力中解放出来的历史。装卸的机械化不仅可以减轻人的作业压力，改善劳动环境，而且可以大大提高装卸效率，缩短物流时间。装卸活动是物流各项活动中出现频率最高的一项作业活动，装卸活动效率的高低，直接会影响到物流整体效率。装卸活动的合理化对于物流整体的合理化至关重要。

练习题

一、选择题

1. 货物的存放状态对装卸搬运作用的方便或难易程度称（　　）。

A. 装卸活性　　B. 机械程度　　C. 工作程度　　D. 装卸效率

2. 装卸搬运合理化目标中，既要求距离短、时间少、质量高，又要求（　　）。

A. 效率高　　B. 费用省　　C. 速度快　　D. 及时

3. 装卸的机械化不仅可以减轻人的作业压力，改善劳动环境，而且可以大大提高装卸效率以及（　　）。

A. 增加物流时间　　B. 延长物流时间　　C. 缩短物流时间　　D. 提高运输速度

4. 机器人的最大优点是操作的准确率和（　　），在自动化分拣作业中起着重要作用。

A. 低速度　　B. 低成本　　C. 费用低　　D. 高速度

二、问答题

1. 装卸搬运合理化的目标是什么？
2. 装卸搬运的作用是什么？
3. 设备配置的基本要求有哪些？
4. 商品装卸搬运不合理的表现形式有哪些？

三、实训题

▶【实训任务】

熟悉装卸搬运。

▶【实训目标】

使学生对装卸搬运有个整体的感性认识。

▶【实训内容】

（1）了解本地区企业的人工和机械装卸搬运业务的开展情况。

（2）了解装卸搬运的有关费用。

（3）了解装卸搬运工作对物流管理的影响，并写出调查报告。

▶【实训要求】

将班级同学进行分组，每组成员不超过8人，设立组长1名，由组长安排各小组的进度，并负责总体的协调工作，选择2个装卸搬运企业进行实习调研。

▶【考核标准与方法】

（1）资料收集整理（20分）。

（2）提出该装卸搬运企业的具体业务（30分）。

（3）提出改进意见（30分）。

（4）实训过程表现（20分）。

四、案例分析题

卸车工作——运输生产的重要环节

天津铁路分局是北京铁路局的卸车大户，同时又是排空大户，卸车工作的好坏直接关系全局铁路运输生产经营任务的完成。面对线路频繁施工、重点任务多，对运输干扰大等诸多不利因素，天津铁路分局按照北京铁路局提出的“疏通瓶颈，畅通通道，增收节支”的统一部署和要求，不断加强运输组织，以挖潜扩能为突破口，提高运输效率为中心，使卸车工作迈上新台阶。每年完成卸车307万辆，日均8 412车，较计划多卸1 012车，确保了运输经营任务全面超额完成。

1. 落实激励措施，充分调动站段卸车积极性

根据铁路局制定的卸车奖励政策，天津铁路分局进一步完善了对基层站段的卸车激励考核机制。实行计件加同比超奖的双重考核办法，即每卸1车，奖励20元，与上一年同比多卸1车，奖励200元。同时，铁路分局再投入200万元，将机务、车辆部门纳入奖罚范围，还加大对大点车的检查考核力度。铁路分局从铁路局清算的卸车奖为1 311万元，铁路分局投入相关奖励210万元，检查出大点车为174车，罚款4.31万元，站段实得卸车奖励1 500多万元，使站段得到了可观的奖励数额，充分调动了基层站段卸车工作的积极性。

2. 围绕关键，深入挖潜扩能，提高卸车效率

天津铁路分局的重点卸车单位是“三港、五站、三线”（即秦皇岛港、天津港、京唐港；秦皇岛东、秦皇岛南、塘沽、滦县、天西；北环线、天津地方铁路线、京唐港地方铁路线）。在铁路局有关部门的大力支持配合下，以畅通塘沽站、天津西站（李港地方铁路线）、京唐港地方铁路线和优化秦皇岛东站卸车方案为突破口，进一步优化卸车菜单，加强组织协调，完善机制，使这4个重点卸车单位卸车效率的增长，带动了天津铁路分局整体卸车工作的进一步提高。

3. 加强调度指挥，提高管内重车输送效率

管内重车输送效率影响着铁路分局的卸车工作。他们采取加强调度指挥，严格落实考核等措施，使第1班管内重车送到率提高到65%，为卸车创造了良好的条件。

（1）加强枢纽运输组织，提高枢纽能力。

围绕如何提高枢纽通过能力，在对枢纽地区的车流组织、机车运用到发线使用等情况进行分析的基础上，通过对南仓站“一点三线”发车运输的组织，开行了朔黄线管内重车流直入天津西、塘沽等站以及丰西直入塘沽的列车。合理调整小运转机车整备作业时间、地点及作业区域，加强调车机作业计划编制，减少列车在站作业时间。同时，通过提高列车牵引定数，禁止欠轴开车，保证了南仓站畅通无阻。

（2）充分挖掘机车潜能，提高运用效益。

为了解决因车流集中到达引起的天津枢纽特别是南仓站通过能力紧张的状况，在充分调研的基础上，组织唐山机车实行“复合肩回式机车交路”，即在保证机车乘务员劳动时间的前提下，唐山机车到南仓站后，可挂运北塘或塘沽管内重车，然后再返回塘沽或南仓站挂区段列车回唐山北站。这样既扩大了区段输送能力，使机力配置适应了列车密集到达的需求，又提高了枢纽区段管内重车输送能力，取得了可观的经济效益和社会效益。该方案现已推广到沧州机车在南仓站、天津站、天津西站间执行。

（3）查标定标，加强过程控制。

针对天津枢纽通过能力的现状，对枢纽内的有关站段，如南仓、天津西、天津、塘沽等站的各项技术作业时间标准重新进行了查定，挤出水分，严密作业过程。围绕影响枢纽畅通的关键问题，抓好小运转机车的运用和调车取送作业，制定了严格的考核制度并抓好落实。采取了一系列行之有效的运输组织措施，实现了天津铁路分局卸车工作的新突破，为北京铁路局和天津铁路分局完成运输生产任务奠定了坚实的基础。

思考题：

什么是装卸搬运作业？装卸搬运作业应考虑的因素有哪些？

分析指南：

装卸搬运作业是指在物流过程中，对货物进行装卸、搬运、堆垛、取货、理货分类等或与之相关的作业。装卸搬运作业应考虑的因素有搬运对象、移动、方法、建筑物、人体工学。装卸作业方法主要有单件装卸、集装作业、散装作业。选择装卸搬运设备需要考虑的因素：以满足现场作业为前提、控制作业费用、装卸搬运机械的配套。

课后习题答案

项目六
现代包装

任务目标 1. 掌握现代包装技术
2. 掌握包装合理化的方法

任务内容 1. 掌握包装材料的使用
2. 熟悉物资包装的作用

任务要求 1. 要求学生熟悉合理的包装方法
2. 要求学生熟悉包装技术

导入案例

中海包装公司包装管理的合理化

中海包装公司的产品主要是装食物的塑料容器，容器必须有两个组件组成：盒与盖。公司原先的作业方式是将配套好的盖与盒，以一对的形式包装仓储。传统的操作过程要求首先分别生产盒与盖，然后在生产线上完成盒与盖的配套包装过程，再将其送到仓库中，随着业务的发展，产品的品种从80种增加至500种，而这些产品的盒与盖又有许多是可以相互匹配的。这样，传统的操作过程使得产品库存迅速增加，同时也使得缺货的现象经常发生。仓库操作人员经常需要从现有库存中打开包装，拿出产品，并进行重新地装配，以使产品满足已有订单的需求。这样，一方面使工作的效率降低，另一方面不能满足客户的需求，产品库存的精确性也受到影响。

中海包装公司的传统操作过程是首先分别生产盒与盖，然后在生产线上完成盒与盖的配套包装过程，这种方式缺乏效率。若将盒与盖进行独立的包装，并独立地进入到仓库中的一个配套装配工作区，则可以大大提高库存精确度。由此可见，包装作为物流系统的有机组成部分，应当以有利于系统内部的装卸、运输、保管等作业为原则，包装要能够切实提高物流效率，降低物流成本。

中海包装公司的解决方法是在生产线末端重新设计包装过程，将盒与盖进行独立的包装，并独立地进入到仓库中的一个配套装配工作区，而不先进行盒与盖的配套。每天收到客户订单时，再根据需要将所需的盒与盖放入包装线，二者被压缩包装在一起，并按顾客的要求打上标签，然后成品被放上拖车运走。需求量大的盒与盖，平时可以多装配一些，然后包装入库仓储，再进行大量库存的打标签和装运。中海包装公司用于包装线的投资不到20万元。把配套包装作业放到仓储过程中完成，使流动资金的周转效率大大提高，顾客的满意度得到提高，同时库存的精确度也达到一个更能接受的水平。

思考题：
中海包装公司包装管理的合理化的具体做法是什么？

任务一　包装概述

现代意义上的包装不再仅仅被看作是“产品的包扎”“包含着内容物的容器”“产品的容器与盛装”。现代包装业已成为世界许多国家国民经济中一个独立的工业体系，如美国的包装工业在整个国民经济中占第五位，仅次于钢铁、汽车、石油、建筑工业。我国在改革开放以后，包装业发展很快，包装工业产值平均递增近10%，包装业总产值占国民经济总产值的比重也在不断上升，我国包装工业已形成比较完整的工业体系。

一、包装的概念与功能

1. 包装的概念

所谓包装是指在流通过程中保护产品，方便储运，促进销售，按一定技术方法而采用的容器、材料及辅助物等的总体名称。它也指为了达到上述目的而采用容器、材料及辅助物的过程中施加一定技术方法等的操作活动。这一定义把包装的物质形态和盛装商品时所采取的技术手段和工艺操作过程，以至装潢形式和包装的作用联成一体，比较完整地说明了包装的含义。

2. 包装的功能

（1）保护商品。

包装主要保护商品在流通过程中使其价值和使用价值不受外界因素的损害，包括两方面的含义：一是包装能够防止被包装物在流通过程中受到质量和数量上的损失，如防止商品在物流过程中的破损变形、变质、渗漏、浪费、偷窃、损耗、散落、掺杂等；二是包装能够防止危害性内包装物对与其接触的人、生物和环境造成危害及污染。

保护商品是包装最基本和最重要的功能。

产品从生产出来到使用之前这段时间，保护措施是很重要的，包装如不能保护好里面的物品，则会给企业带来巨大的损失。在商品运输途中，由于运输工具和运输道路的原因，商品难免会受到一定的冲击、振动、颠簸和摩擦；在商品的储存过程中，因为商品经常是层叠堆垛码放，商品会受到放在它上面的其他商品的压力，且商品还可能会受到外部环境因素的侵袭，如受潮、发霉、生锈及鼠、虫和有害生物的破坏。这些因素都会对商品造成一定的损害，从而要求商品应有一个好的包装。

（2）方便物流。

物资经过适当的包装后为装卸作业提供了方便。物资的包装便于各种装卸、搬运机械的使用，有利于提高装卸、搬运机械的生产效率。包装的规格尺寸标准化为集合包装提供了条件，从而能极大提高装载效率；物资的有效包装也为保管工作提供了方便条件，包装物的各种标志，使仓库管理者易于识别、易于盘点，有特殊要求的物资易于引起注意，那种易于开包和重新打包的包装方式也为验收提供了方便性，有利于节约验收时间，加快验收速度；另外，包装的规格、形状、重量等与货物运输的关系也十分密切，包装尺寸与运输车辆、船、飞机等运输工具吻合，方便了运输，提高了运输效率。

产品在流通的过程中，从工厂到商店要经历无数次的运输、搬运、仓储等物流环节，好的包装具有方便物资的储存、装卸和运输等功能。

（3）促进销售。

包装能够促进商品销售、加速商品流转的促销，是产品“无声的推销员”。包装能诱导购买者产生购买动机，起连接商品与消费者的媒介作用。一方面，包装尤其是特异包装的形状及构造，具有吸引顾客的魅力；另一方面，包装运用文字、图案、色彩等手段引起顾客的购买欲望，通过装潢艺术的特有语言，在瞬间引起消费者的注意，起到宣传介绍商品、推销商品的作用。

此外，包装还具有有效传递商品信息和方便顾客消费的功能。

二、包装的分类

为适应各种物资性质差异和不同运输工具等的要求，现代包装门类繁多，品种复杂。可以从不同角度对包装进行如下分类。

1. 按包装功能不同分类

（1）商业包装。

商业包装又称销售包装或内包装，是以促进销售为主要目的的包装。这种包装的特点是外形美观，有必要的修饰，包装上有对于商品的详细说明，包装单位适于顾客的购买量以及商品陈设的要求。

（2）工业包装。

工业包装又称运输包装以及大包装或外包装，是指为了在商品的运输、存储和装卸的过程中保护商品所进行的包装。工业包装不像商业包装那样注重外表的美观，它更强调包装的实用性和费用的低廉性。工业包装的特点是以在满足物流要求的基础上使包装费用越低越好，并在包装费用和物流损失两者之间寻找最佳结合点。

在有些情况下，工业包装同时又是商业包装。例如，装橘子的纸箱应属工业包装，在连同箱子出售时，也可以认为是商业包装。为使工业包装更加合理并为促进销售，在有些情况下，也可以采用商业包装的办法来做工业包装。例如，家电用品就是兼有商业包装性质的工业包装。

> 小思考：
> 包装不足和过剩包装的情况存在吗？举例说明。

2. 按包装大小不同分类

（1）单件包装。

单件包装是指在物流过程中作为一个计件单位的包装。常见的有：箱，如纸箱、木箱、条板箱、夹板箱、金属箱；桶，如木桶、铁桶、塑料桶、纸插；袋，如纸袋、草袋、麻袋、布袋、纤维编织袋；包，如帆布包以及篓、筐、罐、玻璃瓶、陶缸、瓷坛等。

（2）集合包装。

集合包装又称组化包装，是指将若干单件包装，组成一件大包装。常见的有：集装袋或集装包，袋是指用塑料重叠丝编织成圆形大口袋；包也是用同样的材料编成的抽口式方形包。托盘指用木材、金属或塑料（纤维板）制成的托板。托盘的底部有插口，供铲车起卸用。集装箱具有坚固、密封、容量大、可反复使用等特点。

3. 按包装容器质地不同分类

（1）硬包装。

硬包装又称刚性包装，是指充填或取出包装的内装物后，容器形状基本不发生变化，这类包装材质坚硬，质地坚牢，能经受外力的冲击，但往往脆性较大，如木箱、铁箱。

（2）软包装。

软包装又称柔性包装，是指包装内的充填物或内装物取出后，容器形状会发生变化，且材质较软的包装，如麻袋、布袋等。

（3）半硬包装。

半硬包装又称半刚性包装，是介于硬包装和软包装之间的包装，它只能承受一定的挤压，如纸箱等。

4. 按包装使用范围分类

（1）专用包装。

专用包装是指专供某种或某类商品使用的一种或一系列的包装。采用专用包装是根据商品某些特殊的性质来决定的，这类包装都有专门的设计制造，只适于某种专门产品，如水泥袋、蛋糕盒、可口可乐瓶等。

（2）通用包装。

通用包装是指一种包装能盛装多种商品，被广泛使用的包装容器。通用包装一般不进行专门设计制造，而是根据标准系列尺寸制造的包装，用以包装各种无特殊要求的或标准规格的产品。

5. 按包装使用次数分类

（1）一次用包装。

一次用包装是指只能使用一次，不再回收复用的包装。它随同商品一起出售或销售过程中被消耗、损坏。

（2）多次用包装。

多次用包装是指回收后经适当地加工整理，仍可重复利用的包装。多次用包装主要是商品的外包装和一部分内包装。这类包装的材料一般比较牢固。

（3）周转用包装。

周转用包装是指工厂和商店用于固定周转多次复用的包装。其周转方式是：货物的周转包装箱体运至商场或其他用户卸下货物后，再将以前用毕的空包装箱体装车返回。

知识链接

包装的其他分类有以下方式：

① 按运输方式不同，包装可分为铁路运输包装、卡车运输包装、船舶运输包装、航空运输包装等。

② 按包装防护目的不同，包装可分为防潮包装、防霉包装、防震包装、防水包装、遮光包装、防热包装、真空包装、危险品包装等。

③ 按包装操作方法不同，包装可分为罐装包装、捆扎包装、裹包包装、压缩包装和缠绕包装等。

④ 按在贸易中有无特殊要求，包装可分为一般包装、中性包装和定牌包装。

根据分类者的要求和目的，包装还有很多分类方法，如还可按包装材料、包装技术的不同等进行分类。

相关音频

任务二　包装材料

包装材料是指用于制造包装容器和包装运输，包装装潢、包装印刷、包装辅助材料及与包装有关材料的总称。包装材料与包装功能存在着不可分割的联系。无论从包装材质的选择，还是从包装技术的实施，都是为了保证和实现物资包装的保护性、方便性等。包装材料在产品包装中占有重要的地位，是发展包装技术、提高包装质量、降低包装成本的重要基础。为了对产品进行必要的说明，在包装物上常常注有包装标记和标志，以提醒人们对产品的销售、流通等活动中应注意事宜的重视。

一、产品包装材料应具备的性能

从现代包装具备的使用价值来看，包装材料应具备的性能包括：保护性能、加工操作性能、外观装饰性能、方便使用性能、节省费用性能、易处理性能等。

1. 保护性能

保护性能主要指保护包装内装物，防止其变质，保证质量。企业在选择包装材料时，应注意研究包装材料的机械强度、防潮吸水性、耐腐蚀性、耐热耐寒性、透光性、透气性、防紫外线穿透性、耐油性、适应气温变化性，是否无毒、无异味等。

2. 加工操作性能

加工操作性能主要是指易加工、易包装、易充填、易封合，且适合自动包装机械操作。企业在选择包装材料时，应注意研究包装材料的刚性、挺力、光滑度、易开口性、热合性和防静电性等。

3. 外观装饰性能

外观装饰性能主要指材料的形、色、纹理的美观性，它能产生陈列效果，提高商品身价和激发消费者购买欲。企业在选择包装材料时，应注意研究包装材料的透明度、表面光泽、印刷适应性，是否不因带静电而吸尘等。

4. 方便使用性能

方便使用性能主要是指便于开启包装和取出内装物，便于再封闭。企业在选择包装时，应注意研究包装材料的开启性能、安全性能，是否不易破裂等。

5. 节省费用性能

节省费用性能主要指经济合理地使用包装材料。企业在选择包装材料时，应注意研究如何节省包装材料费用、包装机械设备费用、劳动费用，提高包装效率，减少自身重量等。

6. 易处理性能

易处理性能主要指包装材料要有利于环保，有利于节省资源。企业在选择包装材料时，应注意研究包装材料的回收、复用再生等。

包装材料的性能：一方面决定于包装材料本身的性能；另一方面取决于各种材料的加工技术。随着科学技术的发展，新材料、新技术的不断出现，包装材料满足商品包装的性能会不断地完善。

二、商品包装对材料的选用

1. 金属包装材料

金属包装材料是指把金属压制成薄片，用于产品包装的材料，主要指钢材和铝材，其形式为薄板和金属箔，前者为刚性材料，后者为软性材料。

金属材料用于包装的优点有以下四方面。

① 金属材料牢固、不易破碎、不透气、防潮、防光，能有效地保护内装物。

② 金属有良好的延伸性，容易加工成型。

③ 金属表面有特殊的光泽，使金属包装容器具有良好的装潢效果。

④ 金属材料易于再生使用。

但是，金属材料在包装上的应用受到成本高、能耗大，在流通中易产生变形，易生锈等因素的限制。

刚性金属包装材料主要用于加工运输包装的铁桶、集装箱；也可用于加工饮料、食品销售包装的金属罐；还有少量用于加工各种瓶罐的盖底和捆扎材料等。刚性金属包装材料的用量有逐步下降的趋势。软性金属包装材料主要用来制造软管、金属箔和复合材料，如食品的包装。应该指出，软性金属包装材料的使用有逐步增加的趋势，金属和纸的复合材料包装更具广泛的前景。

2. 玻璃

玻璃用于包装的优点有以下六方面：

① 玻璃的保护性能良好，不透气、不透湿，有紫外线屏蔽性，化学稳定性高，耐风化、不变形、耐热、耐酸、耐磨，无毒无异味，有一定强度，能有效地保存内装物。

② 玻璃的透明性好，易于造型，具有特殊的美化商品的效果。

③ 玻璃易于加工，可制成各种规格样式的品种，对产品商品性的适应性强。

④ 玻璃的强化、轻量化技术及复合技术的发展，加强了玻璃对产品包装的适应性，使其在一次性使用的包装材料中有较强的竞争力。

⑤ 玻璃包装容器易于复用、回收，便于洗刷、消毒、灭菌，能保持良好的清洁状态，一般不会造成公害。

⑥ 玻璃原材料资源丰富且便宜，价格较稳定。但是，玻璃用作包装材料存在着耐冲击强度低、碰撞时易破碎、自身重量大、运输成本高、能耗大等缺点，限制了玻璃的应用。

玻璃作为运输包装主要用于存放化工产品（如强酸类）。玻璃纤维复合袋用于存装粉状化工产品和矿产物粉料。玻璃也用于销售包装制玻璃瓶和平底杯式玻璃罐，用于存放酒、饮料、食品、药品、化学试剂、化妆品和文化用品等。

3. 木材

木材作为包装材料历史悠久。几乎所有的木材都可以用于包装材料。特别是用于外包装材料更显优势。由于木材资源有限，且用途比较广泛，不断有被替代品（塑料、复合材料、胶合板等）取代的趋势，木材作为包装材料的比重也在不断下降，但在一定范围内，木材在包装中的使用还是占有十分重要的地位。

木材是一种天然材料，它本身因树种不同、生长环境不同、树干部位不同而在性质上产生很大差异，因此使用时应进行合理的选择和处理。

木材用于包装的主要优点有以下四方面：

① 木材具有优良的强度、重量比，有一定的弹性，能承受冲击、振动、重压等。

② 木材资源广泛，可以就地取材。

③ 木材加工方便，不需要复杂的加工机械设备。

④ 木材可加工成胶合板，可减轻包装重量，提高木材的均匀性，且外观好，扩大了木材的应用范围。

木材用于包装的主要缺点有：木材易于吸收水分，易于变形开裂，易腐败，易受白蚁蛀蚀，还常有异味，不利于成批机械化加工。

小思考：

木材包装有很多优点，是今后包装的发展方向，这种说法对吗？为什么？

4. 纸和纸板

在包装材料中纸的应用最为广泛。纸是植物纤维经过一系列加工过程，加适当胶料、填料、色料制成，主要成分为纤维素。纸属于软性薄片材料，无法形成固定形状的容器，常用于作裹包衬垫和口袋。纸板属于刚性材料，能形成固定形状的容器。

纸和纸板用于包装的优点有以下八方面：

① 纸和纸板的成型性和折叠性优良，便于加工并能高速连续生产。

② 纸和纸板容易达到卫生要求。

③ 纸和纸板易于印刷，便于介绍和美化商品。

④ 纸和纸板的价格较低，不论是单位面积价格还是单位容积价格，与其他材料相比都是经济可行的。

⑤ 纸和纸板本身重量轻，能降低运输费用。

⑥ 纸和纸板质地细腻、均匀、耐摩擦、耐冲击、容易黏合，不受温度影响，无毒、无味、易于加工，适用于不同包装的需要。

⑦ 纸和纸板的废弃物容易处理，可回收复用和再生，不造成公害，节约资源。

⑧ 纸板和瓦楞纸板具有适宜的坚牢度、耐冲击性和耐磨性，能安全有效地保护内装产品。

但是，纸和纸板也有一些缺点，如难于封口，受潮后坚牢度下降以及气密性、防潮性、透明性差等，纸和纸板的这些缺点限制了它们在包装中的应用。

纸和纸板的应用相当广泛。在运输包装中，用瓦楞纸板制成的纸箱有取代木箱的趋势。用纸制成的多层纸袋可用于散装产品（如水泥、化工原料等）；用纸板制成的复合罐，可以用来代替某些产品的金属罐。在销售包装中纸和纸板应用很广，如纸袋、纸盒、纸杯等。纸制复材料制品在销售包装中应用也相当普遍；纸材料在标签、吊牌、商标纸方面的用途日益扩大。除此之外，还有大量直接裹包产品的用纸，如鸡皮纸、羊皮纸、保光泽纸、防油纸、防潮纸、防锈纸等。

5. 塑料

塑料用作包装材料，大大改变了商品包装的面貌。塑料在包装中的应用已成为现代商品包装的重要标志之一。塑料是一种人工合成的新型高分子材料。它是以合成树脂为主要成分，并加适当的增塑剂、着色剂、稳定剂、填料、抗静电剂和润滑剂等，在一定温度及压力条件下，塑造一定形状，并在常温下保持其形状不变的材料。

塑料用于包装的主要优点有以下七个方面：

① 塑料具有优良的物理机械性能，如有一定的强度、弹性、耐折叠、耐摩擦、抗震动、防潮等性能。

② 塑料的化学稳定性好，耐酸碱、耐化学试剂、耐油脂、防锈蚀、无毒等。

③ 塑料属于轻质材料，比重约为1，约为金属比重的1/5，为玻璃比重的1/2。

④ 塑料属于节能材料，生产一个同样容量的饮料包装容器所消耗的电能为：铝，3.00kW·h；玻璃2.40kW·h；纸，0.18kW·h；塑料，0.11kW·h。

⑤ 塑料加工成型简单，可以多样化。它可制成薄膜、片材、管材、编织布、无纺布、发泡材料等。其成型技术有多种，如吹塑、挤压、铸塑、真空、热收缩、拉伸等。

⑥ 塑料具有优良的透明性和表面光泽，印刷和装饰性良好，能很好地传达商品信息和美化商品。

⑦ 塑料价格具有一定的竞争力。

但是，塑料作为包装材料也有不少缺点，如强度不如钢铁；耐热性不及玻璃；在外界因素长期作用下易老化；有些塑料有异味；有些塑料的内部分子有可能渗入内装物；易产生静电；废弃物难易处理，易产生公害；其价格受石油价格影响而波动。所有这些都限制了塑料在包装中的应用。

目前，我国塑料包装容器主要有：塑料编织袋（约占2.5%）；塑料周转箱、钙塑箱（约占7%）；塑料打包带、捆扎绳（约占8%）；塑料中空容器（约占11%）；塑料包装薄膜（约占46%）；泡沫塑料（约占2%）及复合材料等。

6. 复合包装材料

随着科学技术的不断发展，人们对各种包装材料的理论性能不断进行研究，包装材料不断创新，出现了复合包装材料。复合包装材料是将2种或2种以上具有不同特性的材料，通过各种方法复合在一起，以改进单一材料的性能，发挥更多优点的材料。复合包装材料在包装领域有广泛的应用。目前，已开发研制的复合材料有三四十种。现在使用较多的是塑料薄膜复合材料，另外还有纸基复合材料、塑料基复合材料、金属基复合材料等。

三、商品包装容器的设计和选用

1. 商品包装容器的设计要求

商品包装容器是为运输、销售使用的盛装产品或包装件的器具总称。包装容器分运输包装容器和销售包装容器两大类，它们与商品价值、用途、性能、形状、运输储存条件和销售对象等都有密切的联系。因此，包装容器的设计应遵循“科学、安全、经济、适用、美观”的原则，以达到保护产品、便利流通、促进销售、方便消费的目的。

商品包装容器具体的设计要求有以下四个方面：

① 合理选择包装材料。包装容器对保护商品关系极大。因此，要根据商品性能来选择不同材料制作包装容器。例如，易碎、怕震的商品，应选用富有弹性的缓冲材料制作容器的内衬；机械产品由于重量大，应采用抗压力强的木箱或铁木结构箱包装；液体和胶体商品应选用不渗漏的材料作为包装容器。除此之外，还要考虑保证包装容器在储运和销售过程中不致损坏。另外，还要注意包装的经济效益及表现效果，在不影响包装质量的前提下，应选用价格便宜的材料；在满

足强度要求前提下，选用重量较轻的材料，并注意节省材料等。出口商品的包装材料，还要符合销往国家的法令与合同规定。

② 包装容器造型结构要科学。产品在设计包装容器的造型结构时，要根据内装物的性质、形状和运输、储存条件，注意产品在包装容器中的合理排列，尽量缩小容器的体积，还要根据包装设计的艺术形态和科学结构，根据力学原理设计抗压力强、缓冲与防震性能好的结构造型。包装容器的规格尺寸应符合标准化要求，应考虑集装化运输的需要，应与集装箱、托盘、运输工具和货架等的尺寸成模数关系。同时，还要适应销售国家或地区的自然条件和环境。

③ 包装容器质量要符合标准。

④ 包装容器应符合产品销售的需要。

包装容器应有利于产品陈列展销，包装容器要便于商品置放、堆列或张挂。在产品陈列展销中，包装容器要能突出商品的特点。要有利于消费者识别商品和引起注意，在造型结构上应设计消费者容易接受的信号，以符合消费者的心理并吸引消费者购买。另外，包装的造型结构应便于消费者携带、开启和使用。反对过分包装，包装与内装产品的价值应相称。

2. 商品包装造型与容器功能

商品包装是一种具有种种功能的特殊容器，而包装容器是包装造型与包装材料结合的产物，研究包装造型与容器功能间的相关性，可以使包装造型在“实用、艺术、经济”三方面达到高度的统一。

（1）包装造型与包装容器的保护功能。

包装造型对于包装容器的保护功能存在着优化问题，如瓶、罐、盒、袋等就是人类长期优化选择的结果。瓶体多为圆柱形而不是方形，因为圆柱形的强度比方形更强；容器的棱角都是圆角而不是锐角，则是因为圆角比锐角更不易破损；近年有气饮料的轻量化强化瓶，则是从力学上来考虑优化包装的保护功能的。

（2）包装造型与容器的传达美化功能。

包装造型能以其特有的造型形态反映内装物的商品信息。例如，开天窗包装、展开式包装，体现产品的透明性，既美观艺术，又可充分展示内装物。一些包装的习惯造型可以预视内装商品。例如，鱼罐头为偏椭圆形或偏方形；火腿罐头大多是马蹄形；猪肉罐头一般是方形或圆形；羊肉罐头大多是梯形；饮料罐头为长圆柱形。又如用粗犷有力的造型来做男性化妆品的包装容器，而用曲线柔和的造型来做女性化妆品的包装容器。

包装造型能与装潢相配合，在商品销售中形成很好的视觉冲击力。包装造型能使人在购物选择中得到视觉美感，如包装造型本身的视觉整体美，即包装容器给人们各种质感：立体质感（浮雕感、编织感、细腻感）、平面质感（线感、面感）、材料质感、色彩感和光感；还有商品本身与销售陈列环境构成的视觉整体美（协调美），如商品包装群在购物环境采光下的展示效果等。

（3）包装造型与容器的便利功能。

包装容器造型方便陈列展销有利于商品销售，可以节省货位，充分利用货架的空间，如堆式包装、悬挂式包装等。

包装容器造型方便使用是当前包装造型研究的主攻方向。这方面的工作主要是指包装容器的造型应符合人类工效学的力学设计原理。这样会使消费者感到使用舒适方便。在容器本体方面：饮料、清洁剂、调味品的包装容器，要求执握牢固省力，不易脱手跌落，倾倒时要方便等。

在容器封盖等方面：要求做到开启省力、关闭严密，又有形式美感，如多棱形的封盖，其力矩大于圆形体，就是从人类工效学的力学设计原理考虑的。在容器的纹理方面：要求做到省力牢固、方便开关。在容器执握的部位，常利用密集的沙粒状、条纹状或小立方体等局部造型，形成不光滑的表面，增大手和容器两者间的摩擦力。

> 小思考：
> 如何做到包装合理化?

3. 商品包装容器的选用

（1）包装袋。

装袋是柔性包装，有较高的韧性、抗拉强度和耐磨性。包装袋广泛适用于运输包装、商业包装、内装、外装。包装袋一般有以下三大类：

① 集装袋是一种大容积的运输包装袋，盛装量在1吨以上。集装袋一般多用聚丙烯、聚乙烯等聚酯纤维纺织而成。由于集装袋装卸搬运都很方便，装卸效率高，近年来发展很快。

② 运输包装袋。这类包装袋的盛装数量在0.5 ~ 100kg，大部分是由植物纤维或合成树脂纤维纺织而成的织物袋，即由几层挠性材料构成的多层材料包装袋。例如，麻袋、草袋、水泥袋等，主要用于包装粒装和个体小的货物。

③ 普通包装袋。这类包装袋盛装重量较少，通常用单层材料或双层材料制成。对某些具有特殊要求的包装袋也可用多层不同材料复合而成。包装范围较广，如液状、粉状、块状和异型物等。

（2）包装盒。

包装盒是介于刚性和柔性包装之间的一种包装。包装盒材料有一定的挠性，不易变形，有较高的抗压强度，刚性高于袋装材料。包装结构大多是规则几何形状的立方体，也可制成其他形状，如圆盒状、尖角状。包装盒一般容量较小，有开闭装置。包装盒整体强度不大，包装数量也不适合做运输包装，适合做商业包装、内包装。适合包装块状及各种异形物品。

（3）包装箱。

包装箱是一种刚性包装。包装箱的材料为刚性或半刚性材料，有较高强度且不易变形。包装箱与包装盒结构相同，只是容积、外形大于包装盒，两者的区分通常以10L分界。包装箱整体强度较适中，抗变形能力强，包装数量较大，适合做运输包装、外包装。应用范围广，主要用于固体杂货的包装。

包装箱主要有以下四种：

① 瓦楞纸箱是用瓦楞纸板制成的箱形容器。

② 木箱是流通领域中常用的一种包装箱，其用量仅次于瓦楞箱。木箱整体耐压强度大，有较好的抗震、抗扭力，能承受较大负荷，制作方便，装载数量大。但是，木箱箱体重量较大、体积较大，本身防水性差，适用于运输包装。

③ 塑料箱是由刚性塑料材料制成的箱形容器。塑料箱自身重量轻，耐蚀性好，可装载多种商品，整体性强，强度和耐用性能满足反复使用的要求，可制成多种色彩以区分内装物，手握搬运方便，没有木制易伤手的缺点。塑料箱适用于小型运输包装。

④ 集装箱是由钢材或铝材制成的大容积物流装运设备，是大型包装箱，也是大型反复使用的转型包装。

(4) 包装瓶。

包装瓶是一种刚性包装，有较高的抗变形能力。个别包装瓶介于刚性与柔性之间，瓶的外在受外力时虽可发生一定程度变形，但外力一旦撤除，仍可恢复原来瓶形。包装瓶结构是瓶颈口远远小于瓶身颈，且在瓶顶部开口，瓶盖密封。包装瓶包装量一般不大，适合美化装潢，主要用于销售包装。包装瓶适用于液状、粉状物。包装瓶可分为圆瓶、方瓶、高瓶、矮瓶、异型瓶等。

包装瓶瓶口和瓶盖种类繁多。瓶盖除了密封瓶口的功能外，还能形成一些实用的附加功能，如防盗、易干、复封、防止儿童开启和便于堆放等。瓶盖主要分为小口瓶盖和广口瓶盖两种：小口瓶盖有五冠盖、拧断盖、螺旋盖、压盖、玻璃磨盖、玻璃螺纹盖；广口瓶盖有螺纹盖、易拉盖、滚压金属盖、纸盖和玻璃盖等。

(5) 包装罐（筒）。

包装罐（筒）是罐身各处横截面形状大致相同、罐颈短、罐颈内比罐身内径稍小或无罐颈的一种刚性包装容器。包装罐强度高，抗变形能力强，主要用于运输包装，也可用于销售包装。

知识链接

包装罐主要有小型包装罐、中型包装罐和集装罐。

① 小型包装罐是用途较多的一种典型罐体。可用金属材料或非金属材料制造，包装容量较小，一般用做销售包装，罐体可采用各种方式的装潢进行美化。

② 中型包装罐是外形容量较大的典型罐体。

③ 集装罐是一种大型罐体。外形各异，有圆柱形、圆球形、椭球形以及卧式和立式等。集装罐往往是罐体大而罐颈小。集装罐是典型的运输包装，适用于液状、粉状及颗粒状货物。

任务三　包装技术

研究产品包装技术的目的是以最低的材料消耗和资金消耗，保证产品完美地送到用户手中，做到保护产品、节省材料、缩小体积、减少重量等。

一、商品包装的一般技术

商品包装操作既包括产品包装技术处理，又包括包装充填、封口、捆扎、裹合、加标和检重等技术活动。产品包装技术是指在包装作业时所采用的技术和方法。任何一个产品包装件在制作和操作过程中都存在技术、方法问题，通过对产品包装件合理的技术处理，才能使产品包装形成一个高质量的有机整体。

企业生产的产品种类繁多、千姿百态，针对产品不同形态特点而采用的技术和方法是大多数产品包装都要考虑采用的，故称为一般包装技术。针对产品的不同特性而采用技术和方法是应某类产品的特殊需要而采用。由于产品特性不同，在流通过程中受到内、外部因素影响，会使产品变质，影响产品的使用，如有的是受振动冲击而损坏，有的因受潮而变质，有的因接触氧气锈蚀变质。所以，需要采用一些特殊的技术和方法来保护产品免受流通环境各种因素的作用，这类技术称特殊包装技术。

1. 对内装物的合理置放、固定和加固

在方体的包装中装进形状各异的产品，必须要注意产品的合理置放、固定和加固。这类方法也可称为技巧。置放、固定和加固得巧妙，就能达到缩小体积、节省材料、减少损失的目的。例如，对于外形有规则的产品，要注意套装；对于薄弱的部件，要注意加固；包装内重量要注意均衡；产品与产品之间要注意隔离和固定等。

2. 对松泡产品进行体积压缩

对于羽绒服、枕芯、毛线等松泡产品，包装时占用容器的容积太大，会导致运输储存费的增大，所以对于松泡产品需要压缩体积。其有效的方法是真空包装技法，它可大大缩小松泡产品的体积，缩小率可达85%，即使对一些服装、毯子，也可达50%左右。

真空包装技术的经济效益是显著的，有的文献指出，估计平均可节省费用15%～30%，从而节省了可能出现的额外费用，节省了来自于包装材料、运输、储存、重新熨烫等各环节的费用。

3. 外包装形状尺寸的合理选择

有的商品运输包装件，还需装入集装箱，这就存在包装件与集装箱之间的尺寸配合问题。如果配合得好，就能在装箱时不出现空隙，有效地利用箱容，并有效地保护商品。包装尺寸的合理配合主要指容器底面尺寸的配合，也就是说都应采用包装模数系列。至于外包装高度的选择，则应由商品特点来确定，松泡商品可选高一些，沉重的产品可选低一些。

4. 内包装（盒）形状尺寸的合理选择

内包装（盒）一般属于销售包装。在选择其形状尺寸时，要与外包装（尺寸）相配合，内包装（盒）的底面尺寸必须与包装模数协调，而且其高度也应与外包装高度相匹配。当然内包装的形状尺寸还应考虑产品的置放和固定，但它作为销售包装，更重要的是考虑有利于销售，包括有利于展示、装潢、购买（数量成套性）和携带等。例如，展销包装多数属于扁平形状，很少有立方形，就是应销售需要而形成的。一盒送礼的巧克力，做成扁平形状就很醒目、大方、有气派，如果做成立方体，所产生的效果就大不一样了。

5. 包装外的捆扎

包装外捆扎对运输包装功能起着重要作用，有时还能起关键性作用。

捆扎的直接目的是将单个物件或数个物件捆紧，以便于运输、储存和装卸。捆扎能防止失盗而保护内装物品，能压缩容积而减少保管费和运费，能加固容器。一般合理捆扎可使容器的强度增加20%～40%。

捆扎有多种方法，一般根据包装形态、运输方式、容器强度、内装物重量等不同情况分别采用井字、十字、双十字和平行捆等不同方法。

对于体积不大的普通运输包装，捆扎一般在打包机上进行，而对于托盘这种集合包装，用普通方法捆扎费工费力，所以发展形成了新的捆扎方法：收缩薄膜包装技术和拉伸薄膜包装技术。

（1）收缩薄膜包装技术。

收缩薄膜包装技术是用收缩薄膜裹包集装的物件，然后对裹包好的物件进行适当的加热处理，使薄膜收缩而紧紧贴于物件上，使集装的物件固定为一体。收缩薄膜是一种经过特殊拉伸和冷却处理的聚乙烯薄膜，当薄膜重新受热时，其横向和纵向产生急剧收缩，薄膜厚度增加，收缩率可达30%～70%。这种收缩性是由薄膜内部结构变化而造成的。

（2）拉伸薄膜包装技术。

拉伸薄膜包装技术是依靠机械装置，在常温下将弹性薄膜围绕包装件伸拉、裹紧，最后在其

末端进行封口而成，薄膜的弹性也使集装的物件紧紧固定为一体。

二、商品包装的特殊技法

1. 缓冲包装技法

（1）缓冲包装技法的概念。

缓冲包装技法又称防震包装技法，是使包装物品免受外界的冲击力、振动力等作用，从而防止损伤的包装技术和方法。

产品在流通过程中发生破损的主要原因是受运输中的振动、冲击以及在装卸作业过程中的跌落等外力作用。不同物品承受外力作用的程度虽然有所不同，但都是超过一定程度便会发生毁损。为使外力不完全作用在产品上，必须采用某些缓冲的办法，使外力对产品的作用限制在选损坏限度之内。

（2）选择缓冲包装结构和缓冲包装方法。

缓冲包装结构是指对产品、包装容器、缓冲材料进行系统考虑后，所采用的缓冲固定方式。

缓冲包装技法一般分为全面缓冲、部分缓冲和悬浮式缓冲三类方法。

全面缓冲是指产品或内包装的整个表面都用缓冲材料衬垫的包装方法，如压缩包装法、裹包包装法、模盒包装法、就地发泡包装法。

部分缓冲是指仅在产品或内装的拐角或局部地方使用缓冲材料衬垫。通常对整体性好的产品或有包装容器的产品特别适用。它既能得到较好的效果，又能降低包装成本。

部分缓冲可以有天地盖、左右套、四棱衬垫、八角衬垫和侧衬垫五种。

悬浮式缓冲是指先将产品置于纸盒中，产品与纸盒间各面均用柔软的泡沫塑料衬垫妥当，盒外用帆布包装缝或装入胶合板箱，然后用弹簧张吊在外包装箱内，使其悬浮吊起。这样通过弹簧和泡沫塑料同时起缓冲作用。这种方法适用于极易受损，且要求保安全的产品，如精密机电设备、仪表等。

2. 防潮包装技法

防潮包装技法就是采用防潮材料对产品进行包装，以隔绝外部空气相对湿度变化对产品的影响，使得包装内的相对湿度符合产品的要求，从而保护产品质量。所以，防潮包装技术要达到的目标是保持产品质量，采取的基本措施是以包装来隔绝外部空气潮气变化的影响。实施防潮包装是用低透湿度或透湿度为零的材料，将被包装物与外界潮湿大气相隔绝。凡是能阻止或延缓外界湿空气透入的材料均可用来作防潮阻隔层材料，如金属、塑料、陶瓷以及经防潮处理的棉、麻、木材等。现代防潮包装中，应用最广泛的材料为聚乙烯、聚丙烯、聚氯乙烯、聚苯乙烯、聚二氯乙烯等。

在具体进行防潮包装时，应注意以下九点：

① 产品在包装前必须是清洁干燥的，不清洁处应擦净，不干燥时应进行干燥处理。

② 防潮阻隔性材料应具有平滑均一性，无针孔、砂眼、气泡及破裂等现象。

③ 当产品在进行防潮包装的同时尚需有其他防护时，则应同时按其他防护标准的相应措施来加以解决。

④ 产品有尖突部，并可能损伤防潮隔层时，应预先采取包扎等保护措施。

⑤ 为防止在运输途中因震动和冲击使内装物发生移动、摩擦等而损伤防潮阻隔层材料，应使用缓冲衬垫材料予以卡紧、支撑和固定，应尽量将其放在防潮阻隔层的外部。所用缓衬垫材料

应用不吸湿或湿性小的，不干燥时应进行干燥处理。对内装物不得有腐蚀及其他损害作用。

⑥ 应尽量缩小内装物的体积和防潮包装的总面积，尽可能使包装表面积对体积的比率达到最小。

⑦ 应尽量做到连续操作，一次完成包装，若要中间停顿作业，则应采取有效的临时防潮保护措施。

⑧ 包装场所应清洁干燥，温度应不高于35℃，相对湿度不大于75%，温度不应剧烈变化以避免发生凝露现象。

⑨ 防潮包装的封口，不论是黏合还是热封合，均须良好地密封。塑料薄膜包装的防潮阻隔层的热焊或黏合封口强度应通过封口性试验。

3. 防锈包装技法

（1）防锈包装技法的概念。

防锈包装技法是运输储存金属制品与零部件时，为了防止其生锈而降低价值或性能所采用的包装技术和方法。其目的是：消除和减少致锈的各种因素，采取适当的防锈处理，在运输和储存中除防止防锈材料的功能受到损伤外，还要防止一般性的外部的物理性破坏。

锈的主要成分是水合的氧化铁类的腐蚀性生成物，故生锈通常是指铁或铁合金被腐蚀的情况。但在实际工作中常将生锈看成金属发生电化学或化学变化，在其表面生成有害化合物。严格地讲，钢铁所用的防锈剂对于防止非铁金属的腐蚀不一定都是有效的。考虑到实际所需要的全部金属中，铁及合金占95%，非金属的利用只不过是钢铁的百分之几。所以，金属防锈时就那么严格区别了。但特别需要指出的是：腐蚀抑制剂对于铁和非铁金属有效者，虽然很多，但其中有的仅仅对于铁是有效的，而对于某些非铁金属是无效的，有的不仅无效，反而还有促进腐蚀和变色的作用。

（2）防锈包装的操作步骤。

防锈包装技法是按清洗、干燥、防锈处理和包装等步骤逐步进行的。

清洗是尽可能消除后期生锈原因的不可少的一步。根据需要又可细分为脱脂和除锈两个阶段。

干燥是指消除清洗后残存的水和溶剂的工作。干燥应进行得迅速可靠，否则将使清洗工作变得毫无意义。

防锈处理是指清洗、干燥后，选用适当防锈剂对金属制品进行处理的阶段。这是最根本、最重要的工作。在缺少适当的防锈剂或防锈剂应用得不理想时，应代以密封防锈处理。

最后是包装阶段。这一阶段除要达到保存防锈处理效果、保护制品不受物理性损伤、防止防锈剂对其他物品污染之外，还要达到便利储运和提高商品价值的目的。

（3）包装防锈的方法技术。

一般采用金属表面涂覆防锈材料、采用气相蚀剂、采用塑料封存等方法。例如，轴承在包装前，需在表面清理后用黄油涂覆，然后用防水蜡纸进行裹包后，放入内包装中；在采用容器包装时，还可采用在容器内或周围放入适量吸潮剂（如硅胶）的做法，以吸收包装内部残存的或由外部进入的水汽，使相对湿度下降，破坏电解液的形成，而达到防锈的目的。

钢铁表面防锈处理的方法有：表面镀层、化学防护、涂漆防锈。

铝合金制品表面防锈处理的方法有：阳极氧化和化学氧化法。

金属及制品的塑料封存防锈包装方法主要有：普通塑料袋封存、收缩或拉伸塑料薄膜封存、可剥性塑料封存、茧式防锈包装和套封式防锈包装。

此外，商品的包装防锈方法还有充氮和干燥空气等封存法。充氮封存时，金属容器内充以干燥氮气；干燥空气封存是容器内置入干燥剂后密封或达到平衡干燥度后取出干燥剂再予以密封。

（4）进行防锈包装时的注意事项。

作业场的环境应尽量使之对防锈有利，有可能的话，应使用空调控制温湿度，最好能在低湿度、无尘和没有有害气体的洁净空气中进行包装，还应在尽量低的温度下进行作业。

进行防锈包装时，特别应使包装内部所容纳空气的容积最小，这能减少潮气、有害气体和尘埃等的影响。

要特别注意防止包装对象的凸出部分和锐角部分的损坏或因移动、翻倒使隔离材料遭到破损。在使用防锈包装袋缓冲材料进行堵塞、支撑和固定等方面，需要比其他包装更周密些。在实际工作中，防锈包装因隔离材料的破损而遭受致命损害的情况还是较多的。

4. 防霉包装技法

产品防霉包装是为了防止因霉菌侵袭内装物长霉而影响产品质量，所采取得一定防护措施的包装技术。

产品包装发霉处理采用耐低温包装、防潮包装和高封密包装。耐低温包装一般是用耐冷耐潮的包装材料制成。经过耐冷处理过的包装能较长时间在低温下存放，而包装材料在低温下不会变质，从而达到以低温抑制微生物的生理活动，达到内装物不霉腐的目的；防潮包装可以防止包装内水分的增加，也可以达到抑制微生物生长和繁殖的作用，可延长内装物品的储存期；高封密包装是采用陶瓷、金属、玻璃等高封密容器进行真空和其他防腐处理（如加适量防腐剂），如对食品的包装常使用防霉包装。

企业在进行防霉包装设计时，除了考虑上述几种方法外，还有多种多样的途径，如可以选用耐霉材料来防霉；可以改变产品结构达到表面隔离而防霉；可以采用防霉处理来防霉；可以通过包装结构和工艺来达到防霉；可以控制包装储运环境来防霉等。

> **小思考：**
> 真空包装能够防霉吗？为什么？

知识链接

产品的发霉变质是霉菌引起的。霉菌是一种真菌，在一定条件下很容易在各种有机物上繁殖生长。霉菌要从产品中吸取营养物质，就产生生物霉，使产品中的有机物产生生物化学变化而分解，有的产品会变糟、牢固降低，有的产品长霉后影响外观，还会引起机械、电工、仪器、仪表的机能故障，对有的金属产品还能引起腐蚀的加快。据有关部门统计，仅在欧洲和北美，工业器材因发霉导致生物老化所造成的经济损失，每年就达10亿美元。我国电工产品在使用中因生物因素影响造成的故障，占故障总数的10%～15%。因此，在产品包装中进行防霉处理是非常必要的。

任务四　包装合理化

包装合理化：一方面，包括包装总体的合理化，这种合理化往往用整体物流效益与微观包装效益统一来衡量；另一方面，包括包装材料、包装技术、包装方式的合理组合及运用。从多个角度来考察，包装合理化应满足多方面的要求。

一、包装合理化中应注意的问题

1. 包装适度

由于包装强度不足、包装材料不足等因素所造成的商品在流通过程中的损耗不可低估。而包装强度设计过高、包装材料选择不当造成的包装过剩也会造成严重损失。因此，包装适度有两层含义：一是防止包装不到位、包装落伍；二是防止包装过度，造成浪费。包装不到位就会使得包装的基本功能得不到实现，使得商品受损、生锈、发霉、变质，而包装落伍则会使产品的形象受到一定影响，无法适应消费者不断更新的消费潮流。包装过度的首要危害就是加大了包装的成本，而这种多余的成本又会转嫁到消费者身上，从而损害了消费者的利益。

若从费用角度考虑，包装适度也体现在包装费用与内装商品的适应匹配上。包装费用包括包装本身的费用和包装作业的费用，平均来说，对于普通商品，包装费用应低于商品售价的15%。但不同商品对包装的要求不同，包装费用占商品价格的比率也可以不同。

2. 包装应适应装卸、运输、仓储等作业的要求

包装是物流系统的有机组成部分，应当以有利于系统内部的装卸、运输、保管等作业为原则。

（1）包装应与装卸搬运相适应。

包装尺寸应尽量与运输工具、仓库等相配合，既不溢出，又不留空隙，同时还应将内装商品外围空闲容积减少至最低限度。由于商品的性能、形状及包装功能的不同，关于包装物内部的空闲容积率，很难做出统一要求，但可考虑一个适宜的限度，对不同种类的商品分别规定相应的空闲容积率。

（2）包装应与运输相适应。

运输工具类型、输送距离长短、道路情况如何都对包装有影响。例如，道路情况比较好的短距离汽车运输，就可以采用轻便的包装。同一种产品，如果进行长距离的车船联运，就要求严密厚实的包装。

（3）包装应与仓储相适应。

在确定包装时，必须对仓储的条件和方式有所了解。例如，采用高垛就要求包装有很高的强度，否则就会压坏。如果采用低垛或料架保管，包装强度则可相应降低。

3. 大力推行包装机械化、自动化和智能化

为适应物流作业的要求，应广泛采用先进包装技术，大力推行包装机械化、自动化和智能化。包装技术的改进是实现包装合理化的关键，要推广诸如缓冲包装、防锈包装、防湿包装等包装方法，采用组合单元装载技术，即采用托盘、集装箱进行组合包装运输。为了提高作业效率和包装现代化水平，节省劳动力，应尽力开发和推广使用各种包装机械，如裹包机械、充填机械、灌装机械、捆扎机械、集装机械、包装辅助机械等。目前，已经出现了一些集机、电、液、气、光等技术于一体，由计算机控制的自动包装线。为了提高物品的安全性和流通的高效性，还应在

包装设计、包装工艺、包装材料与结构等方面引入与应用全新的智能概念及方法。

二、包装标准化

1. 包装标准化的概念

根据国际标准化组织的定义，标准化是指对科学、技术与经济领域内重复应用的问题给出解决办法，其目的在于获得最佳秩序。包装标准化是指对包装类型、规格、容量、使用材料、包装容器的结构造型、印刷标志、产品的盛放、衬垫、封装方法、名词术语、检验要求等制定统一的政策和技术规定。

2. 包装标准化的意义

（1）包装标准化是包装质量的保证。

标准的本质特征是合理、科学、有效地对重复性事物和概念所做的统一规定。任何一种标准和规范都是从长期的实践过程和科学研究中总结归纳出来的，代表着一定的先进水平。实行包装的标准化是保证包装质量的有效手段。

（2）包装标准化有利于加速货物流通，提高物流效率。

产品包装尺寸实现标准化后，可方便地将其集合组装成运输单元整体，使原来依赖人力装卸的各种尺寸的包装件，变得可直接由机械来作业，从而使装卸的效率得到提高，运输的车、船在站、港停留的时间有所缩短，加速货物的流通过程，使运输效率获得大幅度的提高。包装标准化也方便了堆码排列，使得车、船等各种运载工具的容积得到合理、充分的利用，使装载量相应提高，提高了货运效率，降低了货运成本。

（3）包装标准化有利于促进国际贸易的发展。

包装标准化还有利于物资流通范围的扩大和国际贸易的发展。若产品不按国际标准进行包装，产品的国际集装袋、集装箱运输就会受到影响，最终影响产品出口，阻碍产品走向国际市场。

3. 包装标准的内容

（1）包装基础标准和方法标准。

包装基础标准和方法标准是包装工业基础性的通用标准，包括通用术语、包装标志、包装尺寸、包装技术、包装管理等。这类标准是对包装的基本要求，其适用于整个包装工业。

（2）产品包装标准。

产品包装标准是对产品包装的技术要求和规定。一种是产品质量标准中对产品包装、标志、运输、储存等做的规定；另一种是专门单独制定的包装标准。

（3）包装工业的产品标准。

包装工业的产品标准是指包装工业产品的技术要求和规定，如普通食品包装袋、高压聚乙烯重包装袋、塑料打包袋等。

> 小思考：
> 微生物是导致粮食霉变的根源，这种说法对吗？

三、绿色包装

1. 绿色包装的含义

所谓绿色包装是指能与自然融为一体，源于自然、归于自然，对生态环境不造成污染，对人体健康不造成危害，能循环再生利用，可促进持续发展的包装。国外把这个新概念也称为“无公害包装”或“环境友好包装”。包装业正在兴起一场“绿色革命”，绿色包装将会成为21世纪包装产业发展的一个主要趋势。

2. 绿色包装的设计原则

20世纪90年代，一些工业国家提出绿色包装必须遵循“3R1D”原则，具体如下。

Reduce：减少包装材料消耗。在保证包装的保护、运输、贮藏和销售等功能时，首先考虑的因素是尽量减少材料使用总量。

Reuse：包装容器的再填充使用。考虑全部包装或部分包装在使用过后，进行回收、处理，再次使用。

Recycle：包装材料的再循环处理。把使用过的包装回收、进行处理和再加工，使用于不同领域。

Degradable：包装材料的可降解。环保包装材料可自行分解，不会污染环境。

知识链接

推行绿色包装的方法

（1）节约和简化包装。

包装的用料与设计主要以保护商品和便于运输等为目的。市场上出现的“过分包装”现象超出了包装功能要求和设计需要。从环保角度来看，既浪费了资源又加重了环境污染。而且，还可能因包装成本的提高而影响国际竞争力。节约、简化包装可以通过改进设计和采用新技术来实现。

（2）包装回用和回收再生利用。

包装应设法减少其废弃物数量，在制造和销售商品时，就应注意包装的回用和回收再生利用问题。近年来广泛采用一次性使用的包装和轻型塑料包装材料，消费者用过之后随手扔掉，虽方便了人们生活，但同时产生了大量难以处理的垃圾，带来环境污染和资源浪费等社会问题，通过合理利用包装材料，运用可循环使用包装，有利于减少污染及浪费。

（3）加强法律规制。

推行绿色包装，不能单纯靠企业自律，政府必须要加强法律规制。为了保护本国环境，不少发达国家制定了包装法规，通过法律手段限制包装行业的不合理行为。

相关音频

项目小结

本项目主要介绍了包装的概念、作用、包装技术等，所谓包装是指在流通过程中保护产品，方便储运，促进销售，按一定技术方法而采用的容器、材料及辅助物等的总体名称。它也指为了达到上述目的而采用容器、材料及辅助物的过程中施加一定技术方法等的操作活动。

现代包装业已成为世界许多国家国民经济中一个独立的工业体系，如美国的包装工业在整个国民经济中占第五位，仅次于钢铁、汽车、石油、建筑工业。我国在改革开放以后，包装业发展很快，包装工业产值平均递增近10%，包装业总产值占国民经济总产值的比重也在不断上升，我国包装工业已形成比较完整的工业体系。

练习题

一、选择题

1. 包装最基本和最重要的功能是（　）。

A. 保护商品　B. 运输商品　C. 储存商品　D. 销售商品

2. 将若干单件包装组成一件大包装称（　）。

A. 单件包装　B. 集合包装　C. 组织包装　D. 运输包装

3. 包装材料应具备以下几个方面的性能：保护性能、加工操作性能、外观装饰性能、方便使用性能、节省费用性能和（　）。

A. 运输功能　B. 储存功能　C. 易处理性能　D. 易加工功能

4. 保护性能主要指保护包装内装物，防止其变质（　）。

A. 保证储存　B. 保证运输　C. 保证装卸　D. 保证质量

二、问答题

1. 包装的功能有哪些？
2. 在具体进行防潮包装时，应注意哪些问题？
3. 什么是缓冲包装技法？
4. 什么是绿色包装？

三、实训题

▶【实训任务】

熟悉包装。

▶【实训目标】

使学生对包装有个整体的感性认识。

▶【实训内容】

（1）物流企业对运输的商品是如何进行包装的。

（2）销售企业对销售的商品是如何进行包装的。

（3）企业应如何降低包装费用。

▶【实训要求】

选择2个包装企业进行实习，通过实习，提出该包装企业的优势和劣势，并提出改进意见。

▶【考核标准与方法】

（1）资料收集整理（20分）。

（2）提出该包装企业的优势和劣势（30分）。

（3）提出改进意见（30分）。

（4）实训过程表现（20分）。

四、案例分析题

“时代之风”香水

一个好的产品要打入市场首先要有好的包装，这样才能使产品与消费者产生一种潜在的互动，从而为产品成功占有市场打好基础。因此，包装成了众商家开拓及占领市场的必要手段，许多商家也争相为自己的产品精心打造适合消费者心理的包装，进而来占据有利的市场地位。好的包装必须是以人为本，以生活为本的，这样才能赋予市场新的活力。

“时代之风”是当今世界上最为畅销的法国高级香水之一，它是东方花香调的代表作，有难得的清香，独树一帜。最为著名的是“和平鸽”造型的水晶瓶子，它想阐述的是经过大战后，和谐与平安已降临，人类对平安的渴望以及给人心灵的抚慰。水晶制成的一对正在展翅飞翔的和平鸽，晶莹剔透，栩栩如生，象征飞翔的时代与时间，爱和温柔与香水的浪漫自然风格相映照。和平、青青永恒，忘却战争的阴影，无忧无虑、轻松的生活，是这个浪漫品牌最完美的诠释。同时，它在每一瓶香水的瓶盖上，都用手工将羊肠线牢牢绑住，为第一个打开香水瓶的主人带来好运。

思考题：

科学包装的途径有哪些？

分析指南：

（1）避免过剩包装。

（2）避免包装不足。

课后习题答案

项目七 仓储管理

任务目标 1. 掌握仓储作业管理
2. 掌握仓储控制的方法

任务内容 1. 掌握仓储管理合理化
2. 掌握企业仓储管理的内容

任务要求 1. 要求学生熟悉仓储作业方法
2. 要求学生熟悉商品储藏技术

导入案例

安科公司的库存管理

安科公司是一家专门经营进口医疗用品的公司，2020年该公司经营的产品有26种，共有69位客户购买其产品，年营业额为5 800万元人民币。对于安科公司这样的贸易公司而言，因为进口产品交货期较长，库存占用资金大。因此，库存管理显得尤为重要。

安科公司按销售额的大小，将其经营的26种产品排序，划分为ABC三类。排序在前3位的产品占到总销售额的97%，因此把它归为A类产品；第4～7种产品每种产品的销售额在0.1%～0.5%之间，把它们归为B类；其余的21种产品（共占销售额的1%），将其归为C类。

对于A类的3种产品，安科公司实行了连续性检查策略，每天检查库存情况，随时掌握准确的库存信息，进行严格的控制，在满足客户需要的前提下维持尽可能低的安全库存量，通过与国外供应商的协商，并且对运输时间做了认真的分析，算出了该类产品的订货前置期为2个月（从下订单到货物从安科公司的仓库发运出去，需要2个月的时间）。即如果预测在6月份销售的产品，应该在4月1日下订单给供货商，才能保证在6月1日可以出库。

对于B类产品的库存管理，该公司采用周期性检查策略。每个月检查库存并订货一次，目标是每月检查时应该有以后2个月的销售数量在库里（其中，1个月的用量视为安全库存）。另外，在途中还有1个月的预测量。每月订货时，再根据当时剩余的实际库存数量，决定需订货的数量。这样就会使B类产品的库存周转率低于A类。

对于C类产品，该公司采用了定量订货的方式。根据历史销售数据，得到产品的半年销售量为该产品的最高库存量，并将其2个月的销售量作为最低库存。一旦库存达到最低库存时，就订货将其补充到最高库存量，这种方法比前两种更省时间，但库存周转率更低。

该公司实行了产品库存的ABC管理以后，虽然A类产品占用了最多的时间、精力进行管理，但得到了满意的库存周转率。而B和C类产品，虽然库存的周转率较慢，但相对于其很低的资金占用和很少的人力支出来说，这种管理也是个好方法。

思考题：

ABC分类法对企业的仓储管理有哪些作用？

任务一 仓储管理概述

仓储管理是每一个物流系统不可或缺的组成部分，在以最低的总成本提供令人满意的客户服务方面具有举足轻重的作用。它是生产者与客户之间一个主要的联系纽带。近几年来，随着供应链管理思想的应用，仓储管理从企业物流系统中一个相对较小的方面，发展成为其重要的职能之一。

一、仓储的概念与功能

1. 仓储的概念

储存是指保护、管理、贮藏物品；保管是对物品进行保存及对其数量、质量进行管理控制的活动。

“仓”也称为仓库，是存放物品的场地或建筑物；“储”表示收存以备使用，具有收存、保管、交付使用的意思。所谓仓储是指利用仓库对物资进行的储存和保管。

2. 仓储的功能

（1）调节功能。

仓储在物流中起着“蓄水池”的作用：一方面仓储可以调节生产与消费的关系，使它们在时间和空间上得到协调，保证社会再生产的顺利进行；另一方面还可以实现对运输的调节。因为产品从生产地向销售地流转，主要依靠运输完成，但不同的运输方式在运向、运程、运量及运输线路和运输时间上存在着差距，这需要由仓储来调节。

（2）保管检验功能。

在物流过程中，物资入库后必须对其进行有效的储存保管，保证适当的温度、湿度等条件，防止其理化性质发生变化。同时，为了保障商品的数量和质量准确无误，分清责任事故，维护各方面的经济利益，还要求必须对商品及有关事项进行严格地检验，以满足生产、运输、销售以及用户的要求。仓储为组织检验提供了场地和条件。

（3）集散功能。

仓储把生产单位的产品汇集起来，形成规模，然后根据需要分散发送到不同需求的客户。通过一集一散，衔接产需，均衡运输，提高物流速度。

（4）客户服务功能。

仓储可以为顾客代储、代运、代加工、代服务，为顾客的生产、供应、销售等提供物资和信息的支持，为客户带来各种方便。

（5）防范风险功能。

储备仓库和周转仓库的安全储备都是用于防范灾害、战争、偶发事件以及市场变化、随机状态而设置的保险库存，这可以防范各种风险，保障人民生命财产，保证生产和生活正常进行。

（6）物流中心功能。

随着生产社会化、专业化程度的提高以及社会分工的发展，仓储除了传统的储存保管以外，还可以根据用户的需要，进行运输、配送、包装、装卸搬运、流通加工以及提供各种物流信息。因此，仓库往往成为储运中心、配送中心和物流中心等。

二、货物分区分类仓储的意义

1. 分区分类仓储货物，这是仓库进行科学管理的方法之一

所谓分区就是根据仓库的建筑、设备等条件把仓库划分为若干保管区，以适应货物分类储存的需要，即在一定的区域内合理储存一定种类的货物，以便集中保管和养护。所谓分类就是根据仓储货物的自然属性、养护措施、消防方法等，将货物划分为若干类别，以便分门别类地将货物相对固定储存在某一货区内。

2. 仓库的分区分类与专仓专储的主要区别

（1）性质不同。

采用分区分类储存货物的仓库，常为通用性仓库，其设施及装备适用于一般货物的储存、保养；而专仓专储的仓库，常为专用性仓库，其设施和装备往往只适用于某类商品的储存、保养，其专用性较强。

（2）仓储货物的种类多少不同。

采用分区分类仓储货物方法的仓库，一般一个仓库内同时仓储着若干类货物，其中大多数仓库是采用分类同区仓储，即将仓库分成若干个仓储区，而在同一仓储区内，同时集中仓储多种同类商品或性能互不影响、互不抵触的货物，如纺织品分类中的服装、床单、台布等；家电分类中的电视机、收录机、洗衣机、空调、微波炉等，同时，仓储在一个货区内，便于分类集中保管和养护。而专仓专储则是一个仓库只储存一类货物。

（3）仓储货物的数量多少不同。

一般而言，分区分类方法适宜于多品种、小批量的货物仓储，而专仓专储的方法适宜于少品种、大批量的货物仓储，就同类同种货物的数量而言，分区分类仓储货物的数量比用专仓专储法仓储的数量相对要少得多，因为专仓专储的某种货物往往都是大批量的。

（4）仓储商品的性质不同。

分区分类仓储的货物，特别是分类同区储有的商品，往往具有互容性，即同储在一个货区内，这些货物不会互相影响、互不相容；而专仓专储货物的性质往往较为特殊，不宜与其他货物混存，否则将会产生不良影响，如串味、变质、失量等；再如卷烟、茶叶、酒、食糖、香料等，一般不宜同存一库。

凡同类货物，性质相近，又有连带消费性的，应尽量安排在同一库区、库位进行仓储，如床上用品和睡衣、拖鞋可存放在同一库区。按照商品的自然属性，可把怕热、怕光、怕潮、怕冻、怕风等具有不同自然属性的商品分区分类仓储。若性质完全不同，并且互有影响、互不相容，不宜温存的商品，则必须严格分库存放，如化学危险品和一般货物及互相串味的货物（茶叶和肥皂、酒和香烟）等，决不能混杂存放在同一库房或同一库区内，必须采用分区分类的方法，将它们分开存放；又如固体精素会升华成气体，能防虫、杀虫，但不宜与饼干、糕点等食品同储一库，会污染食品，而可与毛皮、毛料服装同存一个库区，一举两得；还如羊毛等蛋白质纤维怕碱不怕酸，而棉纤维则怕酸不怕碱，在分区分类仓储时，应注意将碱性商品与羊毛制品分开仓储，将酸性货物同棉制品分开仓储；再如碳化钙、磷化锌、碳化金属等一级遇水燃烧的商品，不能与酸、氧化剂同储一库，因为一旦相遇，即会发生燃烧或爆炸、后果不堪设想。

为了防止货物在仓储期间发生物理机械变化、化学变化、生理生化变化及某些生物引起的变化，仓库保管人员必须采取一定的养护措施，如低温储藏养护、加热灭菌储藏养护等。然而，不

同的商品常因其性质各不相同，而采用的养护方法也各不相同，如冻猪肉、冻鸡、冻鸭等商品，需要在低温冷藏仓库内储藏养护，而苹果、生梨、蔬菜等商品，则需在常温冷藏仓库内储藏养护，这两类商品的养护措施各不相同，所以不能同储一个库区，必须分区分类仓储。而对于养护措施相同的商品，则可以同储一个库区，如棉布与棉衣、被单、被套等。

同储一个库区的货物，如果体积大小相差悬殊，单位重量相差很大，则需要用不同的装卸搬运手段，所以不宜在同一库区存放，如海绵、泡沫塑料与大型重型机床不易同库存放。为便于实现装卸搬运作业的专业化、机械化，尽可能将作业手段相同的货物同储一库。

防火灭火方法不同的货物不应同库仓储，必须分开，如油漆、橡胶制品燃烧时，需要用泡沫灭火机灭火；而精密仪器失火时，则用二氧化碳灭火机灭火，这两类商品就不宜混存在同一库区；又如爆炸品引起的火灾，主要用水扑救；而遇水分解的多卤化合物、氯磺酸、发烟硫酸等，绝不能用水灭火，只能用二氧化碳灭火器、干沙灭火，因而灭火方式不同的货物，不能同储一个库区。对于消防方法相同的货物，则可以仓储在同一库区，如小麦和玉米，灭火时主要用水，因此可以同储一个库区。

货物的仓储期较短，并且吞吐量较大的中转仓库或待运仓库，可按货物的发往地区、运输方式、货主，进行分区分类仓储。通常可先按运输方式分为公路、铁路、水路、航空，再按到达站、点、港的线路划分，最后按货主划分。这种分区分类方法虽不分商品的种类，但性能不相容的、运价不同的商品，仍应分开存放。

超长的、较大的、笨重的商品，应与易碎的、易变形的货物分区存放；进出库频繁的货物，应存放在车辆进出方便、装卸搬运容易的近库门的库区，而仓储期较长的商品，则应储存在库房深处或多层仓库的楼上。

一般情况下，怕热的货物应存放在地下室、低温仓库或阴凉通风的货棚内；负荷量较小的、轻泡商品，可存放在楼上库房，而负荷量较大、笨重的商品，应存放在底楼库房内；价值高的贵金属，如金银饰品等，须存放在顶楼库房，而价值较低的一般金属制品，可存放在下层库房内。

知识链接

货物的危险性质，主要是指易燃、易爆、易氧化、腐蚀性、毒害性、放射性等。仓库应根据货物的危险特性进行分区分类储存，以免发生相互接触，产生燃烧、爆炸、腐蚀、毒害等严重恶性事故。

三、仓储保管的作用

商品的仓储活动是由商品生产和商品消费之间的客观矛盾所决定的。商品在生产领域向消费领域转移过程中，一般都要经过商品的仓储阶段，这主要是由商品生产和商品消费在时间上、空间上以及品种和数量等方面的不同步所引起的，也正是在这些不同步中发挥了仓储活动的重要意义。

小思考：

保管的食品不丢失被盗，说明保管任务完成了，这种说法对吗?

1. 现代仓储保管在经济建设中的作用

（1）现代仓储是保证社会再生产顺利进行的必要条件。

现代仓储活动的意义正是由于生产与消费在空间、时间以及品种、数量等方面存在着矛盾引起的。尤其是在现代化大生产的条件下，专业化程度不断提高，社会分工越来越细，随着生产的发展，这些矛盾又势必进一步扩大。在仓储活动中不能采取简单地把商品生产和消费直接联系起来的办法，而需要对复杂的仓储活动进行精心组织，拓展各部门、各生产单位之间相互交换商品的深度和广度，使社会简单再生产和扩大再生产能在建立一定的商品资源的基础上，保证社会再生产的顺利进行。

从空间方面来说，商品生产与消费的矛盾主要表现在生产与消费地理上的分离。在自给自足的自然经济里，生产者同时就是其自身产品的消费者，其产品仅供本人和在家庭的范围内消费。随着商品生产的发展，商品的生产者逐渐与消费者分离。生产的产品不再是为了本人的消费，而且是为了满足其他人的消费需要。随着交换范围的扩大，生产与消费空间上的矛盾也逐渐扩大。在社会化大生产的条件下，随着生产的发展，这种矛盾进一步扩大，这是由社会生产的客观规律所决定的。生产的规模越大、越集中，越需要寻求更大的市场，将商品运送到更远的距离。这样，就必须依靠运输把产品运送到其他市场上去。社会化生产的规律决定了生产与消费的矛盾不是逐渐缩小而是逐渐扩大。随着商品生产的发展，不但需要运输的商品品种、数量在增加，而且平均运输的距离也在不断增加。商品仓储活动的重要意义之一就是通过仓储活动平衡运输的负荷。

商品的生产和消费之间有不定期的时间间隔。在绝大多数情况下，今天生产的商品不可能马上就全部卖掉，这就需要产生商品的仓储活动。有的商品是季节生产、常年消费。无论何种情况，在产品从生产过程进入到消费过程之间，都存在一定的时间间隔。在这段间隔时间内，形成了商品的暂时停滞。商品在流通领域中暂时的停滞过程，形成了商品的仓储。同时，商品仓储又是商品流通的必要条件，为保证商品流通过程得以不断地继续进行，就必须有商品仓储活动。没有商品的仓储活动，就没有商品流通的顺利进行，因此有商品流通也就有商品仓储活动。为了使商品更加适合消费者的需要，许多商品在最终销售以前，要进行挑选、整理、分装、组配等工作。这样便有一定量的商品停留在这段时间内，也形成商品仓储。此外，商品运输过程中，在车、船等运输工具的衔接上，由于在时间上不可能完全一致，也产生了在途商品对车站、码头周转性仓库的仓储要求。

商品的仓储活动不是简单地将生产和消费直接联系起来，而是需要一个复杂的组织过程，在品种和数量上不断进行调整。只有经过一系列的调整之后，才能使遍及全国各地的零售商店能够向消费者提供品种、规格、花色齐全的商品。在流通过程中不断进行商品品种上的组合，在商品数量上不断加以集散，在地域和时间上进行合理安排。通过做活流通，做好仓储活动，发挥仓储活动连接生产与消费的纽带和桥梁作用，借以克服众多的相互分离又相互联系的生产者之间、生产者与消费者之间在商品生产与消费地理上的分离，衔接商品生产与消费时间上的不一致以及调节商品生产与消费在方式上的差异。做好仓储活动是加快资金周转，节约流通费用，降低物流成本，提高经济效益的有效途径。

总之，商品生产和消费在空间、时间、品种、数量等各方面都存在着矛盾。这些矛盾既不可能在生产领域里解决，也不可能在消费领域里得到解决，所以只能在流通领域，通过连接生产与消费的商品仓储活动加以解决。商品仓储活动在推动生产发展，满足市场供应中具有重要意义。一个国家要实现经济的高速增长，必然要进行一些大型或特大型规模的建设项目，如果靠临时生产显然是不行的，只有靠平时一定数量的物资储存才能保证大规模建设的需求。

货物储存的实质是由生产与消费之间的时空距离而引起的一种经济行为，其首要功能就在于消除这种距离。动态的储存（运输）用于弥补空间距离，静态的储存用于弥补时间距离，静动态的储存用于弥补品种、规格、数量之间的距离，任何一种其他的经济活动都不可能取代这种作用。

（2）现代仓储是国家满足急需特需的保障。

国家储备是一种有目的社会储存，主要用于应付自然灾害、战争等人力不可抗拒的突发事变对物资的急需特需，否则就难以保证国家的安全和社会的稳定。

仓储活动是物质产品在社会再生产过程中必然出现的一种形态，这对整个社会再生产，对国民经济各部门、各行业的生产经营活动的顺利进行，都有着巨大的作用。然而，在仓储活动中，为了保证物资的使用价值在时空上的顺利转移，必然要消耗一定的物化劳动和活劳动，尽管这些合理费用的支出是必要的，但由于它不能创造使用价值，因而，在保证物资使用价值得到有效的保护，有利于社会再生产顺利进行的前提下，费用支出越少越好。那么，做好物资的仓储管理，就可以加速物资的流通和资金的周转，从而节省费用支出，降低物流成本，开拓“第三利润源泉”，提高社会及企业的经济效益。

2. 现代仓储管理在流通领域中的作用

（1）仓储是平衡市场供求关系、稳定物价的重要条件。

在社会再生产过程中，可能有些部门发展得快些，而有些部门发展得慢些，这种发展的不平衡性会引起市场供求矛盾——价格的波动。流通储存可在供过于求时吸纳商品，增加储存，供不应求时吐放商品，以有效地调节供求关系，缓解矛盾。这样既可保证生产的稳定性，又可防止物价的大起大落，避免生产供应的恶性循环。

（2）仓储是物资供销管理工作的重要组成部分。

仓储活动在物资供销管理工作中有特殊的地位和重要的作用。从物资供销管理工作的全过程来看，包括：供需预测、计划分配、市场采购、订购衔接、货运组织、仓储保管、维护保养、配送发料、销售发运、货款结算、用户服务等主要环节。各主要环节之间相互衔接、相互影响，关系极为密切，其中许多环节属于仓储活动，它们与属于“商流”活动的其他环节相比，所消耗和占用的人力、物力、财力多，受自然的、社会的各种因素影响大，组织管理工作有很强的经济性，既涉及政治经济学、物理、化学、机械、建筑、气象等方面知识，又涉及物资流通的专业知识和专业技能，它与物资经济管理专业的其他课程，如产品学、物资经济学、物资计划与供销管理、物资统计学、会计学等都有直接的密切联系。因此，仓储活动直接影响到物资管理工作的质量，也直接关系到物资从实物形态上一直到确定分配供销的经济关系的实现。

> **小思考：**
> 仓储管理是商品增值的活动，同时又是增加费用的活动？这种说法对吗？

（3）现代仓储是保持原有使用价值的重要手段。

任何一种物资，当它生产出来以后至消费之前，由于其本身的性质、所处的条件以及自然的、社会的、经济的、技术的因素，都可能使物资使用价值在数量上减少、质量上降低，如果不创造必要的条件，就不可避免地使物资造成损害。因此，必须进行科学管理，加强对物资的养护，搞好仓储活动，以保护好暂时处于停滞状态的物资的使用价值。同时，在物资仓储过程中，努力做到流向合理，加快物资流转速度，注意物资的合理分配，合理供料，不断提高工作效率，使有限的物资能及时发挥最大的效用。

3. 现代仓储管理在企业经营中的作用

社会再生产过程是连续生产和流通的统一。生产企业中的生产储存是物资作为生产过程的准备条件，只有一定量的生产性储存，才能保证不间断的均衡生产。

高的顾客满意度和低的库存投资似乎是一对相冲突的目标，过去认为这对目标不可能同时实现。现在通过应用创新的现代物流管理技术，同时伴随改进企业内部管理和强化部门协调，企业可同时实现这一目标。

储存是物资的一种停滞状态，在某种意义上是价值的一种“损失”，但作为一切社会再生产中必然的经济现象和物流业务的主要活动，对于促进国民经济的发展和物流的顺利进行具有重要的作用，这种“付出的代价”不仅是必要的，而且具有重要的意义。

四、仓储保管业务范围

仓储的物资储藏的基本功能决定了仓储的基本任务是存储保管、存期控制、数量管理、质量维护。同时，利用物资在仓储的存放，开发和开展多种服务是提高仓储附加值、促进物资流通、提高社会资源效益的有效手段，因而也是仓储的重要任务。

1. 仓储保管的基本业务

（1）物资存储。

存储是指在特定的场所，将物品收存并进行妥善的保管，确保被存储的物品不受损害。存储是仓储的最基本任务，是仓储产生的根本原因。因为有了产品剩余，需要将剩余产品收存，就形成了仓储。存储的对象必须是有价值的产品，存储要在特定的场地进行，存储必须将存储物移到存储地进行；存储的目的是确保存储物的价值不受损害，保管人有绝对的义务妥善保管好存储物；存储物始终属于存货人所有，存货人有权控制存储物。

物资的存储有可能是长期的存储，也可能只是短时间的周转存储。进行物资存储既是仓储活动的特征，也是仓储的最基本的任务。

（2）流通调控。

仓储的时间既可以长期进行也可以短期开展，存期的控制自然就形成了对流通的控制或者反言之，由于流通中的需要，决定了商品是存储还是流通，这也就是仓储的“蓄水池”功能，当交易不利时，将商品储存，等待有利的交易机会。流通控制的任务就是对物资是仓储还是流通做出安排，确定储存时机、计划存放时间，当然还包括储存地点的选择。

（3）数量管理。

仓储的数量管理包括两个方面：一方面为存货人交付保管的仓储物的数量和提取仓储物的数量必须一致；另一方面为保管人可以按照存货人的要求分批收货和分批出货，对储存的货物进行数量控制。

（4）质量管理。

根据收货时的仓储物的质量交还仓储物是保管人的基本义务。为了保证仓储物的质量不发生变化，保管人需要采取先进的技术、合理的保管措施，妥善和勤勉地保管仓储物。仓储物发生危险时，保管人不仅要及时通知存货人，还需要及时采取有效的措施减小损失。

2. 储存保管新业务

(1)交易中介。

仓储经营人利用大量存放在仓库的有形资产，利用与物资使用部门广泛的业务联系，开展现货交易中介具有较为便利的条件，同时也有利于加速仓储物的周转和吸引仓储。仓储经营人利用仓储物开展物资交易不仅会给仓储经营人带来收益，还能充分利用社会资源，加快社会资金周转，减少资金沉淀。交易功能的开发是仓储经营发展的重要方向。

(2)流通加工。

加工本是生产的环节，但是随着满足消费多样化、个性化，变化快的产品生产的发展，又为了严格控制物流成本的需要，生产企业将产品的定型、分装、组装、装潢等工序留到最接近销售的仓储环节进行，使得仓储成为流通加工的重要环节。

(3)配送。

设置在生产和消费集中地区附近的从事生产原材料、零部件或商品的仓储，对生产车间和销售点的配送成为基本的业务，根据生产的进度和销售的需要由仓库不间断地、小批量地将仓储物送到生产线和零售商店或收货人手中。仓储配送业务的发展，有利于生产企业降低存货，减少固定资金投入，实现准时制生产；商店减少存货，降低流动资金使用量，且能保证销售。

(4)配载。

对于大多数运输转换仓储都具有配载的任务。货物在仓库集中集货，按照运输的方向进行分类仓储，当运输工具到达时出库装运。而在配送中心就是在不断地对运输车辆进行配载，确保配送的及时进行和运输工具的充分利用。

知识链接

仓储存在于企业经营过程的各个环节之间，也就是说，在采购、生产、销售的不断循环过程中，库存使各个环节相对独立的经济活动成为可能。同时，仓储可以调节各个环节之间由于供求品种及数量的不一致而发生的变化，使采购、生产和销售等企业经营的各个环节连接起来，起到润滑剂的作用。对于仓储在企业中的角色，不同的部门存在不同的看法。库存管理部门力图保持最低的库存水平以减少资金占用，节约成本。销售部门愿意维持较高的库存水平并尽可能备齐各种商品，避免发生缺货现象，以提高顾客满意度。采购部门为了降低单位购买价格，往往会增加库存水平。制造部门愿意对同一产品进行长时间的大量生产，这样可以降低单位产品的固定费用，然而这样又往往会增加库存水平。总之，库存管理部门和其他部门的目标存在冲突，为了实现最佳库存管理，需要协调和整合各个部门的活动，使每个部门不仅以有效实现本部门的功能为目标，更要以实现企业的整体效益为目标。

相关音频

任务二　仓储作业管理

仓储作业流程主要由入库作业、保管作业及出库作业组成。入库作业是根据物品入库计划和供货合同的规定进行的，包括一系列的作业活动，如货物的接运、验收、办理入库手续等；保管作业是物品在整个仓储期间，为保持物品的原有使用价值，仓库需要采取一系列保管、保养措施，如货物的堆码，盖垫物品的维护、保养，物品的检查、盘点等；出库作业是根据货主开的出库凭证，为使物品准确、及时、安全地发放出去所进行的一系列作业活动，如备料、复核、装车等。

一、入库作业

1. 入库前的准备

（1）编制计划。

入库前要根据企业物资供应业务部门提供的物资进货计划编制物品入库计划。物资进货计划主要内容包括各类物资的进货时间、品种、规格、数量等。仓储部门应根据物资进货计划，结合仓库本身的储存能力、设备条件、劳动力情况和各种仓库业务操作过程所需要的时间，来确定仓库的入库业务计划。

（2）组织人力。

按照物品到达的时间、地点、数量等预先做好到货接运、装卸搬运、检验、堆码等人力的组织安排。

（3）准备物力。

根据入库物品的种类、包装、数量等情况以及接运方式，确定搬运、检验、计量等方法，配备好所用车辆、检验器材、度量衡器和装卸、搬运、堆码的工具以及必要的防护用品用具等。

（4）安排仓位。

按照入库物品的品种、性能、数量、存放时间等，结合物品的堆码要求，维修、核算占用仓位的面积以及进行必要的腾仓、清场、打扫、消毒、准备好验收场地等。

（5）备足苫垫用品。

根据入库物品的性能、储存要求、数量和保管场地的具体条件等，确定入库物品的堆码形式和苫盖、下垫形式，准备好苫垫物料，做到物品的堆放与苫垫工作同时一次完成，以确保物品的安全和避免以后的重复工作。

2. 商品接运与卸货

到达仓库的商品有一部分是由供应商直接运到仓库交货，其他商品则要经过铁路、公路、航运和空运等运输工具转运。凡经过交通运输部门转运的商品，均需经过仓库接运后，才能进行入库验收。商品接运是入库作业的重要环节，也是商品仓库直接与外部发生的经济联系。主要任务是及时而准确地向交通运输部门提取入库商品，要求手续清楚，责任分明，避免将一些在运输过程中或运输前就已经损坏的商品带入仓库，为仓库验收工作创造有利条件。接运方式大致有以下几种：车站、码头提货；专用线接车；仓库自行接货及库内接货。根据到达商品的数量、理化性质及包装单位，合理安排好人力及装卸搬运设备，并安排好卸货站台空间。

3. 分类及标示

为保证仓库的物流作业准确而迅速进行，在入库作业中必须对商品进行清楚有效的分类及编号。可以按商品的性质、存储地点、仓库分区情况对商品进行分类编号。

4. 查核进货信息

到货商品通常具备下列单据或相关信息：采购订单、采购进货通知单，供应商开具的出仓单、发票及发货明细表等。有些商品还随货附有商品质量书、材质证明书、合格证、装箱单等。对由承运企业转运的货物，接运时还需审核运单，核对货物与单据反映的信息是否相符。若有差错应填写记录，由送货人员或承运人签字证明，以便明确责任。

5. 验收

商品验收是按验收业务流程，核对凭证等规定的程序和手续，对入库商品进行数量和质量检验的经济技术活动的总称。既对到库商品进行理货、分类后，根据有关单据和进货信息等凭证清点到货数量，确保入库商品数量准确。同时，又通过目测或借助检验仪器对商品质量和包装情况进行检查，并填写验收单据和其他验收凭证等验收记录。对查出的问题及时进行处理，以保证入库商品在数量及质量方面的准确性，避免给企业造成损失。

6. 办理入库手续

物品验收后，由保管或收货人根据验收结果，在物品入库单上签收。同时，将物品存放的库房、货位编号批注在入库单上，以备记账、查货和发货。经过复核签收的多联入库单，除本单位留存外要退还货主一联作为存货的凭证。其具体手续包括以下方面。

（1）登账，即建立物品明细账。

根据物品入库收单和有关凭证建立物品明细账目，并按照入库物品的类别、品名、规格、批次、单价、金额等，分别立账，并且还要标明物品存放的具体位置。

（2）立卡，即填制物品的保管卡片，也可称为料卡。

料卡是由负责该种物品保管的人填制的。这种方法有利于责任的明确。料卡的挂放位置要明显、牢固，便于物品进出时及时核对记录。

（3）建档。

将物品入库全过程的有关资料证明进行整理、核对，建立资料档案，为物品保管、出库业务创造良好条件。

二、保管作业

1. 堆码

由于仓库一般实行按区分类的库位管理制度，因而仓库管理员应当按照物品的存储特性和入库单上指定的货区以及库位进行综合的考虑和堆码，做到既能充分利用仓库的库位空间，又能满足物品保管的要求，具体如下：

第一，要尽量利用库位空间，较多采用立体储存的方式。

第二，仓库通道与堆垛之间要保持适当的宽度和距离，以提高物品装卸的效率。

第三，要根据物品的不同收发批量、包装外形、性质和盘点方法的要求，利用不同的堆码工具，采取不同的堆码形式。危险品和非危险品及性质相互抵触的物品应该分开堆码，不得混淆。

第四，不要轻易地改变物品存储的位置，一般应按照先进先出的原则。

第五，在库位不紧张的情况下，在堆码时应尽量避免造成覆盖和拥挤。

2. 养护

仓库管理员应当经常或定期对仓储物品进行检查和养护，对于易变质或存储环境比较特殊的物品，应当经常进行检查和养护，检查工作的主要目的是尽早发现潜在的问题，养护工作主要是以预防为主。在仓库管理过程中，根据需要保持适当的温度、湿度，采取适当防护措施，预防破损、腐烂或失窃等，确保存储物品的安全。

3. 盘点

对于仓库中贵重的和易变质的物品，盘点的次数越多越好。其余的物品应当定期进行盘点（例如：每年盘点一次或两次）。盘点时，应当做好记录与仓库账务核对，如果出现问题，应当尽快查出原因，及时处理。

三、出库作业

1. 出库前的准备

物资出库前的准备工作分为两方面：一方面是计划工作，就是根据需货方提出的出库计划或要求，事先做好物资出库的安排，包括货场货位、机械搬运设备、工具和作业人员等的计划、组织；另一方面是要做好出库物资的包装和涂写标志工作。出库商品从办理托运到出库的付运过程中，需要安排一定的仓库或站台等理货场所，需要调配必要的装卸机具。提前集中付运的物品，应按物品运输流向分堆，以便于运输人员提货发运，及时装载物品，加快发货速度。由于出库作业比较细致复杂、工作量也大，所以事先要对出库作业合理加以组织，安排好作业人力，保证各个环节的紧密衔接。

2. 核对出库凭证

仓库接到出库凭证后，由业务部门审核证件上的印鉴是否齐全相符，有无涂改。然后，按照出库单证上所列的物资品名、规格、数量与仓库料账再做全面核对。审核无误后，在料账上填写预拨数后，将出库凭证移交给仓库保管人员。保管员复核料卡无误后，即可做物资出库的准备工作，包括准备随货出库的物资技术证件、合格证、使用说明书、质量检验证书等。

3. 备料出库

仓库接到提货通知时，应及时进行备货工作，以保证提货人可以按时完整提取货物。物资保管人员按照出库凭证上的品名、规格查对实物保管卡，注意规格、批次和数量，规定有发货批次的，按规定批次发货，未规定批次的，按先进先出、推陈出新等原则，确定应发货的垛位。

4. 复核

货物备好后，为了避免和防止备料过程中可能出现的差错，应再做一次全面的复核查对。

5. 出库交接

备料出库物资，经过全面复核查对无误之后，即可办理清点交接手续。如果是用户自提方式，即将物资和证件向提货人当面点清，办理交接手续。如果是代运方式，则应办理内部交接手续，即由物资保管人员向运输人员或包装部门的人员点清交接，由接收人签章，以划清责任。

6. 销账存档。

点交清楚、出库发运之后，该物资的仓库保管业务即告结束，物资仓库保管人员应做好清理工作，及时注销账目、料卡，调整货位上的吊牌，以保持物资的账、卡、物一致，将已空出的货位标注在货位图上，及时、准确地反映物资进出、存取的动态。

任务三　库存管理与控制

仓储虽然能够创造时间效用，促进物流效率的提高，但它也会耗费大量人力、物力和财力，尤其仓储中的“库存”是企业的癌症，如果不能进行有效的管理和控制，势必冲减物流系统效益、恶化物流系统运行。

库存的成本和费用支出主要表现在四个方面：一是库存会引起仓库建设、仓库管理、仓库工作人员工资和福利等费用，使得开支增加；二是储存物资占用资金所付的利息以及这部分资金如果用于另外项目的机会成本都是很大的；三是陈旧损坏与跌价损失。物资在库存期间可能发生各种物理、化学、生物、机械等损失，严重者会失去全部价值和使用价值。另外，还有可能发生因技术进步而引起的无形折旧和跌价损失；四是产生进货、验收、保管、发货、搬运等工作费用和储存物保险费支出。

库存管理的任务就是通过科学的决策，使库存既满足生产或流通的需要，又使总库存成本最低。其具体功能主要表现在四个方面：一是在保证企业生产、经营需求的前提下，使库存量经常保持在合理的水平上；二是掌握库存量动态，适时、适量提出订货，避免超储或缺货；三是减少库存空间占用，降低库存总费用；四是控制库存资金占用，加速资金周转。

一、ABC分类管理法

ABC分类管理法又称ABC分析法、ABC库存控制技术，它源自帕累托（Pareto）1897年对社会财富分配的研究，后由美国通用电气公司的董事长迪基运用于库存管理。它是以某类库存物品品种数占总的物品品种数的百分比和该类物品金额占库存物品总金额的百分比大小为标准，将库存物品分为A、B、C三类，进行分级管理。ABC分类管理法简单易行，效果显著，在现代库存管理中已被广泛应用。

1. ABC分类管理法的原理

仓库保管的货物品种繁多，有些物品的价值较高，对企业的发展影响较大或者对保管的要求较高；而多数被保管的货物价值较低，要求不是很高。如果我们对所有的货物采取相同的管理方法，则可能投入的人力、资金很多，而效果事倍功半。如何在管理中突出重点，做到事半功倍，这是应用ABC分析方法的目的。

20/80原则是ABC分类的指导思想，所谓20/80原则，简单地说，就是20%的因素带来了80%的结果，如20%的客户提供了80%的订单，20%的产品赢得了80%的利润，20%员工创造了80%的财富。当然，这里的20%和80%并不是绝对的，还可能是25%和75%等，总之，20/80原则作为统计规律是指少量的因素带来了大量的结果。它告诉人们，不同的因素在同一活动中起着不同的作用，在资源有限的情况下，注意力显然应该放在起着关键性作用的因素上。ABC分类法正是在这种原则指导下，企图对库存物品进行分类，以找出占用大量资金的少数库存货物，并加强对它们的控制与管理，对那些占用少量资金的大多数货物，则实行较简单的控制与管理。

一般地，人们将价值比率为65%～80%、数量比率为15%～20%的物品化为A类；将价值比率为15%～20%、数量比率为30%～40%的物品化为B类；将价值比率为5%～15%、数量比率为40%～55%的物品化为C类。

2. ABC分类管理法的步骤

采用ABC分类管理法可以按照下列步骤进行：

① 分析本仓库所存货物的特征，包括货物的价值、重要性以及保管要求上的差异等。

② 收集有关的货物存储资料，包括各种货物的库存量、出库量和结存量。

前两项应收集半年到一年的资料，后一项应收集盘点或分析时的最新资料。

③ 资料的整理和排序。

将所收集的货物资料按价值或重要性、保管难度等进行排序。当货物品种较少时，以每一种库存货物为单元统计货物的价值，当种类较多时，可将库存货物采用按价值大小逐步递增的方法分类，分别计算出各范围内所包含的库存数量和价值。

④ 上面计算出的资料整理成表格形式，求出累计百分数。

⑤ 根据表中统计数据绘制ABC分析图，再根据价值和数量比率的划分标准，可确定货物对应的种类。

3. ABC三类物品的管理

根据ABC分析图，对不同等级的货物进行不同的管理方法，如表7-1所示。

表7-1 ABC分类管理表

	级别		
项目	A类库存	B类库存	C类库存
控制程度	严格控制	一般控制	简单控制
库存量计算	依库存模型详细计算	一般计算	简单计算或不计算
进出记录	详细记录	一般记录	简单记录
存货检查频度	密集	一般	很低
安全库存量	低	较大	大量

二、独立需求下的库存控制模型

常见的独立需求库存控制模型根据其主要的参数，如需求量与提前期是否为确定，分为确定型库存模型和随机型库存模型。

1. 确定型库存模型

经济订货批量（Economic Order Quantity，EOQ）是最常用的，也是最经典的确定型库存模型。

（1）基本假设。

第一，产品需求是确定的，且在整个期间保持不变。

第二，所有对产品的需求都能满足，没有缺货。

第三，提前期是固定的。

第四，单位产品的价格是固定的。

第五，存储成本以平均库存为计算依据。

第六，订购或生产准备成本固定。

第七，产品项目是单一品种。

（2）公式的推导

首先，建立年总库存成本的数学模型。经济批量模型就是通过平衡采购进货成本和保管仓储成本，确定一个最佳的订货数量来实现年总库存成本最低的方法。

年总库存成本 = 年采购成本 + 年订货成本 + 年储存成本，即：

$$TC=PC+HC$$

$$TC=DC+\frac{D}{Q}S+\frac{Q}{2}H$$

式中 TC——年总库存成本；
PC——年采购进货成本；
HC——年保管仓储成本；
D——年需求量；
C——单位产品购买价格；
Q——订购批量；
S——每次订货的成本；
H——单位产品的年保管仓储成本。

其次，确定订购批量Q，以使总库存成本最小。

$$Q=\sqrt{\frac{2DS}{H}}$$

$$TC=DC+\sqrt{2DSH}$$

则每年订货次数N和订货间隔期间T分别如下所示：

$$N=D/Q$$

$$T=365/N$$

（3）例题。

甲公司是生产某机械器具的制造企业，依计划每年需采购A零件10 000个。A零件的单位购买价格是16元，每次订货成本是100元，每个A零件每年的保管仓储成本是8元。求A零件的经济批量，每年的总库存成本，每年的订货次数和每次订货的间隔期间。

解：经济批量 $Q=\sqrt{\frac{2DS}{H}}=\sqrt{2\times 10\ 000\times 100/8}=500$（个）

每年的总库存成本 $TC=DC+\sqrt{2DSH}=10\ 000\times 16+\sqrt{2\times 10\ 000\times 100\times 8}=164\ 000$（元/年）

每年的订货次数N=D/Q=10 000/500=20（次/年）

每次订货之间的间隔时间$T=365/N=365/20=18.25$（天）

2. 随机型库存模型

随机型库存模型要解决的问题是：确定经济订货批量或经济订货期；确定安全库存量；确定订货点和订货后最大库存量。随机需求下的库存控制有连续检查和定期检查两种基本控制策略，这两种控制策略通常称为定量订货技术和定期订货技术，统称为订货点技术。

（1）定量订货技术。

所谓定量订货技术，就是预先确定一个订货点和订货批量，随时监控货物库存，当库存下降到订货点时，就发出订货单进行订货的控制技术。

订货点的确定：在定量订货技术中，订货点以库存水平作为参考点，当库存下降到某个库存水平时就发出订货。因此，将发出订货时的库存量水平叫订货点。

显然订货点不能取得太高，如果太高，库存量过大，占用资金，导致库存费用上升，成本过高；同样，订货点也不能取得过低，如果过低，则可能导致缺货损失。就一般而言，影响适度订货点的因素，具体如下：

① 销售速率对供应者来说是供应速率，即销售的快慢，用单位时间内的平均销售量R_P来描述。销售速率越高，订货点越高。

② 订货提前期是指从发出订货到所订货物运回入库所需要的时间，以T_K表示，大小取决于

路径的远近和运输工具速度的快慢。

订货批量的确定：所谓订货批量是指一次订货的数量。订货批量的高低，不仅直接影响库存量的高低，而且直接影响货物供应的满足程度。订货批量过大，虽然可以充分满足用户需要，但将使库存量升高，成本增加；订货批量太小，虽然可以降低库存量，但难以确保满足用户需要。所以订货批量要适度。

订货批量大小的主要影响因素如下：

① 需求速度，需求速度越高，说明用户的需要量大，因此订货批量越大。

② 经营费用，费用的高低，对订货批量有影响；经营费用低，订货量就可能大；经营费用高，订货量就可能小。

在确定订货批量时，需要综合考虑发生的各种费用，根据使总费用最省的原则来确定经济订货批量Q^*（EOQ）。

如前所述，不同的模型中，考虑的库存费用种类不一样，所以订货批量的大小也不一样，如在不允许缺货、瞬时到货的模型中的经济订货批量可以表示为：

$$Q^* = \sqrt{\frac{2RC_0}{C_1}}$$

这里Q^*取决于单次订货费用C_0，单位货物单位时间的保管费用C_1以及单位时间内的需求量R。在随机型的模型中，订货批量也可以采用这个公式计算。

订货的实施：定量订货的实施步骤分别如下：

① 确定订货点和订货批量。

② 库存管理人员或销售人员每天检查库存。

③ 当库存量下降到订货点时，发出订货单。订货量取一个经济订货批量。

运用定量订货技术的前提条件如下：

① 只适用订货不受限制的情况，即什么时候想订货就能订到货，想到哪里订货就到哪里订货。

② 只适用于单一品种的情况。如果要实行几个品种联合订货，则要进行灵活处理。

③ 不但适用于确定型需求，也可适用于随机型需求。对于不同需求的类型，可以导出具体的运用形式，但原理相同。

④ 它一般多用于C类物质，品种多而价值低廉，实行固定批量订货。

（2）定期订货技术。

定期订货技术是从时间上控制订货周期，从而达到控制库存量的目的。只要订货周期控制得当，既可以不造成缺货，又可以控制最高库存量，达到节省库存费用的目的。

定期订货的优点在于可以不必每天检查库存，只是到了订货周期规定要订货的时间，才检查库存量，发出订货，其余时间不必检查库存。这就大大减轻了人员的工作量，又不影响工作效果和经济效益。

三、定期订购控制法

所谓定期订购控制法是指按预先确定的订货间隔期按期订购商品，以补充库存的一种库存控制方法。

一般仓库可以根据库存管理目标或历年的库存管理经验，预先确定一个订货间隔周期，每经过一个订货间隔周期就进行订货。每次订货的数量应视实际情况而定，可以不相同。

1. 定期订购控制方法中订货量的确定方法

订货量=最高库存量-现有库存量-订货未到量+顾客延迟购买量

定期订购控制法适用于品种数量少，平均占用资金额大，A类库存商品。定期订购控制法的优点是：首先，订货间隔期确定后，多种货物可以同时采购，这样既可以降低订单处理成本，而且还可以降低运输成本。其次，这种库存控制方式，需要经常地检查库存和盘点，这样便能及时了解库存的情况。

2. 定量与定期库存控制法的区别

（1）提出订购请求时点的标准不同。

定量订购库存控制法提出订购请求的时点标准，当库存量下降到预定的订货点时，即提出订购请求；而定期订购库存控制法提出订购请求的时点标准则是，按预先规定的订货间隔周期，到了该订货的时点，即提出请求订购。

（2）请求订购的货物批量不同。

定量订购库存控制法每次请购货物的批量相同，都是事先确定的经济批量；而定期订购库存控制法每到规定的请求订购期，订购的货物批量都不相同，可根据库存的实际情况计算后确定。

（3）库存货物管理控制的程度不同。

定期订购库存控制法要求仓库作业人员对库存货物进行严格控制、精心管理、经常检查、详细记录、认真盘点；而用定量订购库存控制法时，对库存货物只要求进行一般的管理，简单的记录，不需要经常检查和盘点。

（4）适用的货物范围不同。

定期订购库存控制法适用于品种数量少，平均占用资金大，需重点管理的A类货物；而定量订购库存控制法适用于品种数量大，平均占用资金少，只需一般管理的B类货物、C类货物。

知识链接

准时制生产——JIT库存控制技术

JIT是由日本的丰田汽车公司在20世纪60年代后期成功地应用而使之成为闻名世界的先进管理体系。1973年以后，这种方式对丰田公司度过第一次能源危机起到了突出的作用，后引起其他国家生产企业的重视，并逐渐在欧洲和美国的日资企业及当地企业中推行开来。近年来，JIT不仅作为一种生产方式，也作为一种物流模式在欧美物流界得到推行。

如今，日本的制造行业已经广泛地采用不同程度的JIT管理体系。美国工业企业已有约40%以上使用该方法，澳大利亚前450家最大的制造商中39%吸取JIT的管理方式，并且使存货资金占总资产的比率大幅度下降。

任务四 仓储管理合理化

仓储管理合理化，即以最小的投入获取最大的仓储收益，保证各项仓储功能的实现。

一、仓储合理化的评判标准

1. 仓储质量

保证被仓储物的质量是完成储存功能的根本要求，只有这样，商品的使用价值才能通过物流之后得以最终实现。在仓储中增加了多少时间价值或得到了多少利润，都是以保证质量为前提的。所以，评判仓储合理化的主要标准中，首当其冲的应该是反映使用价值的被仓储物质量的保证。

2. 仓储数量

因为考虑到能源消耗、人力成本以及物流过程对仓储的要求，仓储系统的仓储数量应有一个合理的控制范围。仓储数量过大虽有利于增强保证供应、保证生产和保证消费的能力，但随着仓储数量的进一步增加，其边际效用逐步递减，同时各种仓储成本和费用支出却大幅度增加。仓储数量减少虽有利于降低仓储成本，但必须有一个最低限度，否则，会影响仓储各种功能的有效发挥。

3. 仓储时间

物品在仓储系统中的储存时间，反映了物品的周转速度，不但是衡量仓储合理化与否的重要标准，而且对于评估整个物流系统也有重要意义。仓储时间延长虽有利于获得时间效用，但也会导致有形和无形的耗损、贬值、跌价等增加。对于绝大多数物品而言，仓储时间不宜过长。在具体衡量时往往用周转速度指标来反映时间标志，如周转天数、周转次数等。在总时间一定前提下，个别被仓储物的储存时间也能反映合理程度。如果少量被储存物长期储存或成了不流动物，虽反映不到宏观周转指标中去，也标志仓储存在不合理。

> **小思考：**
> 白酒仓储时间越长越好，这种说法对吗？

4. 仓储结构

仓储结构是评判仓储系统在整个物流过程中的调整、缓冲能力的重要标准。它是从被仓储物不同品种、不同规格、不同花色的仓储数量的比例关系对仓储合理性的判断。被仓储物在品种、规格、花色等方面若存在此长彼短或此多彼少的失调现象，则会严重影响仓储的合理化。尤其是相关性很强的各种物资之间的比例关系更能反映仓储合理与否。由于这些物资之间相关性很强，只要有一种物资出现耗尽，即使其他种物资仍有一定数量，也会无法投入使用。

5. 仓储费用

仓储合理化与否的评判，从经济的角度最终都要归结到仓储的成本和费用上来。通过对仓储投入产出比的分析，特别是对仓租费、维护费、保管费、损失费、资金占用利息支出等投入的分析，能从经济效益上判断仓储的合理与否。

二、仓储合理化的原则

在仓储合理化过程中，一般应遵循以下原则：

（1）快进。

货物到达指定地点（车站、港口等）时，要以最快的速度完成货物的接运、验收和入库作业活动。

（2）快出。

货物出库时，要及时迅速地完成备料、复核和出库等作业活动。

（3）储存多。

根据货物储存的实际需要，合理规划库存设施，最有效地利用储存面积和空间，提高单位面（容）积的储存量。

（4）保管好。

根据货物的性质和储存要求，合理安排储存场所，采取科学的保管方法，保证货物的质量和数量。

（5）损耗小。

尽量避免和减少储存物品的自然损耗和因工作失误造成的人为损耗。

（6）费用省。

在不影响仓储管理水平的前提下，减少投入，以最低的成本取得最好的经济效益。

（7）保安全。

全力保证仓储设施设备、人员和货物的安全。

三、仓储合理化的实施

1. 对仓储进行合理规划设计

（1）合理抉择各种仓储方式。

企业仓储功能的实现，可以选择通过自建仓库仓储、租赁公共仓库仓储或合同制仓储来完成。企业必须根据自身实际、商品特征和市场需求等，以经济、高效为原则，进行合理抉择。

（2）正确选择仓库地址。

仓库的选址对商品流转速度和物流成本产生直接的影响，并关系到企业的物流客户服务水平和质量，最终影响到企业销售量及利润。一般而言，客户密集分布、交通与装运条件方便、适宜的自然地理条件等得到满足的地方，就是合适的仓库选址。此外，选择库址时还应该考虑建筑成本和仓库的发展需要，尽可能节省投资，并留有仓库扩展所需的空间。

（3）合理建设库区。

根据库区场地条件、库区的业务性质和规模、储存物品的特征以及仓储技术条件等因素，对仓库的主要建筑物、辅助建筑物、构筑物、货场、站台等固定设施和库内运输路线等进行合理配置和建设，从而最大限度地提高仓库储存能力和作业能力，降低各项仓储费用，最有效地发挥仓库在物流过程中的作用。库区建设要符合仓库作业的需要，有利于组织仓储作业活动，方便物品的入库、保管和出库；要便于安装和使用仓库设施和机械设备，防止重复搬运、迂回运输；要有利于充分利用仓库空间，减少用地，并结合考虑仓库当前需要和长远规划；要保证仓库安全，安全设施应符合安全保卫和消防工作的要求。

知识链接

自建仓库仓储、租赁仓库仓储、合同制仓储的比较

自建仓库仓储、租赁仓库仓储和合同制仓储各有优势，企业决策的依据是物流的总成本最低。租赁仓库仓储和合同制仓储的成本只包含可变成本，随着存储总量的增加，租赁的空间就会增加。对于租赁仓库仓储一般按所占用空间来收费，这样成本就与总周转量成正比，其成本函数是线性的。而自建仓库仓储的成本结构中存在固定成本。由于租赁仓库仓储的经营具有营利性质，因此自建仓库仓储的可变成本的增长速率通常低于租赁仓库仓储成本的增长速率。当总周转量达到一定规模时，两条成本线相交，即成本相等。这表明在周转量较低时，租赁仓库仓储是最佳选择。随着周转量的增加，由于可以把固定成本均摊到大量存货中，因此使用自建仓库仓储更经济。实践中要考虑三个方面的因素：周转总量、需求的稳定性和市场密度。

2. 对被仓储物品进行ABC分析，实施重点管理

ABC分析是实施仓储合理化的基础分析，在此基础上可以进一步解决各类的结构关系、仓储量、重点管理、技术措施等合理化问题。有人说库存管理就是ABC管理，ABC管理如能充分发挥其效果，可以说库存管理的问题就已解决了一半。在ABC分析基础上实施重点管理，分别决定各种物资的合理库存储备数量及经济地保有合理储备的办法。

3. 适度集中储存，实现规模经济

所谓适度集中库存是利用仓储规模优势，以适度集中仓储代替分散的小规模储存来实现合理化。集中仓储是面对两个制约因素，在一定范围内取得优势的办法：一是仓储费，二是运输费。过分分散，每一处的储存保证的对象有限，互相难以调度调剂，则需分别按其保证对象要求确定库存量。而集中储存易于调度调剂，集中储存总量可大大低于分散储存之总量。过分集中仓储，仓储点与用户之间距离拉长，仓储总量虽降低，但运输距离拉长，运费支出加大，在途时间长，又迫使周转储备增加。所以，适度集中的含义是主要在这两方面取得最优集中程度。

4. 加速周转，实现仓储时间合理化

仓储合理化的一个重要方面是将静态储存变为动态仓储，周转速度一快，会带来一系列的合理化好处：资金周转快、资本效益高、货损小、仓库吞吐能力增加、成本下降等。具体做法诸如采用单元集装存储，建立快速分拣系统都有利于实现快进快出，大进大出，加快周转速度。

采用有效的“先进先出”方式，也有利于保证每个被储存物的储存期不至过长，从而减少总周转时间。有效的“先进先出”方式主要如下。

（1）贯通式货架系统。

利用货架的每层，形成贯通的通道，从一端存入物品，从另一端取出物品，物品在通道中自行按先后顺序排队，不会出现越位等现象。贯通式货架系统能非常有效地保证先进先出。

（2）“双仓法”储存。

给每种被仓储物都准备两个仓位或货位，轮换进行存取，再配以必须在一个货位中取光才可补充的规定，则可以保证实现“先进先出”。

（3）电脑存取系统。

采用电脑管理，在存时向电脑输入时间记录，编入一个简单地按时间顺序输出的程序，取货时电脑就能按时间给予指示，以保证“先进先出”。这种电脑存取系统还能将“先进先出”保证不做超长时间的储存和快进快出结合起来，即在保证一定先进先出前提下，将周转快的物资随机存放在便于存储之处，以加快周转，提高仓储效率。

5. 提高仓储密度，有效利用仓容

提高仓储密度的主要目的是减少仓储设施的投资，提高单位存储面（容）积的利用率，以降低成本、减少土地占用。这有三类方法，具体如下。

（1）采取高垛的方法，增加仓储的高度。

例如，采用高层货架仓库、采用集装箱等都比一般堆存方法大大增加仓储高度。

（2）缩小库内通道宽度以增加仓储有效面积，可以有采用窄巷道式通道，配以轨道式装卸车辆，以减少车辆运行宽度要求，采用侧叉车、推拉式叉车，也能够减少叉车转弯所需的宽度。

（3）减少库内通道数量以增加仓储有效面积。

具体办法：采用密集型货架，采用可进车的可卸式货架，采用各种贯通式货架，采用不依靠通道的拆式吊车装卸技术等。

6. 采用有效的仓储定位系统

仓储定位的含义是被仓储物位置的确定。如果定位系统有效，则能大大节约寻找、存放、取出的时间，节约不少物化劳动及活劳动，而且能防止差错，便于清点及实行订货点等管理方式。仓储定位系统可采取先进的电脑管理方式，也可采取一般人工管理方式，行之有效的方式主要如下：

（1）“四号定位”方式。

用一组四位数来确定存取位置的定位方法，是我国手工管理中采用的科学方法。这四个号码是：库房号、货架号、层次号和货位号，提货时按四位数字的指示，很容易将货物拣选出来。这种定位方式可对仓库存货区事先做出规划，并能很快地存取货物，有利于提高速度，减少差错。

（2）电子计算机定位系统。

利用电脑仓储容量大、检索迅速的优势，在入库时，将存放货位输入电脑，出库时向电脑发出指令，并按电脑的指示人工或自动寻址，找到存放货位，拣选取货的方式。它一般采取自由货位方式，即电脑指示入库货物存放在就近易于存取之处或根据入库货物的存放时间和特点，指示合适的货位，取货时可就近就便。这种方式可以充分利用每一个货位，而不需专位待货，有利于提高仓库的仓储能力。

7. 采用有效的监测清点方式

对仓储物资数量和质量的监测不但是掌握基本情况之必须，也是科学库存控制之必须。在实际工作中稍有差错，就会使账物不符，所以必须及时且准确地掌握实际仓储情况，经常与账卡核对，这无论是人工管理或电脑管理都是必不可少的。监测清点的有效方式主要如下：

（1）“五五化”堆码。

这是我国手工管理中采用的一种科学方法。仓储物资堆垛时，以“五”为基本计数单位，堆成总量为“五”的倍数的垛形，如梅花五、重叠五等，堆码后，有经验者可过目成数，大大加快了人工点数的速度，且能减少差错。

（2）光电识别系统。

在货位上设置光电识别装置，该装置对被仓储物扫描，并将准确数目自动显示出来。这种方式不需人工清点就能准确掌握库存的实有数量。

（3）电子计算机监控系统。

用计算机指示存取，可以防止人工存取所易于出现的差错。如果在被仓储物上采用条码认寻技术，使识别计数和电脑联结，每存、取一件物品时，识别装置自动将条码识别并将其输入电脑，电脑会自动做出存取记录。这样只需通过电脑查询，就可了解所存物品的准确情况。

8. 采用现代储存保养技术

（1）气幕隔潮。

在潮湿地区或雨季，一般库门、门帘等设施隔绝潮湿空气效果不理想。采用气幕隔潮技术，在库门上方安装鼓风设施，使之在门口处形成一道气流，由于这道气流有较高压力和流速，在门口便形成了一道气墙，可有效阻止库内外空气交换，防止湿气侵入。

（2）气调储存。

调节和改变仓储环境的空气成分，抑制被仓储物品的化学变化和生物变化，抑制害虫生存及微生物活动，从而达到保持被仓储物质量的目的。气调方法对于有新陈代谢作用的水果、蔬菜、粮食等物品的长期保质、保鲜仓储有很有效的作用。

（3）塑胶薄膜封闭。

塑胶薄膜虽不能完全隔绝气体，但能隔水隔潮，用塑胶薄膜封垛、封袋、封箱，可阻缓内外空气交换，完全隔绝水分，从而有效地造就封闭、稳定的小环境。

9. 采用集装箱、集装袋、托盘等储运装备一体化的方式

集装箱等集装设施的出现，也给仓储带来了新观念，采用集装箱后，本身便是一栋仓库，不再需要有传统意义的库房，在物流过程中，也就省去了入库、验收、清点、堆垛、保管、出库等一系列作业，因而对改变传统仓储作业有很重要意义，是仓储合理化的一种有效方式。

10. 采用虚拟仓库和虚拟库存

在网络经济时代，利用信息技术和网络技术实现虚拟库存，可以防止实际库存带来的一切弊端，以更经济、有效地方式实现仓储的各项功能，优化整个物流系统。

相关音频

项目小结

本项目主要介绍了仓储的概念、意义、作用等。仓储是指利用仓库对物资进行的储存和保管。

仓储的主要功能是对流通中的商品进行检验、保管、加工、集散和转换运输方式，并解决供需之间和不同运输方式之间的矛盾，提供场所价值和时间效用，使商品的所有权和使用价值得到保护，加速商品流转，提高物流效率和质量，促进社会效益的提高。

练习题

一、选择题

1. 仓储把生产单位的产品汇集起来，形成规模，然后根据需要分散发送到不同需求的客户。通过一集一散，衔接产需，均衡运输，提高物流速度，这种功能为（　）。

   A. 集散功能　　B. 物流功能　　C. 运输功能　　D. 仓储功能

2. 按验收业务流程，核对凭证等规定的程序和手续，对入库商品进行数量和质量检验的经济技术活动的总称为（　）。

   A. 商品出口　　B. 商品验收　　C. 商品入库　　D. 商品仓储

3. 以某类库存物品品种数占总的物品品种数的百分比和该类物品金额占库存物品总金额的百分比大小为标准，将库存物品分为ABC三类，进行分级管理的方法为（　）。

   A. 经济管理法　　B. 一、二、三级管理法
   C. ABC分类管理法　　D. 分级管理法

4. 调节和改变仓储环境的空气成分，抑制被仓储物品的化学变化和生物变化，抑制害虫生存及微生物活动，从而达到保持被仓储物质量目的的方法为（　）。

   A. 缺氧仓储法　　B. 充氮仓储法　　C. 无氧仓储法　　D. 气调仓储法

二、问答题

1. 仓储的功能有哪些？
2. 现代仓储管理在流通领域中的作用有哪些？
3. 入库前的准备工作有哪些？

4. 什么是定期订购控制法?

三、实训题

▶【实训任务】

认识仓储企业。

▶【实训目标】

使学生对仓储管理有个整体的感性认识。

▶【实训内容】

(1)企业是如何保管好商品的。

(2)企业保管商品的方法有哪些。

(3)针对不同的商品应采取哪些不同的保管措施。

▶【实训要求】

到仓库进行参观学习。

▶【考核标准与方法】

(1)提出仓储管理的改进措施(50分)。

(2)实训过程表现(50分)。

四、案例分析题

传统钢材仓储业要敢于创新

上海复闽仓储有限公司是一个传统型的仓储企业,为钢贸企业提供钢材存储服务。然而,这里的经营理念却与众不同,"传统型仓储,现代物流理念",正是上海复闽仓储公司与其他同行最大的不同之处,也正是这一现代物流理念给传统型仓储注入了活力和动力,赢得广大钢材贸易商的青睐和好评。

钢材流通业中的现代物流,发展前景十分广阔,潜在的市场极其巨大。目前,中国大约有16万家物流服务公司,据有关专家预测,行业产值超过390亿元。然而,我国居高不下的货物运输成本需引起高度重视。我国的货物运输成本比西方发达国家高出3倍,物流费用占货品总成本的比例高达30%。在信息流、资金流和物流成为一个国家参与全球化竞争的重要战略因素情况下,落后的物流水平已成为中国企业发展的关键"瓶颈"之一。无疑,这是放在传统型仓储企业的一个重大课题。其实,上海复闽仓储公司的王董事长及其决策层早已意识到了,而且率先引起了现代物流理念,探索出一条传统型企业向现代物流业管理转变的创新之路。

时下,王董事长和他的复闽仓储一班人正在思索下一步的发展模式。

(1)专业物流与共同配送形成规模的专业物流企业,探索一种追自求合理化配送的配送形式,提高物流效率、降低物流成本。

(2)形成以信息技术为核心,以信息技术、运输技术、配送技术、装卸搬运技术、自动化仓储技术、库存控制技术、包装技术等专业技术为支撑的现代化物流装备技术格局。

(3)通过互联网加强企业内部、企业与供应商、企业与消费者、企业与政府部门的沟通、相互协调及相互合作。人们相信上海复闽仓储公司运用现代物流的理念,经过新一轮的创新和变革,明天的上海复闽仓储公司将以全新的面貌,为钢材贸易商提供更好、更大的增值服务,成为钢材经营者的放心仓储。

“发货快，卸货快，以发货为先”“一小时内提货完成”，这是上海复闽仓储公司向客户提出的承诺，也是传统型仓储的现代物流理念。用王董事长的话说：“要安全地保管好客户的财产，要用最短的时间将货物交至客户的手中，最大限度地优化和平衡库存。”这正是上海复闽仓储公司和现代物流理念的核心。

“只有让客户不定期在上海复闽仓储公司存储钢材感到放心，才能吸引客户，巩固客户，扩大经营量。”王董事长就是这样告诫自己的员工的，上海复闽仓储公司的员工也正是以现代物流的理念经营传统型钢材仓储。

那天，客户到上海复闽仓储公司现场验收，看到场地上堆放得整齐有序的一卷卷带钢。对上海复闽仓储公司的现代物流的管理颇赞赏。

正是上海复闽仓储公司按照现代物流理念经营，赢得了众多钢厂和钢材流通企业的青睐，上海复闽仓储公司现在拥有一大批良好的客户群，包括宝钢集团下属的各商贸公司和上海各大金属材料贸易公司，代理的水路货运客户遍及大江南北。尽管钢材市场大起大落，而上海复闽仓储公司的钢材储存量却不减反增，吞吐各类钢材127万吨，比上年增长了22%，客户满意率达到100%。

如今，这一传统型的上海复闽仓储公司的现代物流理念早已深入到每一个员工心中，“一小时内提货完成”这一目标成为复闽仓储员工的工作方向。

思考题：

上海复闽仓储公司的实践告诉人们了一个什么道理？

分析指南：

上海复闽仓储公司的实践告诉人们，传统型仓储一旦引入了现代物流理念，坚持创新，它必然赢得广大钢材贸易商。这会让钢贸公司感到放心，在客户的满意过程中不断发掘企业的效益增长点。

课后习题答案

项目八

配送与配送中心

任务目标 1. 掌握配送与配送中心的定义、分类
2. 掌握配送中心如何进行选址与布局

任务内容 1. 掌握配送中心的功能
2. 掌握配送中心的作业流程及内部组织体系

任务要求 1. 要求学生熟悉配送中心的作业流程
2. 要求学生熟悉配送中心的业务管理

导入案例

天津劝业配送中心的组织结构

天津劝业场（集团）股份有限公司配送中心（简称“劝业配送中心”）是天津劝业场（集团）股份有限公司下属的全资子公司。劝业配送中心目前主要面向集团内部的各家商场、超市和集团外的商业批发零售企业提供配送服务。

劝业配送中心下设业务部、财务部和仓库管理部，分别负责对企业各项业务、资金流和库存的管理。劝业配送中心业务部根据商品类别和品牌下设若干分部，由业务内勤或品牌经理管理，如海尔部就是专门处理海尔集团家用电器产品的有关业务。业务内勤分别负责各自的产品线的相关业务以及财务关系，具体包括联系供方和需方、制定采购计划、订货、办理入库、办理出库、办理其他相关手续。劝业配送中心通过采用这种业务划分方式，实现了对业务的细分和明确的分工，使业务内勤与相对较少的固定的供应商和客户进行联系，不仅可以有效地提高业务处理的效率，而且也保证了对供方和需方的服务质量。在各个分部的工作中，劝业配送中心的经理和业务主管通过调配订货和发货，如合并采购计划和订单、统一入库记账、统一运输发货等，实现对分部之间工作的协调。劝业配送中心下属的8个仓库由仓库管理部管理，由劝业配送中心经理直接负责。

思考题：

组织结构的设立与配送有哪些关系？

任务一　配送概述

配送是物流中一种特殊的、综合的活动形式，是商流与物流的结合，也是包含了物流中若干功能要素的一种形式。

配送是指按用户或收货人的订货要求，在配送中心或其他物流结点进行集货、分货、配货业务，并将配置货物送交客户或收货人。这一过程包括集货、配货和送货三部分。

一、配送的概念

配送是指在经济合理区域范围内，根据客户要求，对物品进行分拣、加工、包装、分割、组配等作业，并按时送达指定地点的物流活动。

另外，一个被广泛认同的定义是：配送就是根据客户的要求，在物流据点内进行分拣、配货等工作，并将配好的货送交收货人的过程。

配送是从发送、送货等业务活动中发展而来的。原始的送货是作为一种促销手段而出现的。随着商品经济的发展和客户多品种小批量需求的变化，原来那种有什么送什么和生产什么送什么的发送业务已不能满足市场的要求，从而出现了“配送”这种发送方式。

1. 关于配送的概念反映出的信息

（1）配送是接近客户资源配置的全过程。

（2）配送实质是送货。

配送是一种送货，但和一般送货又有区别：一般送货可以是一种偶然的行为，而配送却是一种固定的形态，甚至是一种有确定组织、确定渠道，有一套装备和管理力量、技术力量，有一套制度的体制形式。所以，配送是高水平的送货形式。

（3）配送是一种“中转”形式。

配送是从物流结点至客户的一种特殊送货形式。从送货功能看，其特殊性表现为：从事送货的是专职流通企业，而不是生产企业；配送是“中转”型送货，而一般送货尤其从工厂至客户的送货往往是直达型；一般送货是生产什么送什么，有什么送什么，配送则是企业需要什么送什么。所以，要做到需要什么送什么，就必须在一定中转环节筹集这种需要，从而使配送必然以中转形式出现。

（4）配送是“配”和“送”的有机结合。

配送与一般送货的重要区别在于，配送利用有效的分拣、配货等理货工作，使送货达到一定的规模，以便利用规模优势取得较低的送货成本。如果不进行分拣、配货，有一件运一件，需要一点送一点，这就会大大增加劳动力的消耗，使送货并不优于取货。所以，追求整个配送的优势，分拣、配货等项工作是必不可少的。

（5）配送以客户要求为出发点。

在定义中强调“按客户的订货要求”，明确了客户的主导地位。配送是从客户利益出发，按客户要求进行的一种活动。因此，在观念上必须明确“客户第一”“质量第一”，配送企业的地位是服务地位而不是主导地位，因此不能从本企业利益出发，而应从客户利益出发，在满足客户利益的基础上取得本企业的利益。更重要的是，不能利用配送损害或控制客户，不能利用配送作为部门分割、行业分割、割据市场的手段。

（6）概念中“根据客户要求”的提法需要基于这样一种考虑：过分强调“根据客户要求”是不妥的，客户要求受客户本身的局限，有时会损失自我或双方的利益。

对于配送者来讲，必须以“要求”为依据，但是不能盲目，应该追求合理性，进而指导客户，实现双方共同受益的商业目的。这个问题近些年国外的研究著作也常提到。

2. 配送的特点

（1）满足顾客对物流服务的需求是配送的前提。

① 由于在买方市场条件下，顾客的需求是灵活多变的，消费特点是多品种、小批量的，因

此从这个意义上说，配送活动绝不是简单的送货活动，而应该是建立在市场营销策划基础上的企业经营活动。配送是从用户利益出发，按用户要求进行的一种活动，体现了配送服务性的特征。配送的时间、数量、品种规格都必须按用户要求进行，以用户满意为最高目标。

② 以往单一的送货功能，已经无法较好地满足广大顾客对物流服务的需求，而配送活动则是多项物流活动的统一体。配送过程包含了采购、运输、储存、流通加工、物流信息处理等多项物流活动，是一种综合性很强的物流活动。

（2）配送是一种末端物流活动。

配送的对象是零售商或用户（包括单位用户、消费者），故配送处于供应链的末端，是一种末端物流活动。

（3）配送是“配”与“送”的有机结合。

所谓“合理地配”是指在送货活动之前必须依据顾客需求对其进行合理的组织与计划。只有“有组织有计划”地“配”才能实现现代物流管理中所谓的“低成本、快速度”地“送”，进而有效满足顾客的需求。

（4）配送是有在积极合理区域范围内的送货。

配送不宜在大范围内实施，通常仅局限在一个城市或地区范围内进行。

（5）配送是物流活动和商流活动的结合。

配送作业的起点是集货，必然包括订货、交易等商流活动。在买方市场占优势的当代社会，商流组织相对容易，故配送仍视作一种以物流活动为主的业务形式。

良好的配送活动有利于物流运输实现合理化；完善运输和整个物流系统；提高了末端物流的效益；通过集中库存使企业实现低库存或零库存；简化事务，方便用户；提高供应保证程度；为电子商务的发展提供了基础和支持。

二、配送的分类

配送有许多种类和形式，可以从以下三个角度加以分类。

1. 按配送的数量及时间不同分

（1）定时配送。

所谓定时配送指按规定的时间间隔进行配送。其特点是间隔时间固定，配送数量和品种可按计划或按一定联络方式（电话、电子计算机网络）进行确定。有时，这种配送临时性较强，在一定程度上增加了配送难度。

（2）定量配送。

所谓定量配送指按规定的批量在一定时间范围内进行配送。其是配送数量相对固定或稳定，时间要求不十分严格，备货工作相对简单，运输效率较高。

（3）定时定量配送。

所谓定时定量配送指按规定时间、规定的货物品种数量进行配送。其兼有定时和定量配送两种优点，但计划性很强、稳定性要求很高，故选用此类配送不是很普遍。

（4）定时定量定点配送。

所谓定时定量定点配送指根据客户要求按规定的时间、规定的数量、规定的客户收货点进行配送。其特点是事先由配送中心与用户签有配送协议，并严格执行，适用于重点企业和重点项目的物流支持。

(5)即时配送。

所谓即时配送指完全按用户的配送时间、品种数量要求进行随时配送。其特点是以当天任务为目标，对临时性或急需货物进行配送。这种方式要求配送企业的配送资源相对富余。

2. 按配送的品种和数量分

(1)少品种大批量配送。

所谓少品种大批量配送指对制造业所需的货物品种少，但需求量大的情况实行的配送。其特点是配送工作简单、配送成本低廉。

(2)多品种少批量配送。

所谓多品种少批量配送指针对零售企业所需的货物品种多、批量少的特点，配备齐全后，送达该企业或用户的配送。其特点是除了配备良好硬件设备外，还需一流的业务操作水平和训练有素的管理水平。

(3)成套配套配送。

所谓成套配套配送指为满足那些装配型或流水线制造企业生产的需要，集合各种产品一切的零部件，按生产节奏定时定量的配送。其特点是专业化生产和实现制造企业“零库存”的需要。

3. 按配送的组织形式分

(1)分散配送。

所谓分散配送指销售网点或仓库根据自身或用户的需要，对小批量、多品种货物进行配送。其特点是分布广、服务面宽；适合于近距离、品种繁多的小额货物的配送。

(2)集中配送。

所谓集中配送又称配送中心配送，是指专门从事配送业务的配送中心对社会性用户的货物需要而进行的配送。其特点是规模大、专业性强、计划性强、与客户关系稳定和密切；配送品种多、数量大，是配送的主要形式。

(3)共同配送。

所谓共同配送指若干企业集中配送资源，制订统一计划，满足用户对货物需求的配送形式。一般分成两种类型：一种是中小生产企业间通过合理分工和协商，实行共同配送；另一种是中小企业配送中心之间实现联合、共同配送。前者可以弥补配送资源不足的弱点；后者可以实现配送中心联合作业的优势，二者均可实现配送目的，创造共同配送。

此外，按实施配送的结点不同进行分类，可分为配送中心配送、仓库配送和商店配送；按经营形式不同进行分类，可分为销售配送、供应配送、销售—供应一体化配送和代存代供配送。

> 小思考：
> 配送和传统的送货有哪些不同？

三、配送模式及其选择

1. 配送模式

配送模式是企业对配送所采取的基本战略和方法。根据国内外的发展经验及我国的配送理论与实践。目前，主要形成了以下几种配送模式。

（1）自营配送模式。

自营配送模式是指企业物流配送的各个环节由企业自身筹建并组织管理，实现对企业内部及外部货物配送的模式。这种模式有利于企业供应、生产和销售的一体化作业，系统化程度相对较高，既可满足企业内部原材料、半成品及成品的配送需要，又可满足企业对外进行市场拓展的需求。其不足之处表现为：企业为建立配送体系的投资规模将会大大增加，在企业配送规模较小时，配送的成本和费用也相对较高。

一般而言，采取自营性配送模式的企业大都是规模较大的集团公司。有代表性的是连锁企业的配送，其基本上都是通过组建自己的配送系统来完成企业的配送业务，包括对内部各场、店的配送和对企业外部顾客的配送。

（2）共同配送模式。

共同配送模式是物流配送企业之间为了提高配送效率以及实现配送合理化所建立的一种功能互补的配送联合体。共同配送的优势在于有利于实现配送资源的有效配置，弥补配送企业功能的不足，促使企业配送能力的提高和配送规模的扩大，更好地满足客户需求，提高配送效率，降低配送成本。

（3）第三方配送模式。

第三方就是为交易双方提供部分或全部配送服务的一方。第三方配送模式就是指交易双方把自己需要完成的配送业务委托给第三方来完成的一种配送运作模式。随着物流产业的不断发展以及第三方配送体系的不断完善，第三方配送模式应成为工商企业和电子商务网站进行货物配送的首选模式和方向。

2. 配送模式的选择

在物流管理中，极其需要创建配送业务平台，支撑商品流转，满足生产和消费需要。但是，配送新理念在我国传播相当短暂，由于社会缺乏对配送的支持和投入，到目前为止尚未形成集约化和规模化的配送体系。因此，配送业务始终处于低谷时期，而需要配送的企业就显得苍白而无力，一定程度上造成资源的浪费。

由于传统批发体制解体，使得相当的物流设施和设备、物流专业技术人员等资源闲置，在这种状况下，物流企业委曲求全，租赁资源，依靠承揽单项服务外包配送业务，实现经济利益，这也是一种选择。

社会化的中介型配送企业模式是一种地道的独立经济模式，其实质是一种规模经营模式，根据我国巨大生产能力和消费能力，社会化中介配送和共同配送两者模式将是我国今后经济发展的开放的巨大平台，这种平台是一种最好的选择。

相关案例

7-11便利店的物流配送系统

7-11是全球最大的便利连锁店，在全球20多个国家拥有2.1万家左右的连锁店。其中，日本是最多的，有8 478家。7-11有一个高效的物流配送系统。

7-11的物流管理模式先后经历了三个阶段三种方式的变革。起初，7-11并没有自己的配送中心，它的货物配送依靠的是批发商来完成的。以日本的7-11为例，早期日本7-11的供应商都有自己特定的批发商，而且每个批发商一般都只代理一家生产商，这个批发商就是联系7-11和其供应商间的纽带，也是7-11和供应商间传递货物、信息和资金的通道。供应商把自己的产品交给批发商以后，对产品的销售就不再过问了，所有的配送和销售都会由批发商来完成。对于7-11而言，批发商就相当于自己的配送中心，它所要做的就是把供应商生产的产品迅速有效地运送到7-11手中。为了自身的发展，批发商要最大限度地扩大自己的经营，尽力向更多的便利店送货，并且要对整个配送和订货系统作出规划，以满足7-11的需要。

渐渐地，这种分散化的由各个批发商送货的方式无法再满足规模日渐扩大的7-11便利店的需要，7-11开始和批发商及合作生产商构建统一的集约化的配送和进货系统。在这种系统之下，7-11改变了以往由多家批发商分别向各个便利点送货的方式，改由一家在指定区域内的特定批发商统一管理该区域内的同类供应商，然后向7-11统一配货，这种方式称为集约化配送。集约化配送有效地降低了批发商的数量，减少了配送环节，为7-11节省了物流费用。

配送中心的好处提醒了7-11，何不自己建一个配送中心？与其让别人掌控自己的经脉，不如自己来控制。7-11的物流共同配送系统就这样浮出水面，共同配送中心代替了特定批发商，分别在不同的区域统一集货、统一配送。配送中心有一个计算机网络配送系统，分别与供应商及7-11店铺相连。为了保证不断货，配送中心一般会根据以往的经验保留4天左右的库存，同时中心的计算机系统每天都会定时收到各个店铺发来的库存报告和要货报告，配送中心把这些报告集中分析，最后形成一张张向不同供应商发出的订单，由计算机网络传给供应商，而供应商则会在预定时间之内向中心派送货物。7-11配送中心在收到所有货物后，对各个店铺所需要的货物分别打包，等待发送。第二天一早，派送车就会从配送中心鱼贯而出，择路向自己区域内的店铺送货。整个配送过程就这样每天循环往复，为7-11连锁店的顺利运行修石铺路。

配送中心的优点还在于使7-11从批发商手上夺回了配送的主动权，7-11能随时掌握在途商品、库存货物等数据，对财务信息和供应商的其他信息也能了如指掌。对于一个零售企业来说，这些数据都是至关重要的。

有了自己的配送中心，7-11就能和供应商谈价格了。7-11和供应商之间定期会有一次定价谈判，以确定未来一定时间内大部分商品的价格，其中包括供应商的运费和其他费用。一旦确定价格，7-11就省下了每次和供应商讨价还价这一环节，少了口舌之争，多了平稳运行，7-11为自己节省了时间也节省了费用。

随着店铺的扩大和商品的增多，7-11的物流配送越来越复杂，配送时间和配送种类的细分势在必行。以我国台湾地区的7-11为例，全省的物流配送就细分为常温食品、低温食品和鲜食食品等类别的配送，各区域的配送中心需要根据不同商品的特征和需求量，每天做出不同频率的配送以确保食品的新鲜度，以此来吸引更多的顾客。新鲜、即时、便利和不缺货是7-11配送管理的最大特点，也是各家7-11店铺的最大卖点。

与我国台湾地区的配送方式一样，日本7-11也是根据食品的保存温度来建立配送体系的。日本7-11对食品的分类：冷冻型（-20℃），如冰淇淋等；微冷型（5℃），如牛奶、生菜等；暖温型（20℃），如面包、饭食等。不同类型的食品会用不同的方法和设备配送，如各种保温车和冷藏车。由于冷藏车在上下货时经常开关门，容易引起车厢温度的变化和冷藏食品的变质，因此7-11还专门用一种两仓式货运车来解决这个问题，一个仓中温度的变化不会影响到另一个仓，且冷藏的食品始终能在需要的低温下配送。

除了配送设备，不同食品对配送时间和频率也会有不同要求。对于有特殊要求的食品，如冰淇淋，7-11会绕过配送中心，由配送车早、中、晚三次直接从生产商门口拉到各个店铺。对于一般的商品，7-11实行的是一日三次的配送制度，凌晨3：00-7：00配送前一天晚上生产的一般的食品；早晨8：00-11：00配送前一天晚上生产的特殊食品，如牛奶、新鲜蔬菜也在其中；下午3：00-6：00配送当天上午生产的食品。这样一日三次的配送频率在保证了商店不缺货的同时，也保证了食品的新鲜度。为了确保各店铺供货的万无一失，配送中心还有一个特别配送制度来和一日三次的配送相搭配：每个店铺都会随时碰到一些特殊情况造成缺货，这时只能向配送中心打电话告急，配送中心则会动用安全库存对店铺紧急配送，如果安全库存也已告罄，中心就转而向供应商紧急要货，并且在第一时间送到缺货的店铺手中。

相关音频

任务二　配送中心业务管理

配送中心不仅是一种“门到门”的服务，更是一种现代化送货方式，是大生产、专业化分工在流通领域的反映，它完善了整个物流系统，将支线运输和小搬运统一起来，使运输得以优化，提高末端物流的经济效益。同时，配送中心使分散库存得以集中，加强了调控能力，实现了企业的低库存或零库存，最大限度地满足了企业生产或商品流通需要。因此，配送中心不仅只是一种服务供应性的工作方式，更是一种重要的流通渠道。

一、配送中心的概念和类型

1. 配送中心的概念

配送中心是位于物流节点上，专门从事货物配送活动的经营组织或经营实体，实现物流中的配送行为。配送中心的核心任务就是将货物送到指定用户或客户。为了实现这一核心任务，配送中心还需收集信息、订货、储存等一系列活动，基本集中了所有物流功能。因此，配送中心还有“小物流”之称。

配送中心是开展货物配送及其相关业务的场所，一个完整的配送中心除了基本的硬件设施（包括货物场地、仓库和运输车辆）外，还必须具备保障配送中心各项业务活动有效动作的各种设备，以及具备现代化经营和管理功能的计算机硬件和软件。

2. 配送中心的类型

根据配送中心所发挥功能的不同，一般将其分为三类，即流通型配送中心（TC）、储存型配送中心（DC）、加工型配送中心（PC）。

（1）TC（Transfer Center）。

TC配送中心没有长期货物储存功能，仅以暂存或随进随出的方式进行配货、送货。比较典型的是大量货物整进并按一定批量零出。其过程采用大型分货机对货物进行分拣传送，分送到用户单位或配送车辆上。其主要功能是分货与转运。货物流通路线为：用户向企业总部发出订货后，总部随即通知制造商送货到TC，TC负责对货物进行检验并进行分配，将属于同一区域的客户货物集合在车辆内，及时配送到各客户。

（2）DC（Distribution Center）。

DC配送中心具有极强的储存功能，以适应和调节用户、市场的需要，其主要功能是储存与转运。货物流通路线为：用户通过电脑向企业总部发出订货，DC根据总部要求，下达出货指示，并配送到各客户。

（3）PC（Process Center）。

PC配送中心具有货物再加工功能，货物进入该中心后，经过进一步简单的加工后再进行配送。其主要功能是加工、包装和转运。货物流通路线与DC相类似，所不同的是货物的加工过程和货物再包装等作业过程。

二、配送中心的功能及作业流程

1. 配送中心的功能

配送中心为实现各用户货物需求目标，必须通过自身具体功能的体现，才能满足用户需求。其功能表现在以下方面：

（1）采购集货功能。

配送中心从制造商或供应商那里采购大量的、品种齐全的货物。

（2）储存保管功能。

配送中心必须保持一定水平的货物储存量：一方面，如果低于合理的储存量水平，可能带来负面效应；另一方面，储存量水平与一般仓库储存量确有诸多不同，如品种花色、数量、要求等内容。因此，配送中心必须掌握或考虑其流动性很大这一特点，严格控制储存水平。

（3）分拣功能。

由于配送中心面对广泛的用户且用户之间存在相当差异性。因此，必须对所需货物进行规模性分离、拣选，从而筛选出所需货物。

（4）加工功能。

配送中心的加工主要是为了扩大和提高经营范围和配送服务水平，同时，还可以提高货物价值。

（5）连接功能。

配送的连接功能主要表现在以下两个方面：

① 连接生产领域和消费领域的空间距离。许多供应商制造的货物通过配送中心送达各用户。

② 连接生产领域和消费领域的时间距离。由于货物的制造与货物的消费不可能保持时间一致，因此客观上存在供需矛盾，而配送中心就是通过其功能的发挥，有效地解决这一矛盾。

（6）信息处理功能。

配送中心的整个业务活动必须严格按照订货计划或通知、各用户订单、库存准备计划等内容进行有效操作，而这一过程本身就是信息处理过程。如果没有信息，配送中心就会死水一潭。信息处理具体表现在以下五个方面：

① 接受订货。接受用户订货要求，经综合处理处理后，确定相应供货计划。

② 指示发货。接受订货后，根据用户分布状况确定发货网点，通过计算机网络或其他方式向发货网点下达发货指令。

③ 确定配送计划。确定配送路线和车辆，选定最优配送计划并发出配送命令。

④ 控制系统。配送中心即时或定时了解采购情况、库存情况、加工情况、配送情况，以便准确、迅速、有效处理业务。

⑤ 与制造商和用户的衔接。掌握制造商的情况就能及时向制造商发出采购通知以便于进货，同时了解各用户对货物的要求，也便于及时储存货物和运输货物，满足用户需求。

2. 配送中心的作业流程

配送中心的作业流程形式有许多种类，这主要取决于配送中心本身规模大小、设施条件、服务功能等诸多因素。

（1）集货。

集货过程包括集货采购、接货、验货和收货等具体内容。配送中心的信息中心每天汇总各用户销售和生产信息，汇总库存信息，然后向总部采购部门发出以上信息，由采购部门与制造商联系，发出订单，组织货物采购。配送中心根据制造商送来的订购货物组织入库作业，通过接货、验货和收货等不同程序，最终将合格货物存入库中。

（2）储存。

储存的目的是为了保证货物生产和销售的需要，在保持合理库存期间，同时还要求货物储存不发生任何数量和质量变化。

（3）分拣、配货、分放。

分拣和配货作业是在配送中心理货区内进行。分拣是对确定需要配送的货物种类和数量进行挑选，其方式采用自动化分拣设备和手工方式两种。配货也有两种基本形式：播种方式和摘果方式。所谓播种方式是指将需要配送的同种货物从库区集中于发货区，再根据每个用户对货物需求进行二次分配。这种方式适用于品种集中或相同、数量比较大的情况。另一种方式适用于货物品种多，但分散、数量少的情况。分放往往是对已经分拣并配备好的货物由于不能立即发送，而需要集中在配装区或发货区等待统一发货。

（4）配装。

为了提高装货车厢容积和运输效率，配送中心把同一送货路线上不同客户的货物组合、配装在同一载货车上，这样不但可以降低送货成本，而且减少运输数量，避免交通拥挤状况。

（5）送货。

送货是配送中心作业流程的最终环节。一般情况下，配送中心利用自备运输工具或借助社会专业运输力量来完成送货作业。送货有的按照固定时间和路线进行；有的不受时间和路线的限制，机动灵活完成送货任务。

三、配送中心的内部组织体系

配送中心内部组织机构一般由行政职能部门、信息中心、账务处理部门、仓库和运输部门等组成。

1. 行政职能部门

行政职能部门包括行政经理室和职能管理部门。行政经理室的主要职责是负责配送中心全面、高效的货物配送业务运转，保证货物顺利流通，满足各用户对货物的需要。职能管理部门则从不同管理角度深层次配合和协调配送业务的展开，是经理室管理职能的延续。

2. 信息中心

信息中心是配送中心的信息处理部门。它的主要职责是对外负责和汇总各项信息，包括各用户的生产和销售信息、订货信息以及制造商或供应商信息；对内负责协调、组织各项业务活动信息等。

3. 账务处理部门

账务处理部门是配送中心专职处理业务单据的业务部门。其主要职责是记账和完成各类账单和报表，并保存其完整性，做好并监督业务单据的移交和签署；随时提供仓库和配送业务的进出存以及运输数据；改进和设计业务单据和数量，使之更趋合理性和科学性。

4. 仓库和运输部门

> **小思考：**
> 仓库和配送中心有哪些不同？

仓库和运输部门是配送中心的具体业务运作部门，是肩负着整个配送中心完成配送任务的两大力量。仓库除了储存货物外，还负有配送环节的其他业务。因此，设有理货区、配装区、加工区等功能区域。仓库主要职责是及时有效安排货物进出库，保质保量货物的完整性，同时根据用户或客户的不同要求组织不同货物的加工、分拣、配装以满足业务单位需要。运输部门的主要职责是接受指令将已经完成单元货物按照最优运送路线送至各用户单位或指定地点，最终实现配送业务。

四、配送路线

1. 确定配送路线的原则

配送路线的选择对配送货物的速度、成本、利润有相当大的影响，所以采用合理和科学的方法确定路线尤为重要。

（1）路程最短原则。

这是一种最为直观的原则。如果路程与成本相关程度高，其他因素可忽略不计时，作为首选考虑。

（2）成本最低原则。

成本是配送核算的减项部分，是诸多因素的集合，较为复杂，在具体计算过程中，必须在同一范围内加以考虑，认同其最小值。

（3）利润最高原则。

利润是配送中心的核心，也是业务成果的综合体现。因此，在计算时，力争利润数值最大化。

（4）吨公里数最小原则。

这一原则在长途运输时被较多地利用和选择。在多种收费标准和到达站点情况下，最为适用。在共同配送时，也可选用此项原则。

（5）准确性原则。

准确性内容包括配送到各大用户的时间要求和路线合理选择的要求。如何协调这两个因素，有时操作起来比较困难，会造成与成本核算相矛盾。因此，要有全局观念。

（6）合理运力原则。

运力包括组织配送人员、配送货物和各项配送工具。为节约运力，必须充分运用现有运力，实现运送任务。

2. 确定配送路线约束条件

① 满足用户或收货人对货物品种、规格、数量和质量的要求。

② 满足用户或收货人对货物送达的时间限制的要求。

③ 在允许通行的时间进行配送。

④ 配送的货物量不得超过车辆载重量和容积等指标要求。

⑤ 在配送中心现有生产力范围之内。

相关案例

华联超市的配送管理

1. 华联超市的配送情况

华联超市以连锁经营为特征，以开拓全国市场为目标，不断提高集约化水平和自我滚动发展的扩张能力。2018年实现销售额126亿元、净利润18 000万元，净资产收益率高达30%，在中国超市行业遥遥领先，成为中国第一家上市的连锁超市公司。

2. 华联超市的配送管理

（1）注重配送中心的建设，健全物流配送网络。

华联超市在配送中心的选设、规模、功能上都具有独到的眼光，目前已投入运行的新物流中心位于享有“上海物流第一站”美誉的桃浦镇，可见1 000家门店配货，其智能化、无纸化、机械化程度在国内首屈一指；随着特许经营网络的扩展，还新建了4个大型配货中心。根据公司全力开拓北京大市场的战略，又在北京选址，与中国第三方物流“大哥大”——中远集装箱运输有限公司共同开发了华联超市的北京配送中心。

（2）制订系列措施，提高配送的服务水平。

华联超市配送中心的目的就是要向门店或客户提供满意的物流服务，主要有以下服务项目：商品结构与库存问题；门店紧急追加、减货的弹性；根据需要确定配送时间安排；缺货率控制；退货问题；流通加工中的拆零工作；配送中心服务半径；废弃物的处理与回收；建立客户服务窗口。

为了提高配送的服务水平，华联超市做了大量工作，如采用机械化作业与合理规划，减少搬运次数，防止商品保管与配送过程中破损与差错；通过科学、合理地调度，提高送货的准点率；通过计算机信息管理系统等手段控制商品的保质期；通过调查，制定门店加减货条件，增加配送系统“紧急加减货功能”；根据门店的销售实绩、门店周围的交通状况、门店的规模大小以及节假日来确定配送时间。

（3）依靠管理创新，提高配送中心运作质量。

① 零库存管理创新：根据供应链管理理论，“零库存”是商品流通中各个环节在高度信息化的条件下，实行合作而产生的一种新型的经销方式，“零库存”使零售或批发环节减少了因库存而产生的各种费用，是流通企业提升效率的重要途径。华联超市自一开始，在各门店就推行“零仓经营”。配送中心实行24小时的即时配销制度，各门店因取消了店内小仓库，全公司一下子就增加了5 000m^{2}的营业面积，相当于新开了16家300m^{2}的门店，月销售额上升了1 800万元，并降低了库存资金占用额，减少了商品周转天数，提高了资金周转率。

② 物流成本管理创新：降低总成本是华联超市力推的战略，有着一套有效和严密的体系，运用计算机从“有效控制管理费用”和“有效控制营业费用”两方面着手，注意抓配送中心“配送商品破损率”和“配送准点率”。

为了降低商品的破损率，公司广泛深入地进行调查研究，找到了一整套有效的解决方法。例如：加强对配送过程的全面控制，做到事前控制、事中控制和门店及时反馈后的推货处理。通过层层把关、步步设防、责任到人，终于使配送商品的破损率降低到行业的最低水平。

为了提高配送水平的准点率，公司对配送中心的人力资源、运输总量进行了统计分析，并结合配送信息，对运载方式和时段进行合理调整。加强了准点率的考核力度，把“准点”的标准数字化，规定货车抵达门店的数据与车队调度通知门店的“到店时间”，误差控制在15分钟之内为准点。门店在收货的签收单上，注明收到商品的时间，总协办根据记录，每月对配送中心的准点率进行考核。

在华联配送中心全体人员的努力下，配送中心的物流成本得到控制，实现了物流费用为配送中心处理商品进价1%~1.15%的低成本运作。

（4）运用现代物流技术，采用计算机管理，提高配送中心作业效率。

新建的上海桃浦配送中心具有较高的科技含量。

① 仓储立体化。配送中心采用高层次立体货架和拆零商品拣选货架相结合的仓储系统，大大提高了仓库空间的利用率。在整托盘或整箱水平存储区补货；在拆零商品补货区，拆零商品上放置2 500种已打开物流包装箱的商品，供拆零商品拣选用。

② 装卸搬运机械化。配送中心采用前移式蓄电池叉车、电动搬运车、电动拣选车和托盘，实现装卸运作机械化。

③ 拆零商品配送电子化。近年来，连锁超市对商品的“拆零”作业需求越来越强烈，国外同行业配送中心拣货、拆零的劳动已占整个配送中心劳动力的70%。华联超市配送中心拆零商品的配送作业已采用电子标签拣货系统。电子标签拣货系统能大大提高商品处理速度，减轻作业强度，大幅度降低差错率。

④ 物流管理条码化与配送过程无纸化。采用无线通信的计算机终端，开发了条码技术，从收货验货、入库到拆零、配货，全面实现条码、无纸化。

⑤ 组织好“越库中转型物流”“直送型物流”和“配送中心型物流”，完善“虚拟配送中心”技术在连锁超市配送体系中的应用。

任务三　配送中心的规划与设计

配送中心规划属于配送中心建设项目的总体规划，是可行性研究的一部分，配送中心设计则属于项目初步设计的一部分内容。

一、配送中心的规划

配送中心规划是对于拟建配送中心的长远的、总体的发展计划。“配送中心规划”与“配送中心设计”是两个不同但容易混淆的概念，二者有密切的联系，也存在着很大的差别。在配送中心建设的过程中，如果将规划工作与设计工作相混淆，必然会给实际工作带来许多不应有的困难。因此，比较配送中心规划与配送中心设计的异同，阐明二者的相互关系，对于正确理解配送中心规划的界定，在理论和实践上都具有重要意义。

建设项目管理中，将项目设计分为高阶段设计和施工图设计两个阶段。高阶段设计又分为项目决策设计和初步设计两个阶段。项目决策设计阶段包括项目建议书和可行性研究报告。通常也将初步设计和施工图设计阶段统称为狭义的二阶段设计。对于一些工程，在项目决策设计阶段中进行总体规划工作，作为可行性研究的一个内容和初步设计的依据。

1. 配送中心规划与配送中心设计的相同之处

① 配送中心的规划工作与设计工作都属于项目的高阶段设计过程，内容上不包括项目施工图等的设计。

② 理论依据相同，基本方法相似。

配送中心规划与设计工作都是以物流学原理作为理论依据，运用系统分析的观点，采取定量与定性相结合的方法进行的。

2. 配送中心规划与配送中心设计的不同之处

（1）目的不同。

配送中心规划是关于配送中心建设的全面长远发展计划，是进行可行性论证的依据。配送中心设计是在一定的技术与经济条件下，对配送中心的建设预先制订详细方案，是项目施工图设计的依据。

（2）内容不同。

配送中心规划强调宏观指导性；配送中心设计强调微观可操作性。

二、配送中心的设计

一是建立物流配送中心的战略意义和要求，进行环境调查销售额的调查与分析；二是控制物料平衡流（物量流）包括把握物料平衡流的要素和物量流的记法；三是储存作业，有定位储存、随机储存、分类储存、分类随机储存和共同储存等；四是进行物流设备规格设计，要把握基本设计原则和物流设备设计原则，其中的工作是对单位容器的选择和物流系统设备规格型号的设计；五是详细布置规划，包括设备面积与实际位置的设计和物流与周边设施的统一规划设计；六是物流中心布置与规划的评估；七是物流中心的成本分析与效益评估。

知识链接

配送中心的选址与布局

首先，遵守配送中心的选址和布局原则：一是适应性原则；二是协调性原则；三是经济性原则；四是前瞻性原则等。

其次，配送中心选址的影响因素有：一是自然环境因素，有气象条件、地质条件、水文条件、地形条件等；二是经营环境因素，有产业政策、主要商品特性、物流费用、服务水平等；三是基础设施状况，如道路、交通条件以及公共设施状况。其他还有诸如国土资源利用和环境保护要求等情况。

接着，配送中心规模的确定，要根据物流量预测（吞吐量预测），确定单位面积作业量的定额和配送中心的占地面积。

再次，配送中心的布局，进行活动关系的分析和作业空间规划，如通道空间的布置规划，进行货区的作业空间规划（进出货平台的规划、进出货码头配置形式的设计、码头的设计形式、月台数量计算）包括仓储区的作业空间规划、拣货区作业空间规划、集货区的规划、行政区的规划。其中，行政区的规划主要是指非直接从事生产、物流、仓储或流通加工部门的规划，如办公室、会议室、福利休闲设施等。

最后，各区域位置的设计，主要有这五种形式：一是双直线式，适用于出入口在厂房两侧，作业流程相似但有两种不同进出货形态；二是锯齿型，适用于多排并列的库存货架区内；三是U型，适用于出入口在厂房同侧，根据进出频率大小安排靠近进出口端的储区，缩短拣货搬运路线；四是分流式，适用于批量拣货的分流作业，五是集中式，适用于因储区特性把订单分割在不同区域拣货后再进行集货作业。

相关音频

项目小结

本项目主要介绍了配送中心的概念、作用、设计等相关的内容。配送是指在经济合理区域范围内，根据客户要求，对物品进行分拣、加工、包装、分割、组配等作业，并按时送达指定地点的物流活动。

配送是从发送、送货等业务活动中发展而来的。原始的送货是作为一种促销手段而出现的。随着商品经济的发展和客户多品种小批量需求的变化，原来那种有什么送什么和生产什么送什么的发送业务已不能满足市场的要求，从而出现了“配送”这种发送方式。

配送是物流中一种特殊的、综合的活动形式，是商流与物流的结合，也是包含了物流中若干功能要素的一种形式。

练习题

一、选择题

1. 配送就是根据（　　），在物流据点内进行分拣、配货等工作，并将配好的货送交收货人的过程。

   A. 客户的要求　　B. 生产企业的要求　　C. 供应商的要求　　D. 采购商的要求

2. 配送是一种（　　）物流活动。

   A. 中端　　B. 末端　　C. 开端　　D. 连锁

3. （　　）是物流配送企业之间为了提高配送效率以及实现配送合理化所建立的一种功能互补的配送联合体。

   A. 分别配送　　B. 零星配送　　C. 共同配送　　D. 集中配送

4. （　　）是位于物流结点上，专门从事货物配送活动的经营组织或经营实体，实现物流中配送行为。

   A. 物流中心　　B. 配送环节　　C. 送货中心　　D. 配送中心

5. （　　）是指按规定时间、规定的货物品种数量进行配送。

   A. 定时定量配送　　B. 定时配送　　C. 定量配送　　D. 即时配送

二、问答题

1. 什么是配送?
2. 配送有哪些特点?
3. 配送的模式主要有哪些?
4. 配送中心的内部组织体系有哪些部门?
5. 配送中心的功能有哪些?

三、实训题

▶【实训任务】

了解配送中心。

▶【实训目标】

使学生对配送和配送中心有个整体的感性认识。

▶【实训内容】

（1）配送中心和仓库有哪些不同？

（2）配送中心的业务主要有哪些？

（3）配送中心应如何服务客户？

▶【实训要求】

将班级同学进行分组，每组成员不超过8人，设立组长1名，由组长安排各小组的进度，并负责总体的协调工作，选择1个配送中心进行实习，通过实习，提出该配送中心的主要作用。

▶【考核标准与方法】

（1）提出该配送中心的优势和劣势（30分）。

（2）提出该配送中心的主要作用（30分）。

（3）实训过程表现（40分）。

四、案例分析题

中国贝塔斯曼在线如何实现物流配送

总部位于上海的中国贝塔斯曼在线（BOL China）隶属于全球最大传媒集团之一的贝塔斯曼集团，其高效、准确、人性化的服务备受用户称赞，这里面当然少不了物流配送系统——eLogistics的功劳。

eLogistics系统是一个基于Web的中央控制的网上物流及配送系统，它为传统物流和第三方物流提供了实质的服务，以支持多公司、多场所和多语言的物流业务。

eLogistics解决方案分为六大模块，分别是销售和服务、供应和采购、仓库运作、配送、存货控制和财务系统。

1. 供应和采购

供应和采购模块提供一个可扩展、高效的工具给采购经理，使其能够在较短的时间内处理大量货物。采购订单可以通过提前参数设置或库存补货逻辑，手工或自动生成。

2. 销售和服务

系统的销售订单模块为销售人员提供完整的客户信用检查功能，如在客户信用停止或超过信用上限等情况下提交的订单，系统会在客户接收货物时予以检查并拒绝执行订单，也能预先根据设定用户条件来决定接受或拒绝订单。通过相应的销售订单生成最终产品和管理报价标准，可以修改或重复使用已存在的报价单，报价单可以通过相应销售订单自动重复生成和修改。

3. 仓库运作

系统提供灵活的仓库操作，包括多变的接收、储存、包装和下载功能，以满足复杂的分销环境下所遇到的请求。

4. 配送

配送模块利用常规的表格，提供一整套直接和易于使用的功能，使企业易于控制、管理海运和公路运输的执行过程。

5. 库存控制

库存模块提供一套通过对买、卖和货物操作过程的处理，使产品、材料等的维护信息简单、易于使用和流畅。

6. 财务系统

系统为用户提供了完整、开放的接口，可与市场上各种以财务功能为核心的财务软件包进行无缝集成。

购书者要想从贝塔斯曼网上书店买书，首先要成为贝塔斯曼的在线会员，需要向贝塔斯曼提供姓名、送货地址、电子邮箱地址等信息。贝塔斯曼的客户数据库系统专门用来管理客户资料，购书者在贝塔斯曼的账号是书店对客户的跟踪主线，任何一个购书者的购书过程，从买书到付款，从订单到发票，还有客户信用等级等，都会在个人账号下一线贯穿。

购书者进入贝塔斯曼网上书店找到自己喜爱的书，轻点鼠标，就可以把书放入虚拟的网上提货篮，一张虚拟的网上购书订单就此生成。除了书的数量和种类以外，购书者还需要选择付款方式和送货方式。付款方式一般分为邮汇、信用卡、COD（Cash on Delivery，货到付款）三种，送货方式则分为送货上门和邮政递送。

送货上门和COD相配合，邮政递送则要等到书款到位以后才能邮递发书。系统会把购书者的付款方式和送货方式存入数据库，并且传递到财务部门。如果购书者选择邮汇付款方式，书店要等到邮款到位以后发书，邮款倘若不到位，系统又会通过网络向购书者发出付款提醒；如果是信用卡付款，书店会通过与银行网络的联络收取书款然后发书；如果购书者选择货到付款，书店要参考系统中购书者账号下的信用等级，符合要求的就向购书者发书，书送到客户手中以后，财务系统会监督书款的到位情况，并根据这一情况评定客户的信用。出书收款以后，相关网上订单就会自动关闭。

这一模块还需要处理客户服务任务。系统能把客户所选择的书的当前状态传到网上，以便购书者随时查阅。如果书有错损，系统还需要执行退书和退款任务。客户的购书订单一旦生成，系统就把这张订单传递到下一个模块——供应和采购模块。

收到客户的需求订单以后，贝塔斯曼在线就要和另一端的出版商联系。贝塔斯曼在线其实是一个网上中间平台，一头牵着出版商，一头牵着购书者，贝塔斯曼要用最快捷、最有效的方法把这两头连接起来。

举例而言，如果一个购书者的购买订单包括7本书，书店备有其中的3本，其余4本要向4个不同的出版商购买。这4本书可能分别有多个出版商，书店会根据供应商的优先级顺序发出采购订单，直到买到所有的图书。

书的分类管理、供应商的报价及筛选、订单的发送，都由系统自动完成。供应及采购模块还同时与仓库和财务系统相连，仓库要根据供应系统所采购的书目收货，财务则要根据采购订单在一定期限内付款给出版商。仓库管理运作以入货管理和出货管理为头尾，所有的工作都以购书者的订单为基础。收到出版商的来书以后，仓库人员会根据订单号入库。收齐同一订单下的所有书以后，系统自动提示发书，后面的工作就是拣货和包装。在邮汇和信用卡两种付款方式下，系统在出书前还要检查书款是否到位，再根据购书者的采购订单下的送货方式出运。如果是邮递，书店就把书交由邮政系统发送；如果是送货上门，书店就把书交由专门的货运公司发送，货运公司和书店定期结算运费。一张订单下的书全部出运以后，订单就会在仓库系统中结束。贝塔斯曼在线把外送这一块业务全部外包，由专业货运公司代理，所以eLogistics的配送模块在贝塔斯曼在线相对较为简单。

虽然不是亲自负责送货，但书店的配送系统需要对出书计划进行管理。出书计划同时要考虑送书时间限制、送书路线等多种因素，然后再由系统统一做出计划。eLogistics配送系统的存货控制模块在贝塔斯曼在线也较为简单。书店不能没有存书，但为了避免积压，又不能维持过多的存书。存货的控制需要有更多的人力根据图书的需求情况做出调整，但系统会保有所有存书的目录和数量，以便在购书者购买时及时发送。

财务系统和销售模块、采购模块都是相连的。财务系统需要从销售模块传过来的订单中获取客户的付款方式，然后根据不同的付款方式与客户进行结算。同时，要从采购模块中获取采购订单信息，在一定期限内对出版商进行付款。财务系统还会从其他模块获取送货成本及其他成本等数据，定期进行赢利结算。系统有效地节省了人力资本，并且能及时准确地完成财务结算，大大提高了工作效率。

思考题：

物流配送系统与企业的经济效益、工作效率有哪些关系？

分析指南：

配送对网上书店是至关重要的。中国贝塔斯曼在线（BOL China）充分利用了信息化手段，通过物流配送系统——eLogistics，实现了配送的合理化，有效节约了物流成本，提高了顾客满意度，可以为中国很多企业配送管理提供适当的借鉴。

课后习题答案

项目九

第三方物流

任务目标 1. 掌握第三方物流的定义、分类
2. 掌握第三方物流的市场服务

任务内容 1. 掌握第三方物流企业的利润源
2. 了解第三方物流企业的发展前景

任务要求 1. 要求学生熟悉第三方物流的服务流程
2. 要求学生熟悉第三方物流的业务管理

导入案例

美国 UPS 公司的信息技术运用

美国UPS联合包裹运送服务公司成立于1907年，现为最大的包裹运送服务公司，拥有238架飞机、租用384架飞机，拥有近16万辆各种运送包裹的车辆，在全球200多个国家和地区服务。每年公司运送约350亿份包裹及文件，营业收入总额300亿美元。

UPS公司的全球业务能取得成功扩展，主要得益于先进网络与信息技术。在最近10多年中，该公司在技术方面投入110亿美元，配置主机、PC、手提电脑、无线调制解调器、蜂窝通信系统等，并网罗了4 000名程序工程师及技术人员。这种投入，不仅UPS实现了与99%的美国公司和96%的美国居民之间的电子联系，也实现了对每件货物运输即时状况的掌握。

同时，UPS建立了一套电脑化的清关系统。该系统率先与美国的自动化代理接口实现链接，并将资料预先传送到目的地海关，以加速清关过程。公司还兴建一个环球通信网络，通过它可以与1 200个投递点保持联系。通过条形码及扫描技术，UPS能够根据其全球信息网络对每日来往于世界各地的1 360万个邮包进行实时电子跟踪。例如：一个出差在外的销售员在某地等待某些样品的送达，他只要在通过UPS安排的网络系统中输入UPS运单跟踪号码，即可知道货物在哪里。当需要将货物送达另一个目的地时，可再次通过网络以及附近的蜂窝式塔台，找出货物的位置，并指引到最近的投递点。UPS的司机携带一块电子操作板（运送信息获取装置DLAD），凭它可同时取得和发送运货信息，甚至获知行驶路线的塞车情况。一旦用户签收包裹，信息将会在网络中传播，寄件人可以登录UPS网站了解货物情况。现在，UPS给每位送货司机均配备了一台第二代速递资料收集器（DLADⅡ），它可以替代原先的送货记录本，并接受收货人的电子签名。公司与世界各地的政府机关及监管部门紧密合作，引入贸易单证的电子数据交换技术，借以实现无纸贸易。

> **思考题：**
> 请分析UPS公司如何利用信息技术来完成物流活动的？

任务一　第三方物流概述

第三方物流是指物流劳务的供方、需方之外的第三方企业，通过契约为客户提供的整个商品流通过程的服务，具体内容包括：商品运输、储存、配送以及附加值服务等。第三方物流，国外常称之为契约物流、物流联盟、物流社会化或物流外部化。

需要注意的是：第三方物流是站在货主的立场上，以货主企业的物流合理化为设计系统和系统运营管理的目标。而且，第三方物流企业不一定要有物流作业能力，也就是说可以没有物流设施和运输工具，不直接从事运输、保管等作业活动，只是负责物流系统设计并对物流系统运营承担责任。具体的作业活动可以采取对外委托的方式由专业的运输、仓库企业等去完成。

一、第三方物流概念

第三方物流是指由物流劳务的供方、需方之外的第三方去完成物流服务的物流运作方式。第三方就是指提供物流交易双方的部分或全部物流功能的外部服务提供者。在某种意义上，可以说它是物流专业化的一种形式。

第三方物流是随着物流业的发展而发展的，是仓储、运输、加工、包装、装卸、搬运等基础服务行业的一个重要的发展，具有很高的社会地位，如图9-1所示。

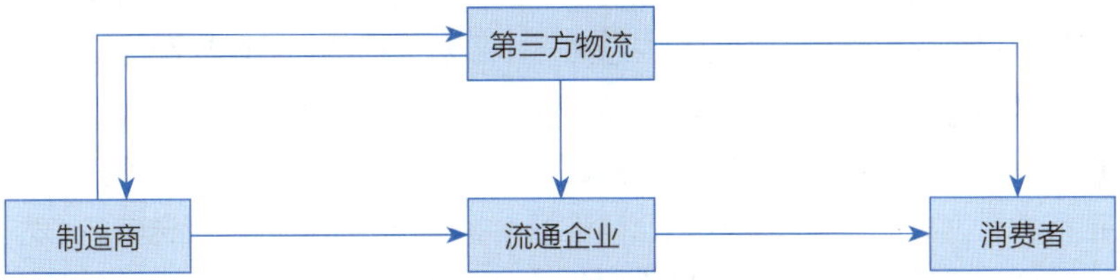

图9-1　第三方物流的社会地位

第三方物流是在物流渠道中由中间商提供的服务，中间商以合同的形式在一定期限内，提供企业所需的全部或部分物流服务，包括从简单的存储运输等单项活动到提供全面的物流服务。全面的物流服务包括物流活动的组织、协调和管理、设计建议最优物流方案、物流全程的信息搜集、管理等。第三方物流提供者是一个为外部客户管理、控制和提供物流服务作业的公司，他们并不在物流供应链中占有一席之地，仅是第三方，但通过提供一整套物流活动来服务于供应链。

第三方物流有别于第一方物流与第二方物流，是物流专业化的重要形式。物流业发展到一定阶段必然会出现第三方物流，而且第三方物流的占有率与物流产业的水平之间有着规律性的关系。目前，在欧美一些国家第三方物流在物流市场上已经占据了相当可观的比例，表明第三方物流的发展程度反映和体现着一个国家物流业发展的整体水平。

相关案例

第三方物流案例：我很小，但活得挺好

就像成功属于有头脑的人，物流市场也总会为那些定位准确的小企业预留生存空间，至于怎么长大，就要看各自的本领了。

第三方物流的概念席卷而来，连搬家公司都会抢着凑个热闹，为自己的卡车刷上“物流”的标识。但物流产业的虚热总会过去，到时，你的公司是活着还是死去?

杭州富日是规模不大，成立时间不长的物流公司，但它们在创业之后都获得了良性增长的动力，因为它们发现做第三方物流用不着“大而全”，只要能为一类客户提供满意的服务，就可以好好生存下去。

富日：超市后台的生意。

家住杭州市景芳三区的蒋先生最近在易初莲花购物中心买了台洗衣机，正如蒋先生的要求，洗衣机在第二天准时送货上门，但来送货的并不是易初莲花的人，而是杭州富日物流有限公司的员工。

在杭州，富日物流公司为多家超市、便利店和卖场提供配送服务，永乐、苏宁、国美家电连锁，以及华润万佳超市等大型零售商在杭州的物流配送都交由它来完成。富日的总经理王卫安认为，作为一家规模不大的物流公司，富日的竞争力就在于“生产厂家和大型的批发商只要将订单指令发送到我们调度中心，富日即可根据客户指令将相关物品直接送到零售店或消费者手里”。

富日成立刚两年，但客户已经从最初的几家发展到了现在的150多家，2019年完成仓储物流吞吐量26万吨。快速发展的原因，就是它从一开始，就把业务目标瞄准了商业流通领域。

富日物流成立之初，相关人员曾对杭州的物流市场做过一个调查，包括杭州的地理位置、基础建设、市场区域等。调研显示：地处流通经济异常活跃的长江三角洲，杭州这几年零售业超市大型化和连锁店经营发展迅猛，仅市区就有1 600个门店。而这些连锁店所面临的共同问题，就是店内自行配送投资太大而且管理困难，急需一个平台来提供物流配送服务。

如此诱人市场空缺，富日没有错过。富日在杭州东部下沙路建了一个20万平方米的配送中心，可以同时储存食品、电器、化妆品、药品、生活用品等8 000多个品项，这很好地解决了当地商业流通行业因为商品多样化带来的仓储难题。零售行业单件商品配送较多，为了提高车辆的满载率，富日物流通过信息化系统的准确调度，将不同客户的送往同一区域、同一线路的货品合理配车作业，大大降低了运作成本。

二、第三方物流的市场现状

第三方物流是在物流渠道中由中间商提供的服务，中间商以合同的形式在一定期限内，提供企业所需的全部或部分物流服务。第三方物流提供者是一个为外部客户管理、控制和提供物流服务作业的公司，他们并不在产品供应链中占有一席之地，仅是第三方，但通过提供一整套物流活动来服务于产品供应链。

全世界的第三方物流市场具有潜力大、渐进性和高增长率的特征。这种状况使第三方物流业拥有大量服务提供者，大多数第三方物流服务公司是从传统的“内物流”业为起点而发展起来的，如仓储业、运输业、空运、海运、货运代理和企业内的物流部等，他们根据顾客的不同需要，通过提供各具特色的服务取得成功。美国目前有几百家第三方物流供应商，其中大多数公司开始时并不是第三方物流服务公司，而是逐渐发展进入该行业的。第三方物流的服务内容现在大都集中于传统意义上的运输、仓储范畴之内，运输、仓储企业对这些服务内容有着比较深刻的理解，对每个单项的服务内容都有一定的经验，关键是如何将这些单项的服务内容有机地组合起来，提供物流运输的整体方案。

相关案例

东北——商业企业的第三方物流

东北一家商业企业2018年开门纳客时，曾拥有一支15辆汽车、20多人的车队，当时企业决策者的出发点是：市场形势瞬息万变，商业竞争十分激烈，拥有一支自己的车队，调度方便，使用灵活，能够提高企业的市场应变能力和竞争力。但事与愿违，第一年因为车队自身的原因亏损了58万元。专家指出企业又犯了“大而全”“小而全”的“老企业病”，建议他们剥离车队，把商品运输和其他商品流转业务全部交给一家物流企业制定解决方案并负责方案的实施。他们采纳了专家们的建议。2020年以来，没有了车队，但与这家物流企业却建立了紧密的业务关系，更重要的是，他们不仅扔掉了“车队包袱”，减去了几万元的可能亏损，而且由于业务流程的再造而增加利润44万元。减亏与盈利两者总和达102万元之多！谈及此事，这家企业的厉总经理深有感触，他说，第三方物流企业不是来“化缘”的和尚，而是帮我们赚钱的“手足兄弟”。

由此，我们可以看出：第三方物流在企业管理实践中的作用——第三方物流与用户不是简单的服务关系，而是战略同盟关系。第三方物流所挖掘的第三利润基本上都体现在用户身上，增加了用户的利润。

相关音频

任务二　第三方物流的类型

专业化、社会化的第三方物流的承担者是物流企业。综观国内外物流业现状，物流企业种类繁多。有以下两种分类方法：

① 按照物流企业完成的物流业务范围的大小和所承担的物流功能，可将物流企业分为综合性物流企业和功能性物流企业。功能性物流企业，也叫作单一物流企业，即它仅仅承担和完成某一项或几项物流功能。按照其主要从事的物流功能，可将其进一步分为运输企业、仓储企业、流通加工企业等，而综合性物流企业能够完成和承担多项甚至所有的物流功能。综合性物流企业一般规模较大、资金雄厚，并且有着良好的物流服务信誉。

② 按照物流企业是自行完成和承担物流业务，还是委托他人进行操作，还可将物流企业分为物流自理企业和物流代理企业。物流自理企业就是平常人们所说的物流企业，它可进一步按照业务范围进行划分。物流代理企业同样可以按照物流业务代理的范围，分成综合性物流代理企业和功能性物流代理企业。功能性物流代理企业包括运输代理企业（货代公司）、仓储代理企业（仓代公司）和流通加工代理企业等。

小思考：

什么是第一、第二方物流？

一、按提供服务的种类划分

1. 以资产为基础的物流企业

以资产为基础的物流企业主要通过运用自己的资产来提供专业的物流服务。这些资产可以是运输工具（车队、船队、机群）或仓库、物流中心，如美国的UPS、FedEx等。

2. 以管理为基础的物流企业

以管理为基础的物流企业通过信息系统和咨询服务提供物流管理。它们经常以一个子承包运输部门的身份，负责部分或全部的客户相关业务。另外，它们也常常具有进出口和配送部门的功能。它们与发货人的雇员一起工作，不拥有运输和仓储设施，只提供人力资源。还有一类物流咨询公司，它们不负责物流操作上的任务，而是提供概念上和战略上的物流规划设计服务，为各类企业提供物流解决方案。

3. 综合物流企业

这类提供综合物流服务的企业拥有资产，一般是货车、仓库，或二者都有。但是，它们所提供的服务，并不以使用自己的资产为限。一旦需要，便可与其他企业签订子合同提供相关的服务。

4. 以行政管理为基础的物流企业

以行政管理为基础的物流企业主要提供行政性的管理服务，如费用的支付。

相关音频

二、按所属的细分物流市场划分

1. 操作性的物流企业

操作性的细分市场中，物流企业通常以成本优势进行竞争，他们一般精于某项物流业务的操作，如快递公司中的UPS、FedEx、DHL等公司就是操作性公司的典型代表。

2. 行业倾向性的物流企业

行业倾向性物流公司常为满足某一特定行业的需求而设计自己的作业能力，如荷兰的Pakhoed公司，为满足化工行业的需求而建立了作业能力和基础设施。

3. 多元化的物流企业

多元化物流公司开发出一系列相关又不具相互竞争性的服务，如在班轮运输中的相关服务：集装箱、码头、汽运、仓储和水运。

4. 顾客化的物流企业

顾客化的物流企业面向一些有很高专业需求的客户，它们之间的竞争主要在于服务而不是费用。例如，FransMass公司与一家欧洲大公司有着密切的服务关系，FransMass公司不仅为原材料的运入和产成品的运出安排运输，还提供最终产品装配的操作和在Venray的仓库设施为顾客进行产品测试。这类企业也是最典型意义上的第三方物流企业。

相关案例

通用汽车的第三方物流

美国通用汽车在美国的14个州中，大约有400个供应商负责把各自的产品送到30个装配工厂进行组装，由于卡车满载率很低，使得库存和配送成本急剧上升，为了降低成本，改进内部物流管理，提高信息处理能力，委托Penske专业物流公司为它提供第三方物流服务。

调查了解半成品的配送路线之后，Penske公司建议通用汽车公司在Cleveland使用一家有战略意义的配送中心。配送中心负责接收、处理、组配半成品，由Penske公司派员工管理，同时Penske也提供60辆卡车和72辆拖车。除此之外，还通过EDI系统帮助通用汽车公司调度供应商的运输车辆以便实现JIT送货。为此，Penske公司设计了一套最优送货路线，增加供应商的送货频率，减少库存水平，改进外部物流活动，运用全球卫星定位技术，使供应商随时了解行驶中的送货车辆的方位。与此同时，Penske公司通过在配送中心组配半成品后，对装配工厂实施共同配送的方式，既降低卡车空载率，也减少通用汽车公司的运输车辆，只保留了一些对Penske公司所提供的车队有必要补充作用的车辆，这样也减少了通用汽车公司的运输单据处理费用。

另外，美国通用汽车公司选择目前国际上最大的第三方物流公司Ryder负责其土星和凯迪拉克两个事业部的全部物流业务，选择Allied Holdings 负责北美陆上车辆运输任务，选择APL公司、WWL公司负责产品的洲际运输。

任务三　第三方物流服务

相关视频

第三方物流管理就是对第三方物流所进行的计划、组织、实施、控制等活动。这个全过程就是指对第三方物流服务全过程的管理。

一、第三方物流是合同导向的一系列服务

第三方物流有别于传统的外协，外协只限于一项或一系列分散的物流功能，如运输公司提供运输服务、仓储公司提供仓储服务，第三方物流则根据合同条款规定的要求，而不是临时需求，提供多功能，甚至全方位的物流服务。依照国际惯例，服务提供者在合同期内按提供的物流成本加上需求方毛利额的20%收费。

二、第三方物流是个性化物流服务

第三方物流服务的对象一般都较少，只有一家或数家，服务时间却较长，往往长达几年，异于公共物流服务——“来往都是客”。这是因为需求方的业务流程各不一样，而物流、信息流是随价值流流动的，因而要求第三方物流服务应按照客户的业务流程来定制，这也表明物流服务理论从“产品推销”发展到了“市场营销”阶段。

第三方物流是建立在现代电子信息技术基础上的。信息技术的发展是第三方物流出现的必要条件，信息技术实现了数据的快速、准确传递，提高了仓库管理、装卸运输、采购、订货、配送发运、订单处理的自动化水平，使订货、包装、保管、运输、流通加工实现一体化；企业可以更方便地使用信息技术与物流企业进行交流和协作，企业间的协调和合作有可能在短时间内迅速完成；同时，电脑软件的飞速发展，使混杂在其他业务中的物流活动的成本能被精确计算出来，还能有效管理物流渠道中的商流，这就使企业有可能把原来在内部完成的作业交由物流公司运作。常用于支撑第三方物流的信息技术有：实现信息快速交换的EDI技术、实现资金快速支付的EFT技术、实现信息快速输入的条形码技术和实现网上交易的电子商务技术等。

依靠现代电子信息技术的支撑，第三方物流的企业之间充分共享信息，这就要求双方能相互

信任，才能达到比单独从事物流活动所能取得更好的效果；而且，从物流服务提供者的收费原则来看，它们之间是共担风险、共享收益；再者，企业之间所发生的关联既非仅一两次的市场交易，又在交易维持了一定的时期之后，可以相互更换交易对象，在行为上，各自不完全采取导致自身利益最大化的行为，也不完全采取导致共同利益最大化的行为，只是在物流方面通过契约结成优势相当、风险共担、要素双向或多向流动的中间组织。因此，企业之间是物流联盟关系。

相关案例

科龙与第三方物流

中国正在成为世界家电制造中心，物流被号称为制造企业的最后也是最有希望降低成本、提高效益的环节。广东科龙电器股份有限公司近几年来通过行业整合，形成了世界领先的家电产能规模。分布在全国的生产基地和全球化的市场网络，使科龙与现代物流的对接相得益彰。

在国内，科龙参股物流专业公司安泰达物流，在家电生产企业与物流服务商之间利用资产纽带关系构建家电物流平台，开创了国内家电企业向第三方物流转型的新路子。在国际上，科龙依托国际著名第三方物流公司遍布全球的强大的物流网络提供了专业高效地物流解决方案。

1. 物流战略选择

新科龙的战略目标是成为世界主流的家电制造商和销售商，具体来说，要做到技术领先、规模合理、品类齐全、国内市场外均衡。

科龙通过对中国冰箱行业进行整合，陆续收购了吉林吉诺尔电器、上海上菱电器、远东阿里斯顿和杭州西泠的冰箱生产线，并在江苏扬州和珠海分别投资建设冰箱生产基地，形成了顺德、珠海、扬州、杭州、南京、南昌、吉林、营口和成都等冰箱生产基地。在两年时间里，公司迅速集聚起1 300万台冰箱产能，跃居亚洲第一，世界第二，并且与格林柯尔旗下的美菱形成战略合作关系。

科龙通过整体优化价值链锻造综合成本优势是重新进入健康良性发展轨道的关键，供应链一体化改造首当其冲，引入新的第三方物流因而成为新的战略性选择。

2. 打造物流平台

科龙与广东中远、小天鹅公司共同出资成立了广州安泰达物流公司。科龙集团控制本企业的物流价格资源，管理业务统一外包给安泰达公司。同时，与小天鹅形成互补型战略合作关系，充分利用三家企业的物流业务规模、物流网络优势，共同经营，共同发展。第三方物流的引入，以及与相关企业的业务互补性使科龙物流实现了三个整合优化和两个延伸。

整合优化，具体如下:

① 物流组织整合和流程优化。改革过去冰箱、空调、冷柜、小家电四大类产品子公司物流的独立运作体系，将原来各专业公司的物流部门合并成一个，人员由原来的90多人降低到现在的60人。同时，简化运作流程，引入“5 156物流业务运作信息系统”，建立全流程数据库，通过运输计划和仓储计划统一管理整个物流运作，实现了对在途库存的有效跟踪，有效降低了物流运作的管理成本。

② 物流运输整合和系统优化。把公司原来的自有车队转制后独立推向市场。通过联合招标，将科龙旗下冰箱、空调、冷柜及小家电四类产品的干线运输进行整合。同时，将战略合作方的反向物流进行捆绑招标，使采购物流、生产物流、分销物流统筹，直发物流和回程物流兼顾，迅速提高了物流整体效率和效益。

③ 物流仓储整合和资源优化。根据生产计划及时调整原来作业半径达30公里的40多个大中

型仓库的库存结构，通过调仓、换仓，撤小取大，舍远求近，将四大类产品集中存放，形成了四大产品的仓储发运片区，进行集中管理。同时，与战略合作方联手进行行业仓储的整合招标，吸引了众多实力仓储公司成为新的合作伙伴，仓储资源进一步优化。

两个延伸，具体如下：

①物流向二次配送延伸。配合科龙营销系统重心全面下移，高、中、低端全面覆盖的营销战略，安泰达公司在一些重点城市尝试开拓二次配送业务，成立仓储中心办事处，与销售分公司、各生产基地进行产销衔接，实现以销售指导配送，以配送促进销售的良性循环。

②向外部物流业务延伸。安泰达公司以科龙、小天鹅物流业务为平台，相继开拓了万和、伊来克斯、惠尔浦等物流业务。科龙在优化自身物流业务的同时，使参股的第三方物流公司获得更大发展，并从中获得投资收益。

3. 打造国际主流家电制造商

现在我国的家电产业规模越来越大，家电的净出口连续几年高速增长，已经占有世界市场的绝对领先份额，在全球经济一体化的进程中，中国成为世界家电制造中心的格局已经形成，并且正在不断加强。科龙在向国际主流家电制造商迈进的过程中，国际第三方物流的作用举足轻重：一方面是科龙需要借助国际第三方物流遍布全球的物流网络和完善的服务经验；另一方面是科龙近年来国际业务的高速发展也吸引了国际著名第三方物流企业的注意。

目前，世界级船东正成为科龙国际物流的主要合作伙伴。随着海外销售的高速增长，科龙的国际物流业务，吸引了国际物流巨头的眼球，在世界航运业排名第一的马士基海陆，委托专业的咨询公司对各个行业的未来最有潜力的企业进行跟踪调查，以期寻求未来国际物流方面的合作伙伴，经过调研，在家电行业里，咨询公司最终选中的最有发展前途的合作伙伴就是异军突起的科龙。

中国是全球化进程中形成的世界家电制造中心，现在的中国家电行业与世界家电行业的竞争已完全处于同一个平台。以科龙为代表的中国家电企业正在规模与技术上逐渐走向世界前列。全面引入世界先进的物流管理经验，必将为中国家电企业形成新的核心竞争力增添新的砝码。

任务四　第三方物流的运作模式与要求

物流活动是一个社会化的活动，涉及行业面广，涉及地域范围更广，所以它必须形成一个网络才可能更好地发挥其效用。

一、第三方物流的运作模式

1. 传统外包型物流运作模式

这种物流运作模式是第三方物流企业独立承包一家或多家生产商或经销商的部分或全部物流业务。

这种模式以生产商或经销商为中心，第三方物流企业几乎不需要专门添置设备和业务训练，管理过程简单。企业外包物流业务，降低了库存，甚至达到“零库存”，节约物流成本。同时，可精简部门，集中资金、设备于核心业务，提高企业竞争力。第三方物流企业各自以契约形式与客户形成长期合作关系，保证了自己稳定的业务量，避免了设备闲置。

实际上，这种模式较之传统的运输、仓储业并没有走多远。由于以生产商或经销商为中心，第三方物流之间缺少协作，没有实现资源更大范围的优化。这种模式最大的缺陷是生产企业与销售企业以及与第三方物流之间缺少沟通的信息平台，会造成生产的盲目和运力的浪费（或不足）以及库存结构的不合理。

> **小思考：**
> 第三方物流追求的目标是什么？

2. 战略联盟型物流运作模式

这种物流运作模式就是第三方物流，包括运输、仓储、信息经营者等以契约形式结成战略联盟，共享内部信息，相互间协作，形成第三方物流网络系统。联盟可包括多家同地和异地的各类运输企业、场站、仓储经营者。理论上，联盟规模越大，可获得的总体效益越大。信息处理方面，可以共同租用某信息经营商的信息平台，由信息经营商负责收集处理信息，也可连接联盟内部各成员的共享数据库，实现信息共享和信息沟通。目前，我国的一些电子商务网站普遍采用这种模式。

这种模式实现了两方面改善：一方面通过系统信息平台，实现了信息共享和信息交流。以信息为指导制订运营计划，有利于在联盟内部优化资源。同时，信息平台可作为交易系统，完成产销双方的订单和对第三方物流服务的预定购买。另一方面联盟内部各实体实行协作，某些票据联盟内部通用，可减少中间手续，提高效率，使得供应链衔接更顺畅。例如：联盟内部经营各种方式的运输企业进行合作，实现多式联运，一票到底，大大节约运输成本。

3. 综合型物流运作模式

这种运作模式就是组建综合物流公司或集团。综合物流公司集成物流的多种功能——仓储、运输、配送、信息处理和其他一些物流的辅助功能。例如：包装、装卸、流通加工等。综合第三方物流大大扩展了物流服务范围，对上家生产商可提供产品代理、管理服务和原材料供应，对下家经销商可全权代理为其配货送货业务，可同时完成商流、信息流、资金流、物流的传递。

国际著名的专门从事第三方物流的企业有：美国的联邦快递，日本的佐川急便。国内专业化的物流企业主要是一些原来的国家大型仓储运输企业和中外合资或独资企业，如中国储运公司、中外运公司、大通、敦豪、天地快运、EMS、宝隆洋行等。近年来，各公司的营业额均在亿元以上，营业范围涉及全国配送、国际物流服务、多式联运和邮件快递等。

相关案例

石化物流：外包未形成气候

有专家认为，石化企业的核心竞争力在产品上，而不在物流，物流应外包。目前，国内的石化第三方物流市场还很不规范，石化物流企业的业务局限于简单的仓储和运输管理。

国内石化企业在发展物流方面主要是依靠自己的力量，较少或很少依靠外购外包。中国石化、中国石油两大公司在发展物流的过程中，无论是码头、储罐建设还是输油管线建设，基本上都是依靠企业投资。随着各种石油管道的建设，石油领域的第三方物流市场将可能逐步停滞或萎缩。

国内对于能源和原材料的巨大需求推动了国内对成品油和石化原料的需求。在整体上，国内石化行业仍将保持增长态势，原油和液体化工品的进口量也将增加。此外，受国内经济结构调整的影响，国内石化行业的增长率和原油、液体化工品进口量的增幅应小于去年。石化物流行业增长率在整体上可能小于去年。

物流格局将发生新变化。随着中哈石油管道和西部石油管道的建成，“西油东送”将在石化物流中占据一定的位置。这进一步打破了以往原油进口物流集中于东部和成品油主要以“北油南运”为主的流向结构。

在化工品物流方面，进口液体化工品物流将继续占据十分重要的地位。随着环渤海地区液体化工品物流码头和储罐的建成，环渤海地区将成为继长三角、华南地区后新的液体化工品物流的热点。此外，随着内陆地区化工产业发展和化工园区的建设，内陆地区石化物流发展也将提速。

石化物流市场具有危险性大、规模效应强、专业门槛高等特点。石化企业是否应物流外包？有观点认为，石化企业的核心竞争力在产品上，而不在物流。将不涉及企业核心业务部分的物流实行外包，对于石化企业具有实际意义。这样既可以降低企业的成本，又可以降低企业的经营风险。像BP公司、埃克森美孚等国际石油巨头纷纷“瘦身”，从外部求得物流服务。

目前，国内的石化第三方物流市场还很不规范，石化物流企业的业务局限于简单的仓储和运输管理，缺乏对整个供应链管理的理解和实际操作经验，尤其缺乏经验丰富的从事过跨国公司供应链管理的人才。多数石化物流企业在同客户结成合作伙伴关系、投入资金完善专用仓储设施和信息系统建设方面，缺乏前瞻性。此外，石化物流企业还存在着规模小、抗风险能力差、诚信度不高等问题。因此，国内石化企业进行物流外包会遇到许多实际问题。

二、第三方物流的运作要求

1. 以合同形式采购物流服务

运输与仓储服务传统上是以交易为基础进行的。这些服务相当标准化，并能以最低价格购买。虽然公路运输行业的分散与竞争，使行业中拥有众多小型承运人提供低价服务，但是，以这种方法购买运输服务要求需要这种运输的人必须在日常工作中接触大量独立的承运人。这会增加交易成本，并使高质量送达服务遇到困难。公司有特殊要求，需要一些定制的服务并对承运人的投资有部分参与时，它们必须准备签订长期合同。由此可见，物流服务采购中以合同形式采购的比例越来越大。

2. 降低交易成本

在欧洲的一些国家，许多国内公路运输是通过作为货运市场中间人的代理公司进行的。这样就大大减少了托运人与运输公司的直接交易。近年来，在美国出现了公路运输服务的电子中间商，以电子交易中心形式在特定时间交易运输能力。它提供在线信用系统服务，以提供物流公司对潜在客户的最新财务状况，导致“虚拟市场”出现，许多物流资产可以在不同时期进行交易。

3. 更严格的合同方选择

过去许多公司选择运输方式或承运人时并不全面考虑所有选择的可能性。现在，公司已把许多与物流相关的服务外部化。这些服务的外部支出在公司预算中尤其重要，再加上对服务质量的重视。减少承运人及采用合同关系，使得到承运人的选择变成一项重要的决策。

4. 标准服务

以合同为基础的公司采购物流服务时，只需雇用少数物流服务供应商。英国大约39%的公司只雇用一个供应商，而另外47%的公司则雇用1～5个供应商，理由是考虑成本和服务。在欧洲，大多数外包物流是以国家划分给多个物流供应商的。对欧洲500强制造商中68个的调查表明，

59%的公司采用了这种策略。

5. 合同方在设计物流系统中更紧密地参与

许多制造商正使用开放式的规范采购零部件，以取代传统的根据设计规范采购。开放式的规范仅仅给出总的框架要求，这样就给供应商以较大的创新空间，有利于经济而有效地开发符合客户要求的部件。在物流服务的采购上，也具有同样的趋势。这是因为外部合同方比内部的物流经理更加客观地看待物流系统。

6. 采取零库存原则

供应链物流、第三方物流和其他的新型物流系统，都把零库存服务作为对客户服务的一项重要的形式。企业为了降低成本，在自己组织物流系统时，也把零库存作为降低成本、提高整个经营水平的一项工作。采取零库存系统的先决条件之一是快速和可靠的运送。在没有缓冲存货的情况下，生产和配送作业对送货时间的准确性较为敏感。

知识链接

第三方物流能为客户创造哪些经济效益

在市场日益成熟、竞争日益激烈的环境下，第三方物流不仅仅是为客户提供仓储、提供运输等狭义层面上的服务，而是越来越多地成为为客户提供增值性服务的过程。第三方物流企业逐渐把物流作为客户的一个增值过程来管理，通过降低物流费用，以及提高物流效率，来帮助客户赢得并保持顾客满意，通过不断更新技术与设备等，增加投资，提高供应链灵活性，满足客户个性化需求。

从总体上来看，第三方物流服务能从两大方面为客户创造价值：一方面是降低客户物流费用，直接增加客户总收益；另一方面是帮助客户实现价值多元化，从高效率的物流服务中，在同等成本基础上，获得更多价值。

第三方物流是通过一系列的业务过程，来实现客户价值增值的。本文将分别从不同成功要素与KPI的角度，详细且深入地分析第三方物流服务如何为客户创造增值性价值？

1. 第三方物流服务如何为客户降低物流费用

大型第三方物流企业，由于经营的规模性，能够在多个方面降低客户物流费用，从而提高客户的市场竞争能力。

（1）低运输成本。

单个门店平均运输路程越短，运输成本越低。大型第三方物流公司，尤其是为连锁便利店服务的公司，不仅全国覆盖范围广，而且在每个区域有一定的覆盖密度，单个门店的平均运输路线比较短，成本低。而对小型连锁企业来说，在同样区域内，由于门店数量少，密度低，单个门店的平均运输路线比较长，成本也将比较高。如果中小企业借助大型物流公司的运输网络，将增加共同的门店密度，实现双赢，从而有效地大幅度降低单个门店的平均运输成本。

（2）低库存水平。

库存是应对缺货风险的一种措施：一方面是由于第三方物流公司为多个连锁企业提供存储、分拣、运送服务，能够协调多个连锁企业实现缺货风险共担，相当于实现多个连锁企业库存的实时共享与调拨，有利于降低总库存水平；另一方面是当多个连锁企业向同一个供应商采购时，随着采购规模扩大与存储地理位置的整合，降低了供应商送货成本，对供应商的谈判能力越强，有利于缩短供应商送货周期，进一步减少库存水平，以及减少每个连锁企业的平均库存水平。

（3）低库存资金占用率。

与低库存水平相对应，库存资金占用率也会相应比较低，降低库存资金利息水平，并使企业将更多资金用于其他投资途径，减少资金被占用的机会成本。后者是一种隐性成本，容易被企业忽略，从而形成浪费。低库存资金占用率、低库存资金利息水平、低库存资金机会成本，这些结合在一起，能大量减少库存成本，增加连锁企业财务自由度。

（4）低分拣成本。

控制分拣成本对于拆零比率很高的连锁企业，尤其是便利店企业，提高经济效益非常重要。上海源通实业有限公司在科学管理与先进信息技术的支持下，通过流程优化与信息系统功能增强，减少了分拣作业对物流资源的消耗，提高了分拣员作业效率，主要是通过减少了他们的无效劳动而获得的。大型第三方物流公司有专业人员不断对业务流程进行分析，并且有专业信息技术公司配合实现各种流程优化方案，使分拣成本越来越低。规模较小的中小连锁企业在获得专业人员与专业信息技术公司的支持方面，无疑存在市场弱势。

（5）低分拣错误率。

大型第三方物流企业在先进设备与信息技术的支持下，能够追踪一个货品收货进入哪个货位、从哪个货位补出、从哪个货位分拣出、进入哪个周转箱、上了哪个运输车辆及最终配送到了哪家门店等。在多道重要环节，由系统自动提示分拣信息、复查分拣错误、实时纠正分拣错误。例如：上海源通实业有限公司作为一家大型物流企业，它采用了CAPS拣货系统，在拣货作业过程中，能自动提示拣货员某家门店该拣多少货品，避免拣货员记忆不准造成的错误；分拣完成后，自动称重仪与HDWMS自动检测每个周转箱是否存在分拣错误，彻底消除分拣员的主观错误，并通过RF复核，实时更新分拣信息；集货完成后，复查分拣总件数，确保门店多次订货的最终配货数量正确；出库前，与司机交接复查，明确界定仓库、车队的配送责任；送货到门店后，车队与门店交接复查，进一步界定门店、车队的配送责任。通过自动拣货提示、自动称重复查、多次复查与交接复查，最大限度地减少分拣中的客观错误与主观错误，以及明确界定配送各环节的责任，既有效降低分拣错误，又能够清楚追查错误责任。由于整个分拣过程都是信息透明、随时掌握与精确控制的，目前分拣错误率极低。

（6）低物流固定设备投资。

建立现代化物流管理能力，越来越离不开各种先进技术的支持，如包含先进管理思想的物流信息系统、自动化仓库作业流程、科学规划的全国性配送网络，这些都需要大量固定投资，包括信息系统投资、自动化设备投资、仓库库房投资与设备投资等。不仅如此，由于技术发展速度很快，只有不断更新，才能保持始终领先的物流管理能力。追加投资、实时更新，对一个中小型企业来说，无疑将是巨大的成本。而大型、专业的第三方物流公司，却有能力不断投资与更新，保持物流管理先进性。因此，也能使中小型企业在较低成本专用性固定资产投资的基础上，始终享受到一流的物流管理服务。

（7）低库存损耗率。

库存损耗会增加库存成本，如过期损耗、破损、偷盗、意外损失等。实行货品有效期管理，并结合货位管理、批次管理等，提高实际执行力，有助于减少库存损耗率。在货品入库时，即严格控制货品有效期，利用RF设备做实时登记，以便全程追踪与管理。在补货作业时，由信息系统自动计算补出货品及货位，严格执行先进先出方式，即先入库货品先补货出库，避免库内过期造成的损失。在作业现场，推行5S管理，保持作业各环节流畅、整洁、卫生，防止污损、破坏货品质量。贵重货品划出单独区域，进行重点管理，并在补货、拣货时，随时进行动态盘点，详细记录拣货过程，严格控制贵重物品盗窃现象的发生。

（8）低交易成本。

从供应链的角度来看，物流成本还应该包括连锁企业与供应商之间的交易成本，如谈判成本、运输成本，以及货品价格等。第三方物流公司能够集合多数连锁企业的采购需求，整合这些需求，然后向供应商进行联合采购，从而获得规模经济优势，包括谈判成本规模经济性、运输成本规模经济性、较低货品进货价格及前面讲过的较短进货周期等，其中最关键的一项是较低货品进货价格，或者是优惠返利总额等。

2. 第三方物流服务如何为客户创造多元化价值

在当前市场中，成本与价格虽然仍是不可忽视的竞争力来源，然而创造多元化服务与价值、满意客户多元化需求，越来越成为决定企业竞争成败的关键。因此，能够多元化客户价值的第三方物流企业，才能为客户带来有竞争力的价值。

（1）高库存周转率。

在完善的信息系统的基础上，以信息换库存，提高库存周转率，以及优化各方面指标，如减少过期损耗额、降低库存成本、节省库存空间。第三方物流企业通过信息系统，实时连接门店销售、仓库库存和供应商库存，结合联合采购战略等，在充分信息支持的基础上，提高库存周转率。例如，上海源通实业有限公司的库存周转率可达到5.8天，达到了国际一流水平，各类中小型连锁企业如果加入源通物流体系，即可享受到高库存周转率带来的直接收益。

（2）高配送频率。

配送频率对门店满足消费者灵活性、个性化需求有重要支持作用，对门店合理利用店内存储区域，提高租金收益率也有直接影响。配送频率无疑直接受配送成本的制约，尤其是运输成本。如果门店密度合理、单个门店平均运输成本低，即能支持高配送频率。

（3）销售渠道迅速拓展。

增加门店、拓展区域对中小型物流企业的未来相当关键，而物流网络的配套发展起着重要的支持作用。例如，上海源通实业有限公司在早期为上海可的便利店服务过程中所建立的物流网络，就有这样的特点：覆盖了大部分适宜开便利店的商业区域，因此源通物流网络是一个潜在的便利店销售渠道参考模型。上海源通公司能助力客户迅速拓展销售渠道，扩大规模、获得规模效应，并使客户从物流作业中解放出来，专注于自己的核心业务，建立核心竞争力。

（4）缩短订单执行周期。

无论是门店订单执行周期，还是向供应商订货的执行周期，都会在信息技术的支持下，大幅缩短，使整个供应链的执行周期缩短。

（5）快速市场响应能力。

专门为连锁企业服务的第三方物流企业，尤其适应连锁零售企业的小批量库存补给和多品种、小批量、高频率、多配送点、快速的配送需求，帮助连锁企业在最大程度上实现即时制管理与快速响应管理，加强连锁企业适应市场变化的能力，使整个供应链有活力，减少不良的长鞭效应。

（6）物流信息咨询。

第三方物流企业服务起点高，经验丰富。在业务模式的整体规划、业务流程的整体与细节设计和供应链管理方面，积累了丰富的经验。积累厚、灵活性强，有能力根据客户需求，制定个性化物流管理方案，增加客户价值。

（7）实时更新的物流信息技术与设备。

一般来说，大型第三方物流企业的物流信息技术与设备和世界领先水平比较接近，更重要的是在未来的经营过程中，能够根据物流技术的发展与客户的需求，继续提高各方面技术水平与整体物流服务能力。例如，开发适合客户系统的专有接口等投资，使客户获得最大价值。

3. 结束语

以上分析了第三方物流能从哪些方面为客户带来增值性价值，这些知识点，既有利于第三方物流企业提高自身综合服务水平，也有利于中小型企业更有效地寻找合适的第三方物流服务提供商。

相关视频

项目小结

本项目主要介绍了第三方物流企业的概念、服务等相关的内容，第三方物流是指由物流劳务的供方、需方之外的第三方去完成物流服务的物流运作方式。第三方就是指提供物流交易双方的部分或全部物流功能的外部服务提供者。在某种意义上，可以说它是物流专业化的一种形式。

第三方物流是随着物流业的发展而发展的，是仓储、运输、加工、包装、装卸、搬运等基础服务行业的一个重要的发展，具有很高的社会地位。

练习题

一、选择题

1. 这类企业拥有资产，一般是货车、仓库或二者都有。但是，它们所提供的服务，并不以使用自己的资产为限。一旦需要，便可与其他企业签订子合同提供相关的服务，这类企业属于（　）。

   A. 综合物流企业　B. 单一物流企业　C. 运输物流企业　D. 仓储物流企业

2. （　）物流运作模式就是第三方物流包括运输、仓储、信息经营者等以契约形式结成战略联盟，共享内部信息，相互间协作，形成第三方物流网络系统。

   A. 战术联盟型　B. 战略联盟型　C. 策略联盟型　D. 组织联盟型

3. 生产企业自建的且为本企业提供物流服务的物流公司属于（　）。

   A. 第一方物流公司　B. 第二方物流公司　C. 第三方物流公司　D. 第四方物流公司

4. 物流活动是一个社会化的活动，涉及行业面广，涉及地域范围更广，所以它必须形成（　）才可能更好地发挥其效用。

   A. 一个平台　B. 一个平面　C. 资金网络　D. 一个网络

二、问答题

1. 第三方物流企业按提供服务的种类划分可分为哪几类？
2. 第三方物流的运作模式有哪些？
3. 第三方物流的运作要求有哪些？
4. 什么是第三方物流？

三、实训题

▶【实训任务】

了解第三方物流企业的服务。

▶【实训目标】

使学生对第三方物流有个整体的感性认识。

▶【实训内容】

（1）第三方物流公司是如何为客户服务的。

（2）第三方物流公司在为客户服务的过程中应做好哪些方面的工作。

（3）第三方物流公司在为客户服务的过程中应注意哪些问题。

▶【实训要求】

将班级同学进行分组，每组成员不超过8人，设立组长1名，由组长安排各小组的进度，并负责总体的协调工作，选择2个物流企业进行实习，学习第三方物流公司是如何为客户服务的。

▶【考核标准与方法】

（1）提出第三方物流企业服务的改进办法（80分）。

（2）实训过程表现（20分）。

四、案例分析题

奥康鞋业的物流运作模式

奥康集团是一家从3万元起家，发展至拥有6亿多元资产，年销售额达到10亿元的民营企业。该公司产品获得首批国家免检产品称号，并连续三届蝉联“中国真皮鞋王”称号。

现在，奥康生产、营销两分离，全面导入订单制，以销定产。推行以整体思路以订单制为中心的物流模式。奥康现在除了在中国台湾地区、中国香港特别行政区、中国澳门特别行政区没有营销机构外，在全国31个省（自治区、直辖市）都拥有了自己的营销网络，106个营销机构，2 800多家连锁专卖店，1 000多家店中店，并在意大利的米兰成立了境外分公司。强大的终端网络，促使奥康物流“能流”“速流”。现在，奥康产品3天之内就可以通过专卖店及商场专柜等终端出现在消费者面前。

奥康与中国最大的软件商之一用友公司进行合作，建立了全国营销的分销系统，对每个分公司、办事处配备电脑，并与总部电脑进行链接，使各网点与总部进行联网，最后达到信息快速共享的目的。促进了总部的决策活动与全国物流整体把握，把全国物流风险降低，提高整体的经济效益。

思考题：

1. 奥康是如何实现以销定产的？
2. 奥康鞋业的物流运作以生产、营销两分离有哪些好处？

分析指南：

奥康鞋业的物流运作以生产、营销两分离，全面导入订单制为基础，推行以整体思路以订单制为中心的物流模式。通过建立全国营销的分销系统，形成了强大的终端网络，促使奥康物流“能流”“速流”，企业经营实现了3个零：物流管理零库存、企业经营零运营资本、物流配送零距离。企业的市场占有率得到了进一步提高。

课后习题答案

项目十 供应链管理

任务目标 1. 掌握供应链、供应链管理的定义、特征
2. 了解供应链形成的背景

任务内容 1. 掌握供应链、供应链管理的内容
2. 掌握供应链、供应链管理的分类

任务要求 1. 要求学生熟悉供应链管理的内容
2. 要求学生熟悉供应链管理的业务管理

导入案例

青岛啤酒全程透明的供应链

青岛啤酒供应链平台系统实施后，及时发货率由82.7%上升为94%，订单生成时间合计由1～2天缩短为2小时，库存天数也由30天降为28天。

青岛啤酒（以下简称“青啤”）正在慢慢改变人们心目中的“外向”形象，变得更加“内敛”。金志国（现任青啤股份有限公司总经理）将彭作义时代的“做大做强”的口号悄然易帜为“做强做大”，由以“外延式扩大再生产”为主向“内涵式扩大再生产”为主转变。“收购”不再是青啤点击率最高的词汇，内部的整合、管理似乎逐渐成为这个啤酒巨人规模“发酵”的主要手段。

在青啤，有“外学‘百威’，内学‘华南’”的口号，前者是跨国啤酒业巨头，后者则在青啤华南掌门人严旭的执掌下，利润占据青啤半壁河山。

青啤华南事业部总部设于深圳，事业部下设青岛啤酒三水、珠海、南宁、黄石等九家啤酒生产企业，一家麦芽生产企业和一家销售公司，负责管理分布在广东、广西、湖北、湖南、江西、海南六省区11家企业的啤酒生产和市场销售。

青啤需要打通整个供应链，建立一个平台。在这样的平台上，从供应商、生产厂，到销售公司、办事处，再到一级批发商、二级批发商，形成一个完整的链条。

严旭理想的平台是：通过供应链管理平台，以智能、全程可视、实时响应的方式为渠道提供各种增值服务，使华南事业部能够利用渠道的行为惯性锁定渠道，进而规范渠道行为，降低渠道成本并提升渠道效率。基于供应链管理平台，实现整个渠道尤其是销售渠道上所有参与方的高度协同，减少整个供应链上的存货数量，加速对客户需求的反应能力，通过协同为最终客户创造价值，同时华南事业部可以基于供应链管理平台，能够实现对一批、二批行为的管理，包括客户信息的全面搜集、实时处理等，提出个性化的客户关怀、客户服务方案，提升客户服务水平，加强对市场的掌控。

青啤的思路是不能单兵突进，要考虑供应链上的其他伙伴，尤其是青岛啤酒的一级经销商和二级经销商，他们的IT基础薄弱，管理基础不扎实，是供应链上最弱的一环，必须首先承认青岛啤酒、一级经销商、二级经销商现有业务流程、业务习惯中的合理性，先固化渠道行为，再追求适度的优化，目标确定不能太超前。

一个典型的实例很能说明问题：原先青啤下属一个啤酒厂因为没有很好的库存统计系统，结果1 000多吨的啤酒堆在仓库里一直拖到保质期前一个月才发现，经销商们也不要这些临期酒，结果造成了大概40多万元的损失；而如今，通过这套供应链系统，库存的数量在任何时刻都清清楚楚地显示在终端上，这种不必要的损失也完全可以避免。

思考题：

青啤全程透明的供应链给了我们哪些启示？

任务一　供应链与供应链管理概述

供应链是指产品生产和流通过程中所涉及的原材料供应商、生产商、批发商、零售商及最终消费者组成的供需网络。其要素包括供应商、制造中心、仓库、配送中心和零售点以及在各机构之间流动的原材料、在制品库存和产成品。

一、供应链的概念与背景

1. 供应链的概念

供应链是生产及流通过程中，涉及将产品或服务提供给最终用户活动的上游与下游企业，所形成的网链结构。

整合是物流管理的灵魂，从开始对产品物流的整合到物流在企业中的整合（包括原材料物流、制造物流和产品物流的整合），供应链管理的理念是物流管理中最新的发展。供应链管理的实质就是在更大的系统（整个供应链）中，考虑物流、信息流与资金流的协调配合，以在更高层次上、更大范围内，提高物流过程的效率和效益。供应链是一个比物流范围更广泛的企业结构模式，它包含所有加盟的节点企业，从原材料的供应开始，经过供应链中各种企业的加工制造、组装、分销等过程直到最终用户。它不仅是一条连接供应商到用户的物料链、资金链、信息链，而且是一条增值链，物料在供应链上因加工、包装、运输等过程而增加其价值，给相关企业都带来效益。

供应链由紧密结合的两部分组成，即外部供应链和内部供应链。外部供应链是指企业外部的与企业相关的产品生产和流通过程中涉及的原材料供应商、生产厂商、储运商、零售商，以及最终消费者组成的供需网络。内部供应链是指企业内部产品生产和流通过程中所涉及的采购部门、生产部门、仓储部门、销售部门等组成的供需网络。外部供应链和内部供应链共同组成了企业产品从原材料到成品再到消费者的供应链。

2. 供应链形成背景

20世纪80年代以来，全球经济一体化的浪潮不断推进，资本流动国际化、跨国界生产和流通，在消费地生产和组装产品形成一种新趋势。由于全球采购、全球生产、全球销售趋势的形成，也由于新经济和信息时代的到来，国际专业分工日趋明显，同时还因为国际贸易竞争、企业争夺国际市场的激化和为了降低成本，加强竞争力，越来越多的大企业集团采取加强核心业务，甩掉多余包袱的做法。他们将生产、流通和销售等多种业务外包给合作伙伴，自己只做自己最擅长、最专业的部分。这样做既维持了国际贸易份额，又与贸易对象国紧紧地融合在一起，增强了抗风险的能力，减少了外界干扰。供应链的管理和决策者能够选择世界任何一个地区最可靠、最积极、最佳质量、最热情服务、最低廉费用的合作者，并可以做到随时筛选、随时更换，主动权完全掌握在供应链主宰者手中。供应链形成后，他们既达到了预想的目的，又节省了费用，而利润不减少，稳定度加强，风险降低。

二、供应链管理的含义与特点

1. 供应链管理的含义

供应链管理是以保证满足服务水平需要和使得系统成本最小化为目标，而采用的把供应商、制造商、仓库和零售商有效地结合成一体来生产商品，并把客户需要的商品在需要的时间配送到需要地点的一套方法。对这一定义的理解应注意以下几个方面：

① 供应链管理把在产品满足顾客需求的过程中起作用的及对物流成本有影响的每一方都考虑在内，除正常物流中的供应商、制造工厂、仓库和配送中心、零售商外，还包括对供应链的业绩有影响的供应商的供应商及客户的客户。

② 供应链管理将供应商、制造商、仓库和商店有效率地结合成一体。因此，它的管理活动必须在公司的战略层次、战术层次、作业层次上进行。

③ 供应链管理的目的在于追求效率和整个系统的费用有效性，使系统总成本达到最小，这个成本包括从原材料、在制品和产成品的库存成本，到运输和配送成本。因此，供应链管理的重点不在于简单地使运输成本降到最小或减少库存，而在于采用系统方法来进行供应链管理。

④ 供应链管理是利用管理的计划、组织、指挥、协调、控制职能，对产品生产和流通过程中各个环节所涉及的物流、信息流、资金流、价值流及业务流进行的合理调控，以期达到最佳组合，发挥最大的效率，迅速以合理的成本为客户提供最大的附加值。

要使供应链管理真正发挥作用，必须遵循的原则：以客户为中心；贸易伙伴间密切合作，共享利益，共担风险；应用信息技术（标识ID代码、条码、POS扫描及电子数据交换等，实现管理目标。

2. 传统管理与供应链管理的区别

供应链管理与传统的物料控制及储运管理有很大的不同，主要表现在以下方面：

① 供应链管理不是把采购、制造、分销与销售等活动看成的一些分离的功能块进行管理，而是把供应链中每个节点企业视为统一整体的一部分的管理。

它是围绕整体物流目标而建立起来的一种具有高度适应性的跨企业的“合作—竞争”模式。

② 供应链管理理论认为：库存不一定是必需的，它只是起平衡作用的最后的工具。

因此，供应链管理要求“零库存”，并实现“即时物流”。这是供应链管理不同于传统管理方法的重要区别之一。

③ 供应链管理要求并最终依靠对整个供应链进行动态战略决策。

任意两节点之间的上游企业与下游企业都是供应与需求关系，它影响或者说它决定了整个供应链的运行成本和供应链整体在市场上占有的份额。因此，供应链上每个职能部门的共同目标就是“供应”。

④ 供应链管理具有以网络信息技术作为支撑，以互联网技术为依托管理的鲜明特征。

⑤ 作为跨行业、跨企业管理，供应链管理要求采用系统的、集成化的管理方法来统筹整个供应链的各个功能，而不是某一节点企业局

> **小思考：**
> 供应链管理和供应商管理有哪些不同？

部经济效益的最大化。

为了确保达成共同目标，高层管理部门采取一定办法来消除供应链内各部门之间的目标冲突是十分重要的。

3. 供应链管理的特点

（1）复杂性。

供应链节点企业的组成跨度（层次）不同，它们之间关系错综复杂。

（2）面向用户需求。

供应链的形成、存在、重构，都是基于一定的市场需要而发生的，用户的需求拉动是供应链中信息流、产品流、资金流运作的驱动源。

（3）动态性。

供应链管理因企业战略和适应市场需求变化的需要，其中的节点企业需要动态的更新和调整。

（4）创新性。

它充分考虑供应链整个物流过程及影响此过程的各个环节和因素。

（5）交叉性。

众多的供应链形成交叉结构。

三、供应链管理的内容

供应链管理是使企业更好地采购制造产品和提供服务所需原材料、生产产品和服务并将其递送给客户的艺术和科学的结合。供应链管理涵盖以下方面的内容：

① 涉及四大领域：供应、生产计划、物流、需求。

② 以同步化、集成化生产计划为指导，以各种技术为支持，围绕供应、生产作业、物流和满足需求来实施。

③ 供应链管理主要包括计划、合作、控制从供应商到用户的物料和信息。

④ 供应链管理的目标在于提高用户服务水平和降低总的交易成本，并且寻求两者之间的平衡。

⑤ 供应链管理可以细分为职能领域和辅助领域。职能领域包括产品工程、产品技术保证、采购、生产控制、库存控制、仓储管理、分销管理；辅助领域包括客户服务、制造、设计工程、会计核算、人力资源、市场营销。

⑥ 供应链管理不仅仅关心物料实体在供应链中的流动，除运输和实物分销以外，还包括与供应商、用户的战略伙伴关系；供应链产品的需求预测和计划；供应链设计；企业内部与企业之间物料供应和需求管理；基于供应链的产品设计与制造管理、生产集成化计划、跟踪与控制；基于供应链的用户服务与物流管理；企业间资金流管理；基于Internet/Intranet的供应链交互信息管理。

知识链接

供应链的类型

1. 以客户要求为核心构筑的供应链

根据客户的要求标准，达到以客户满意为目标来设计和组合的供应链。这种类型的供应链：一是考虑该企业的实际需要、现有条件；二是考虑该企业的外围条件和环境；三是考虑该企业的可操作性。

2. 以产品为核心构筑的供应链

以产品为核心构筑的供应链，其重点是各供应链企业的产品质量保证和各供应链企业的服务水平。提高产品质量和服务的同时，还要达到降低成本，增加效益。构筑这种类型的供应链往往要从最初的原材料开始，到采购、加工、制造、包装、运输、批发、零售为止的全过程。

3. 以销售为核心构筑的供应链

在市场饱和和买方市场的条件下，销售是生产企业的主要矛盾。以销售为核心构筑的供应链往往是众多生产企业的客观需求，而且这方面的需求在不断增加。以销售为核心构筑的供应链，重点在于销售的数量、时间、成本和服务水平。

相关音频

任务二　供应链的设计

在供应链的设计过程中，我们认为应遵循一些基本的原则，以保证供应链的设计和重建能满足供应链管理思想得以实施和贯彻的要求。

一、供应链设计的原则

1. 自顶向下和自底向上相结合的设计原则

在系统设计中，存在着两种设计方法，即自顶向下和自底向上的方法。自顶向下的方法是从全局走向局部的方法，自底向上的方法是从局部走向全局的方法；自上而下是系统分解的过程，而自下而上则是一种集成的过程。在设计一个供应链系统时，往往是先由主管高层做出战略规划与决策，规划与决策的依据来自市场需求和企业发展规划，然后由下层部门实施决策，因此供应链的设计是自顶向下和自底向上的综合。

2. 简洁性原则

简洁性是供应链的一个重要原则，为了能使供应链具有灵活快速响应市场的能力，供应链的每个节点都应是精简的、具有活力的、能实现业务流程的快速组合。例如，供应商的选择就应以少而精的原则，通过和少数的供应商建立战略伙伴关系，减少采购成本，推动实施JIT采购法和准时生产。生产系统的设计更是应以精细思想为指导，努力实现从精细的制造模式到精细管理的供应链这一目标。

3. 集优原则（互补性原则）

供应链的各个节点的选择应遵循强——强联合的原则，达到实现资源外用的目的，每个企业只集中精力致力于各自核心的业务过程，就像一个独立的制造单元（独立制造岛），这些所谓单元化企业具有自我组织、自我优化、面向目标、动态运行和充满活力的特点，能够实现供应链业务的快速重组。

4. 协调性原则

供应链业绩好坏取决于供应链合作伙伴关系是否和谐，因此建立战略伙伴关系的合作企业关系模型是实现供应链最佳效能的保证。只有和谐而协调的系统才能发挥最佳的效能。

5. 动态性（不确定性）原则

不确定性在供应链中随处可见，许多学者在研究供应链运作效率时都提到不确定性问题。由于不确定性的存在，导致需求信息的扭曲。因此，要预见各种不确定因素对供应链运作的影响，减少信息传递过程中的信息延迟和失真。降低安全库存总是和服务水平的提高相矛盾。增加透明性，减少不必要的中间环节，提高预测的精度和时效性对降低不确定性的影响都是极为重要的。

6. 创新性原则

创新设计是系统设计的重要原则，没有创新性思维，就不可能有创新的管理模式。因此，在供应链的设计过程中，创新性是很重要的一个原则。要产生一个创新的系统，就要敢于打破各种陈旧的思维框架，用新的角度、新的视野审视原有的管理模式和体系，进行大胆地创新设计。进行创新设计，要注意：一是创新必须在企业总体目标和战略的指导下进行，并与战略目标保持一致；二是要从市场需求的角度出发，综合运用企业的能力和优势；三是发挥企业各类人员的创造性，集思广益，并与其他企业共同协作，发挥供应链整体优势；四是建立科学的供应链和项目评价体系及组织管理系统，进行技术经济分析和可行性论证。

7. 战略性原则

供应链应有战略性观点，通过战略的观点考虑减少不确定影响。从供应链的战略管理的角度考虑，我们认为供应链的战略性原则还体现在供应链发展的长远规划和预见性，供应链的系统结构发展应和企业的战略规划保持一致，并在企业战略指导下进行。

> **小思考：**
> 供应链管理和物流管理有哪些联系？

二、供应链设计的步骤

1. 分析市场竞争环境

目的在于找到针对哪些产品市场开发供应链才有效，为此必须知道现在的产品需求是什么，产品的类型和特征是什么。分析市场特征的过程要向卖主、用户和竞争者进行调查，提出诸如用户想要什么？他们在市场中的分量有多大？诸如这类的问题，以确认用户的需求和因卖主、用户、竞争者产生的压力。

2. 根据基于产品的供应链设计策略提出供应链设计的目标

目标在于获得高用户服务水平和低库存投资、低单位成本两个目标之间的平衡，同时还应包括的目标：进入新市场；开发新产品；开发新分销渠道；改善售后服务水平；提高用户满意程度；降低成本；通过降低库存提高工作效率等。

3. 分析供应链的组成，提出组成供应链的基本框架

供应链中的成员组成分析主要包括制造工厂、设备、工艺和供应商、制造商、分销商、零售

商及用户的选择及其定位，以及确定选择与评价的标准。

4. 分析和评价供应链设计的技术可能性

这不仅仅是某种策略或改善技术的推荐清单，而且也是开发和实现供应链管理的第一步，它在可行性分析的基础上，结合本企业的实际情况为开发供应链提出技术选择建议和支持。这也是一个决策的过程，如果认为方案可行，就可进行下面的设计；如果不可行，就要重新进行设计。

5. 总结和分析企业现状

主要分析企业供需管理的现状，这一个步骤的目的不在于评价供应链设计策略的重要性和合适性，而是着重于研究供应链开发的方向，分析、找到、总结企业存在的问题及影响供应链设计的阻力等因素，并针对存在的问题提出供应链设计项目，分析其必要性。

6. 设计供应链，解决主要问题

① 供应链的成员组成（供应商、设备、工厂、分销中心的选择与定位、计划与控制）。

② 原材料的来源问题（包括供应商、流量、价格、运输等问题）。

③ 生产设计（需求预测、生产什么产品、生产能力、供应给哪些分销中心、价格、生产计划、生产作业计划和跟踪控制、库存管理等问题）。

④ 分销任务与能力设计（产品服务于那些市场、运输、价格等问题）。

⑤ 信息管理系统设计。

⑥ 物流管理系统设计等。

⑦ 在供应链设计中，要广泛地应用到许多工具和技术，包括归纳法、集体解决问题、流程图、模拟和设计软件等。

7. 检验供应链

供应链设计完成以后，应通过一定的方法和技术进行测试检验或试运行，如果没有什么问题，就可实施供应链管理了。

三、供应链组织模型

从系统论的观点来看，组织结构决定组织功能。不同的组织结构，管理职能的发挥也不同。供应链管理作为一种新的管理模式，它是建立在企业与企业之间的一种组织结构模式。其内部构成和相互之间的关系必然不同于单个企业，因此讨论供应链的组织重构模型就非常重要。供应链以一种链网的形式存在，在其中必然有一个企业起着核心作用。它除了能创造特殊价值，长期控制比竞争对手更擅长的关键性业务工作外，还要协调好整个链中从供应商、制造商、分销商直到最终用户之间的关系，控制好整个增值链的运行。为了能够管理好整个供应链，核心企业必然要成为整个供应链的信息集成中心、管理控制中心、物料集成中心，而发挥作用。所以，供应链的组织结构应当是围绕着核心企业来构建。以下就是以核心企业为中心，建立的组织结构模型。

1. 核心企业作为用户企业的组织结构模型

作为用户企业的核心企业，它本身拥有强大的销售网络和产品设计等优势，销售、用户服务这些功能就由核心企业自己的销售网络来完成。因此，供应链组织结构的构建主要集中在供应商这一部分。供应链管理的中心转到供应商的选择，信息网络的设计、生产计划、生产作业计划、跟踪控制、库存管理、供应商与采购管理等方面。

2. 核心企业作为产品/服务的供应者的结构模型

作为这类核心企业，它本身享有供应和生产的特权，或者享有在制造、供应方面不可替代的优势，如能源、原材料生产企业。但其在分销、用户服务等方面则不具备竞争优势。因此，在这一模型中，供应链管理主要集中在经销商、用户的选择、信息网络的设计、需求预测计划与管理、分销渠道管理、用户管理与服务等方面。

3. 核心企业同时作为产品与服务的供应者和用户

这类核心企业主要具有产品设计、管理等优势，但是，在原材料的供应、产品的销售及各市场用户的服务，缺乏足够的力量。因此，它必须通过寻求合适的供应商、制造商、分销商和用户构建成整个供应链。供应链管理主要是协调好产、供、销的关系，信息网络的设计，计划、控制、支持管理，物流管理，信息流管理等方面。

4. 核心企业作为连接组织

这类核心企业往往具有良好的商誉和较大规模，并且掌握着本行业大量的信息资源。它主要通过在众多中小经销企业和大的供应商之间建立联系，代表中小经销企业的利益取得同等的供应商平等的地位，从而建立起彼此合作的战略伙伴关系。供应链管理主要集中在中小经销企业与大的供应商之间的协调，信息交换和中小经销企业的控制等方面。

知识链接

供应链的评价指标

1. 柔性

供应链的组织形式就是为了能够更好地适应激烈竞争的市场，提高对用户的服务水平，及时满足用户的要求，如交货期、交货数量、商品质量等，以及用户对产品/服务的某些特殊要求。柔性的高低就成为评价供应链组织结构合理性的一个指标。因此，在围绕不同核心企业所构建的供应链组织结构模式也应不同，即要求供应链的组织模式的构建必须以能适应市场要求为第一标准。

2. 集成

供应链不同于传统的单个企业之间相互的关系，在于它是将链中的企业加以集成的形式，使得链中企业的资源能够共享，获得优势互补的整体效益。供应链集成包括信息集成、物资集成、管理集成等。集成度的高低或者说整体优势发挥的大小，关键在于信息集成和管理集成，即需要形成信息中心和管理中心。

3. 协调

供应链是不同企业个体之间的集成链网，每个企业又是独立的利益个体，所以它比企业内部各部门之间的协调更加复杂，更加困难。供应链的协调包括利益协调和管理协调，利益协调必须在供应链组织结构构建时将供应链中各企业之间的利益分配加以明确。管理协调则要求适应供应链组织结构要求的计划和控制管理及信息技术的支持，协调物流、信息流的有效流动，降低整个供应链的运行成本，提高供应链对市场的响应速度。

4. 简洁

供应链是物流链、信息链，也是一条增值链，它的构建并不是任意而为。供应链中每一个环节都必须是价值增值的过程，非价值增值过程不仅增加了供应链管理的难度，增加了产品/服务的成本而且降低供应链的柔性，影响供应链中企业的竞争实力，因此在设计供应链的组织结构时，必须慎重选择链中企业，严格分析每一环节是否存在真正的价值增值活动。

相关音频

5. 稳定

供应链是一种相对稳定的组织结构形式，影响供应链稳定的因素：一种是供应链中的企业，它必须是具有优势的企业即要有竞争力，如果供应链中的企业不能在竞争中长期存在，必然影响到整个供应链的存在；另一种是供应链的组织结构，比如说供应链的长度，供应链的环节过多信息传导中就会存在扭曲信息，造成整个供应链的波动，稳定性就差。

任务三　供应链管理的体系结构

供应链管理体系结构的核心是基于最终客户需求的渠道商业流程优化，而流程优化的实现必须依赖于一个相应的供应链管理平台的建设才能实现，所以软件功能设计和平台建设就成为供应链管理实现的两个根本措施。

一、供应链管理的内涵

供应链管理的内涵包括七个方面，共同形成了供应链管理的体系结构。

1. 供应链管理强调价值的整体创造与分享

对于最终客户而言，为其提供价值的不是某一个单独的企业，而是由为了提供这种共同价值的众多企业有机组成的一个价值链。众多企业组成的这个价值链在物理上体现为为了提供某种共同产品或服务，通过产品供需关系联结在一起的一个链条，称之为供应链。供应链的整体效率和价值创造能力并不指某一个企业的效率和价值创造能力，这是决定最终客户所获价值大小的根本因素，供应链管理以整个供应链作为管理对象，其根本目的是通过协调及优化链上各个环节的共同努力，为最终客户创造价值，并享受最终客户提供的价值回报。

2. 供应链管理以最终客户需求为管理起点

供应链的关注焦点是最终客户所获取的价值，供应链管理以最终客户价值最大化为管理目标，而最终客户价值最大化则以有效满足最终客户需求为实现手段，既在合适的时间和地点，以合适的方式和价格，将合适的产品提供给合适的用户。

3. 供应链管理以渠道为核心管理范围

供应链管理不可能面面俱到，必须集中在最能够创造价值的区域，所以供应链管理基于最终客户需求，重点关注以核心企业为中心的渠道的商业流程优化，也就是以渠道为核心管理范围。

4. 供应链管理以商业流程优化为实现策略

供应链管理关注的不是某一个企业内部的流程效率，而是企业之间的协同效率，尽管整个供应链的效率在相当程度上取决于单个企业的内部流程效率。借用系统论的方法，供应链的效率主要取决于商业流程的优化程度，而不是某个企业内部的业务流程优化程度，所以供应链管理必然以供应链上各个环节之间的商业流程优化为基本的实现策略。

5. 供应链管理以最终客户需求为核心的信息资源在供应链中的获取、应用和反馈为管理内容

供应链管理通过商业流程的动态优化来提高整个供应链的效率和价值创造能力，其作用机理就在于通过获取最终客户需求信息，与企业自身的产品提供能力和商业伙伴的产品提供能力进

行匹配，对外确定自己的供需计划并传递给自己的相关商业伙伴（核心是渠道成员），对内确定自己的产品提供计划。供需计划和产品提供计划的制订过程就是对最终客户需求的应用和反馈过程。

从信息角度来看，供应链管理过程中需要处理的信息包括四个方面：一是最终客户需求信息，二是企业自身资源和能力信息，三是相关伙伴的资源和能力信息，四是综合处理前三类信息形成的供需计划信息，所以供应链管理强调内外信息资源的同步处理，以整个供应链对最终客户需求信息的获取、应用、反馈为主线。

6. 供应链管理以相应的软件为基本实现工具

供应链管理以信息处理为核心管理内容的特性，决定供应链管理实现工具必须以相应的信息系统为有形化的实现手段，其核心是相应的供应链管理软件。

企业的供应链管理以渠道为核心管理范围，其应用的供应链管理软件功能主要如下：

① 需求管理：包括最终客户需求的预测、发布、控制等，关注对最终客户需求的准确掌握和发布，是供应链管理软件的基础。

② 渠道管理：包括销售渠道管理和供应渠道管理，关注最终客户需求在整个供应链中的应用和反馈，如产品目录、价格管理、渠道库存、销售计划、采购计划、订单管理、情报中心等，是供应链管理软件的核心。

③ 促销管理：包括促销计划、促销品管理等。

④ 采购管理：包括供应商选择、评估、采购订单管理、采购合同管理等。

⑤ 集成管理：包括数据同步复制、二次开发、标准中间件等，处理信息在不同系统之间的共享。

⑥ 综合分析：提供相关的报表功能，对渠道运行情况进行监控和分析。

供应链管理软件通常应是对最佳供应链商业流程的软件化、产品化表达，企业应用供应链管理软件的过程，本身就是一个向最佳供应链商业流程看齐且实现供应链商业流程优化的过程。

7. 供应链管理以基于Internet技术的软件应用平台建设为实现方式

由于供应链管理涉及多个不同的产权主体，这些不同的产权主体分布在不同的地理区域，要求能够以经济、高效的技术手段进行信息沟通，而Internet技术以其特有的优势，已成为目前信息沟通的主要方式。

二、实施供应链管理的步骤

1. 分析市场竞争环境，识别市场机会

竞争环境分析是为了识别企业所面对的市场特征和市场机会。要完成这一过程，我们可以根据波特模型提供的原理和方法，通过调查、访问、分析等手段，对供应商、用户、现有竞争者及潜在竞争者进行深入研究，掌握第一手准确地数据、资料。这项工作：一方面是取决于企业经营管理人员的素质和对市场的敏感性；另一方面是企业应该建立一种市场信息采集监控系统，并开发对复杂信息的分析和决策技术。例如，一些企业建立的顾客服务管理系统就是掌握顾客需要，进一步开拓市场的有力武器。

2. 分析顾客价值

供应链管理的目标在于提高顾客价值和降低总的交易成本，经理人员要从顾客价值的角度来定义产品或服务，并在不断提高顾客价值的情况下，寻求最低的交易成本。按照营销大师科特勒

的定义，顾客价值是指顾客从给定产品或服务中所期望得到的所有利益，包括产品价值、服务价值、人员价值和形象价值。

3. 确定竞争战略

从顾客价值出发找到企业产品或服务的定位之后，经理人员要确定相应的竞争战略。竞争战略形式的确定可使企业清楚认识到要选择什么样的合作伙伴及合作伙伴的联盟方式。根据波特的竞争理论，企业获得竞争优势有三种基本战略形式：成本领先战略、差别化战略及目标集中战略。例如，当企业确定应用成本领先战略时，往往会与具有相似资源的企业联盟，以形成规模经济；当企业确定应用差别化战略时，它选择的合作伙伴往往具有很强的创新能力和应变能力。商业企业中的连锁经营是成本领先的典型事例，它通过采用大规模集中化管理模式，在整个商品流通过程中把生产商、批发商与零售商紧密结合成一个整体。通过商品传送中心发货中心把货物从生产商手中及时地、完好地运送到各分店手中，进而提供给消费者。这样的途径减少了流通环节，使企业更直接面对消费者。其结果不仅仅加快了流通速度，也加快了信息反馈速度，从而达到了成本领先的目的。

4. 分析本企业的核心竞争力

核心竞争力是指企业在研发、设计、制造、营销、服务等某一个环节上明显优于并且不易被竞争对手模仿的、能够满足客户价值需要的独特能力。供应链管理注重的就是企业核心竞争力，企业把内部的智能和资源集中在有核心竞争优势的活动上，将剩余的其他业务活动移交给在该业务上有优势的专业公司来弥补自身的不足，从而使整个供应链具有竞争优势。在这一过程中，企业要回答这样几个问题：企业的资源或能力是否有价值；资源和能力是否稀有，拥有较多的稀有资源才可以获得暂时竞争优势；这些稀有资源或能力是否易于模仿，使竞争对手难以模仿的资源和能力，才是企业获得持续竞争优势的关键所在；这些资源或能力是否被企业有效地加以利用。在此基础上，重建企业的业务流程和组织结构。企业应对自己的业务认真清点，并挑选出与企业的生存和发展有重大关系且能够发挥企业优势的核心业务，而将那些非核心业务剥离出来交由供应链中的其他企业去完成。在挑选出核心业务之后，企业还应重建业务流程。

5. 评估、选择合作伙伴

供应链的建立过程实际上是一个供货商的评估、选择过程，选择适当的合作伙伴，以及选择合适的对象（企业）作为供应链中的合作伙伴，是加强供应链管理中最重要的一个基础，企业需要从产品的交货时间、供货质量、售后服务、产品价格等方面全面考核合作伙伴。如果企业选择合作伙伴不当，不仅会腐蚀企业的利润，还会使企业失去与其他企业合作的机会，从而无形中抑制企业竞争力的提高。

对于供应链中合作伙伴的选择，可以遵循以下原则：

（1）合作伙伴必须拥有各自的可以利用的核心竞争力。

唯有合作企业拥有各自的核心竞争力，并使各自的核心竞争力相结合，才能提高整条供应链的运作效率，从而为企业带来可观的贡献。这些贡献包括及时、准确的市场信息，快速高效的物流，快速的新产品研制，高质量的消费者服务，成本的降低等。

（2）拥有相同的企业价值观及战略思想。

企业价值观的差异表现在，是否存在官僚作风，是否强调投资的快速回收，是否采取长期的观点等。战略思想的差异表现在，市场策略是否一致，注重质量还是注重价格等。可见，若价值观及战略思想差距过大，合作必定以失败而告终。

（3）合作伙伴必须少而精。

若选择合作伙伴的目的性和针对性不强，过于泛滥的合作可能导致过多的资源、机会与成本的浪费。

6. 供应链的运作

供应链的运作是以物流、资金流、信息流为主的动态过程，在实施过程中，经理人员要注意以下几点：

（1）要从传统的局部性思维转换到整体性的系统思维。

在观念上，它需要经理人员摒弃以往竞争中所采取的“非此即彼”“你死我活”式的竞争方式，努力营造从单枪匹马式的争斗到相互协作后的“双赢”或“多赢”的竞争新局面。在具体操作中，供应链管理也绝不是单纯找几个合作伙伴而已，它还要求企业建立相应的生产计划与控制体系、库存管理体系、物流管理与采购体系、信息技术支撑体系。

（2）建立互信关系是供应链中各企业进行有效合作的纽带与保证。

在传统的买卖关系中，企业都是从自己的角度和利益出发，尽量将责任、风险、成本等转嫁给其他与其有商业往来的企业，却竭尽全力地将利益收归自己的囊中。实施供应链管理时，企业要改变传统的买卖观念和思维方式，要与合作企业共担责任、风险与成本，同时共享成果与收益，这是企业间建立长久信任关系的唯一有效途径。企业间只有建立了信任关系，供应链的运作效率才能得到保证和提高，企业才能赢得长久的竞争优势。

（3）建设物质技术基础设施是企业实施供应链管理的硬件保证。

它包括企业的外部网、内部网、知识库、电子数据库及电子数据交换系统等。物质技术基础设施的建设，有助于链条中的企业迅速，准确地收集和传递有关商业数据和信息。一方面能够迅速地调动和组织自己的生产，以最快的速度和最有效的方式来满足合作伙伴的生产需要，从而最终以最快的速度适应消费者的需要；另一方面还可以减少传统的商业交易方式所带来的额外成本。更重要的是实现企业间和合作伙伴之间的知识共享，以便更好地为顾客服务。

相关案例

IBM的供应链管理

计算机产业的戴尔公司在其供应链管理上采取了极具创新的方法，体现出有效的供应链管理比品牌经营更好的优越性。戴尔公司的成功为其他电脑厂商树立了榜样，使它们目睹了戴尔公司的飞速成长过程。作为戴尔的竞争者之一，IBM过去倾向于根据库存来生产计算机，由于其制造的产品型号繁多，常常发现在有的地区存储的产品不合适，丧失了销售时机。计算机业面临的另一问题是技术上的日新月异，这意味着库存会很快过时，造成浪费。为解决这些问题，IBM和产业界的其他众多计算机厂商正在改变其供应链，使之能够适应急剧变化的市场环境。

通过实施供应链管理，IBM公司生产的盲目性得以避免，完整的欧洲区供应链管理系统所带来的益处是：帮助IBM随时掌握各网点的销售情况，充分了解、捕捉与满足顾客的真正需求，并且按照订单制造、交货，没有生产效率的损失，在满足市场需求的基础上，增进了与用户的关系；能全面掌握所有供应商的详细情况；合理规划异地库存的最佳水平；合理安排生产数量、时间及运输等问题；合理调整公司的广告策略和价格政策；网上订货和电子贸易；可随时把电脑的动态信息告诉每一位想了解的顾客，并减少了工业垃圾和制造过程对环境的破坏。

相关音频

任务四　供应链管理的方法

供应链管理的方法是提高客户服务水平和企业竞争力的方法，是缩短交货周期，减少库存的方法。

一、快速反应方法

1. QR的定义

快速反应（Quick Response，QR）是指在供应链中，为了实现共同的目标，零售商和制造商建立战略伙伴关系，利用EDI等信息技术，进行销售时点的信息交换及订货补充等其他经营信息的交换，用多频度、小数量配送方式连续补充商品，以实现缩短交货周期，减少库存，提高客户服务水平和企业竞争力的供应链管理方法。

2. QR的优点

（1）QR对厂商的优点。

① 快速反应零售商可为店铺提供更好的服务，最终为顾客提供更好的店内服务。由于厂商送来的货物与承诺的货物是相符的，厂商能够很好地协调与零售商间的关系。长期的良好顾客服务会增加市场份额。

② 降低了流通费用。由于集成了对顾客消费水平的预测和生产规划，就可以提高库存周转速度，需要处理和盘点的库存量减少了，从而降低了流通费用。

③ 降低了管理费用。因为不需要手工输入订单，所以采购订单的准确率提高了。额外发货的减少也降低了管理费用；货物发出之前，仓库对运输标签进行扫描并向零售商发出提前运输通知，这些措施都降低了管理费用。

④ 生产计划准确。由于可以对销售进行预测并能够得到准确地销售信息，厂商可以准确地安排生产计划。

（2）QR对零售商的优点。

① 提高了销售额。条形码和POS扫描使零售商能够跟踪各种商品的销售和库存情况，这样零售商就能够准确地跟踪存货情况，在库存真正降低时才订货；缩短订货周期；实施自动补货系统，使用库存模型来确定什么情况下需要采购，以保证在顾客需要商品时可以得到现货。

② 降低了采购成本。商品采购成本是企业完成采购职能时发生的费用，这些职能包括订单准备、订单创建、订单发送及订单跟踪等。实施快速反应后，上述业务流程大大简化，采购成本降低。

③ 减少了削价的损失。由于具有了更准确的顾客需求信息，店铺可以更多地储存顾客需要的商品，减少顾客不需要商品的存货，这样就减少了削价的损失。

④ 降低了流通费用。厂商使用物流条形码标签后，零售商可以扫描这个标签，这样就减少了手工检查到货所发生的成本。物流条形码支持商品的直接出货，即配送中心收到货物后不需要检查，可立即将货物送到零售商的店铺。厂商发来的提前发货通知可使配送中心在货物到达前有效地调度人员和库存空间，而且不需要进行异常情况处理，因为零售商准确掌握厂商发货信息。

⑤ 加快了库存周转。零售商能够根据顾客的需要频繁地小批量订货，也降低了库存投资和相应的运输成本。

⑥ 降低了管理成本。管理成本包括接收发票、发票输入和发票例外处理时所发生的费用，由于采用了电子发票及预先发货清单技术，管理费用大幅度降低了。

二、有效客户反应

1. ECR的定义

有效客户反应（Efficient Consumer Response，ECR），它是在食品杂货业分销系统中，分销商和供应商为消除系统中不必要的成本和费用，给客户带来更大效益而进行密切合作的一种供应链管理方法。ECR的最终目标是建立一个具有高效反应能力和以客户需求为基础的系统，使零售商和供应商以业务伙伴方式合作，提高整个食品杂货业供应链的效率，而不是单个环节的效率，从而大大降低整个系统的成本、库存和物资储备，同时为客户提供更好的服务。

实施ECR：首先，应联合整个供应链所涉及的供应商、分销商及零售商，改善供应链中的业务流程，使其最合理有效；其次，再以较低的成本，使这些业务流程自动化，以进一步降低供应链的时间和成本。具体地说，实施ECR需要将条码、扫描技术、POS系统和EDI集成起来，在供应链之间建立一个无纸系统，以确保产品能不间断地有供应商流向最终客户，同时信息流能够在开放的供应链中循环流动。这样才能满足客户对产品和信息的需求，给客户提供更优质的产品和准确、适时的信息。

通过ECR，如计算机辅助订货技术，零售商无须签发订购单，即可实现订货；供应商则可利用ECR的连续补货技术，随时满足客户的补货需求，使零售商的存货保持在最优水平。同时，供应商也可以从商店的销售点数据中获得新的市场信息，改变销售策略；对于分销商来说，ECR可使其快速分拣运输包装，加快订购货物的流动速度，进而使消费者得到更新鲜的物品，同时也减少分销商的成本。

2. ECR和QR的比较

ECR主要以食品行业为对象，其主要目标是降低供应链各环节的成本，提高效率。而QR主要集中在一般商品和纺织行业，其主要目标是对客户的需求做出快速反应，并快速补货。这是因为食品杂货业与纺织服装行业经营的产品特点不同：杂货业经营的产品多是一些功能型产品，每一种产品的寿命相对较长（生鲜食品除外），因此订购数量过多（或过少）造成的损失相对较小。纺织服装业经营的产品多属创新型产品，每一种产品的寿命相对较短，因此订购数量过多（或过少）造成的损失就比较大。

二者共同特征表现为超越企业之间的界限，通过合作追求物流效率化。具体表现在贸易伙伴之间商业信息的共享；商品供应方涉足零售业并提供高质量的物流服务；企业间订货、发货业务通过EDI实现订货数据或出货数据的传送无纸化。

3. 实施ECR的原则

① 以较少的成本，不断致力于向食品杂货供应链客户提供更优的产品、更高的质量、更好的分类、更好的库存服务以及更多的便利服务。

② ECR必须由相关的商业带头人启动。

该商业带头人决心通过互利双赢的经营联盟来代替传统的输赢关系，达到获利之目的。

③ 必须利用准确、适时的信息以支持有效的市场、生产及后勤决策。

这些信息将以EDI的方式在贸易伙伴间自由流动，它将影响以计算机信息为基础的系统信息的有效利用。

④ 产品必须随其不断增值的过程，从生产至包装，直至流动至最终客户，确保客户能随时获得所需产品。

⑤ 必须采用通用一致的工作措施和回报系统。

该系统注重整个系统的有效性（即通过降低成本与库存及更好的资产利用，实现更优价值），清晰地标识出潜在的回报（即增加的总值和利润），促进对回报的公平分享。

4. ECR的主要策略

（1）计算机辅助订货（Computer Assisted Ordering，CAO）。

CAO是通过计算机对有关产品转移（如销售点的设备记录）、影响需求的外在因素（如季节变化）、实际库存、产品接收和可接受的安全库存等信息进行集成而实现的订单准备工作。CAO是一个由零售商建立的“有效客户反应”工具。应用计算机辅助订货使得公司能够配合客户的要求，控制货物的流动，达到最佳存货管理。

（2）连续库存补充计划（Continuous Replenishment Programme，CRP）。

CRP改变了零售商向贸易伙伴生成订单的传统补充方式，它是由供应商根据从客户那里得到的库存和销售方面的信息，决定补充货物的数量。

在库存系统中，订货点与最低库存之差主要取决于从订货到交货的时间、产品周转时间、产品价格、供销变化以及其他变量。订货点与最低库存保持一定的距离是为了防止产品脱销情况的出现。最高库存与订货点之差主要取决于交货的频率、产品周转时间、供销变化等。为了快速反应客户“降低库存”的要求，供应商通过与零售商缔结伙伴关系，主动向零售商频繁交货，并缩短从订货到交货之间的时间间隔。这样，就可降低整个货物补充过程（由工厂到商店）的存货，尽量切合客户的要求，同时减轻存货和生产量的波动。

可见，CRP成功的关键因素是：在信息系统开放的环境中，供应商和零售商之间通过进行EANCOM库存报告、销售预测报告和订购单报文等有关商业信息的最新数据交换，使得供应商从过去单纯地执行零售商的订购任务转而主动为零售商分担补充存货的责任，以最高效率补充销售点或仓库的货品。

值得注意的是，为了确保这些数据能够通过EDI在供应链中畅通无阻地流动，所有的参与方都必须使用一个通用的编码系统来标识产品、服务及位置。EAN物品和位置编码是确保CRP顺利实施的唯一的解决方案。

（3）交接运输（Cross Docking）。

交接运输是将仓库或配销中心接到的货物不作为存货，而是为紧接着的下一次货物发送做准备的一种分销系统。因此，交接运输要求所有的归港和出港运输尽量同时进行。交接运输实施的成功取决于三个因素：交付至仓库或配销中心的货物预先通知；无论交付包装的尺寸或原产地如何，仓库或配销中心要具备利用自动数据采集（ADC）设备对所有交付包装的识别能力；具备交货接收的自动确认能力。

（4）产品、价格和促销数据库（Item，Price and Promotion Databases）。

当大多数ECR概念都强调有关实物供应链的问题时，应注意的是，要想成功地改善供应链关系的效率，必须着眼于供应商和零售商最初所关注的问题，那便是产品、价格和促销数据库。将信息存取到产品、价格和促销数据库中对ECR概念的有效运作是很重要的。离开这些数据库，无纸系统的诸多好处就不能实现。

三、企业资源计划

1. ERP的定义

企业资源计划（Enterprise Resources Planning，ERP），它是从MRP（物料资源计划）发展而来的新一代集成化管理信息系统，它扩展了MRP的功能，其核心思想是供应链管理，它跳出了传统企业边界，从供应链范围去优化企业的资源，是基于网络经济时代的新一代信息系统。它对于改善企业业务流程以及提高企业核心竞争力的作用是显而易见的。

所谓ERP是指建立在信息技术基础上，以系统化的管理思想，为企业决策层及员工提供决策运行手段的管理平台。ERP系统集中信息技术与先进的管理思想，成为现代企业的运行模式，反映时代对企业合理调配资源，最大化地创造社会财富的要求，成为企业在信息时代生存、发展的基石。

2. ERP功能标准

美国加特那公司提出ERP具备的功能标准应包括以下四个方面：

① 超越MRPⅡ范围的集成功能，包括质量管理，试验室管理，流程作业管理，配方管理，产品数据管理，维护管理，管制报告和仓库管理。

② 支持混合方式的制造环境，包括既可支持离散又可支持流程的制造环境，按照面向对象的业务模型组合业务过程的能力和国际范围内的应用。

③ 支持能动的监控能力，提高业务绩效，包括在整个企业内采用控制和工程方法；模拟功能，决策支持和用于生产及分析的图形能力。

④ 支持开放的客户机/服务器计算环境，包括客户机/服务器体系结构，图形用户界面（GUI），计算机辅助设计工程（CASE），面向对象技术，使用SQL对关系数据库查询，内部集成的工程系统、商业系统、数据采集和外部集成（EDI）。

ERP是对MRPⅡ的超越，从本质上看，ERP仍然是以MRPⅡ为核心，但在功能和技术上却超越了传统的MRPⅡ，它是以顾客驱动的、基于时间的、面向整个供应链管理的企业资源计划。

3. ERP系统的管理思想

ERP的核心管理思想就是实现对整个供应链的有效管理，主要体现在以下三个方面：

（1）体现对整个供应链资源进行管理的思想。

在知识经济时代仅靠自己企业的资源不可能有效地参与市场竞争，还必须把经营过程中的有关各方如供应商、制造工厂、分销网络、客户等纳入一个紧密的供应链中，才能有效地安排企业的产、供、销活动，满足企业利用全社会一切市场资源快速高效地进行生产经营的需求，以期进一步提高效率和在市场上获得竞争优势。换句话说，现代企业竞争不是单一企业与单一企业间的竞争，而是一个企业供应链与另一个企业供应链之间的竞争。ERP系统实现了对整个企业供应链的管理，适应了企业在知识经济时代市场竞争的需要。

（2）体现精益生产、同步工程和敏捷制造的思想。

ERP系统支持对混合型生产方式的管理，其管理思想表现在两个方面：一是“精益生产（Lean Production，LP）”的思想，它是由美国麻省理工学院（MIT）提出的一种企业经营战略体系，即企业按大批量生产方式组织生产时，把客户、销售代理商、供应商、协作单位纳入生产体系，企业同其销售代理、客户和供应商的关系，已不再是简单的业务往来关系，而是利益共享的合作伙伴关系，这种合作伙伴关系组成了一个企业的供应链，这即是精益生产的核心思想；二是

“敏捷制造（Agile Manufacturing，AM）”的思想。当市场发生变化，企业遇有特定的市场和产品需求时，企业的基本合作伙伴不一定能满足新产品开发生产的要求，这时，企业会组织一个由特定的供应商和销售渠道组成的短期或一次性供应链，形成“虚拟工厂”，把供应和协作单位看成是企业的一个组成部分，运用“同步工程（SE）”，组织生产，用最短的时间将新产品打入市场，时刻保持产品的高质量、多样化和灵活性，即是“敏捷制造”的核心思想。

（3）体现事先计划与事中控制的思想。

ERP系统中的计划体系主要包括主生产计划、物料需求计划、能力计划、采购计划、销售执行计划、利润计划、财务预算和人力资源计划等，而且这些计划功能与价值控制功能已完全集成到整个供应链系统中。

另外，ERP系统通过定义事务处理（Transaction）相关的会计核算科目与核算方式，以便在事务处理发生的同时自动生成会计核算分录，保证了资金流与物流的同步记录和数据的一致性，从而实现了根据财务资金现状，可以追溯资金的来龙去脉，并进一步追溯所发生的相关业务活动，改变了资金信息滞后于物料信息的状况，便于实现事中控制和实时做出决策。

此外，计划、事务处理、控制与决策功能都在整个供应链的业务处理流程中实现，要求在每个流程业务处理过程中最大限度地发挥每个人的工作潜能与责任心，流程与流程之间则强调人与人之间的合作精神，以便在有机组织中充分发挥每个的主观能动性与潜能。实现企业管理从“高耸式”组织结构向“扁平式”组织结构的转变，提高企业对市场动态变化的响应速度。总之，借助IT技术的飞速发展与应用，ERP系统得以将很多先进的管理思想变成现实中可实施应用的计算机软件系统。

4. 应用ERP与企业的关系

ERP是借用一种新的管理模式来改造原企业旧的管理模式，是先进且行之有效的管理思想和方法。ERP软件在实际的推广应用中，其应用深度和广度都不到位，多数企业的效果不显著，没有引起企业决策者的震动和人们的广泛关注。

（1）实施ERP是企业管理全方位的变革。

企业领导层应该首先是受教育者，其次才是现代管理理论的贯彻者和实施者，规范企业管理及其有关环节，使之成为领导者、管理层及员工自觉的行动，使现代管理意识扎根于企业中，成为企业文化的一部分。国外企业实施ERP似乎没有讨论的余地，全盘接受，自觉性强。

（2）企业管理班子要取得共识。

要眼睛向内，练好内功，做好管理的基础工作，这是任何再好的应用软件和软件供应商都无法提供的，只能靠自己勤勤恳恳地耕耘。把ERP的实施称为“第一把手工程”，这说明了企业的决策者在ERP实施过程中的特殊作用。ERP是一个管理系统，牵动全局，没有第一把手的参与和授权，很难调动全局。

（3）ERP的投入是一个系统工程。

ERP的投入和产出与其他固定资产设备的投入和产出比较，并不那么直观、浅显和明了，投入不可能马上得到回报，见到效益。ERP的投入是一个系统工程，并不能立竿见影，它所贯彻的主要是管理思想，这是企业管理中的一条红线。它长期起作用、创效益，在不断深化中向管理要效益。

此外，实施ERP还要因地制宜，因企业而别，具体问题具体分析。首先，要根据企业的具体需求安装相应的系统，而不是笼统地都安装小型机或者不顾企业的规模安装这样长期运作，对企业危害性极大。其次，这种投入不是一劳永逸的，由于技术的发展很快，随着工作的深入，企业会越来越感到资源的紧缺，因此每年应有相应的投入，才能保证系统健康地运转。

（4）ERP的实施需要复合型人才。

他们既要懂计算机技术，又要懂管理。当前高校对复合型人才的培养远远满足不了企业的需求。复合型人才的培养需要有一个过程和一定的时间，但企业领导者常把这样不多的人才当作一般管理者，没有把他们当作是企业来之不易的财富。

总之，条件具备的企业要不失时机地上ERP管理系统，不能只搞纯理论研究、再研究，长时间地考察。要首先整理好内部管理基本数据，选定或开发适合自己企业的ERP软件，条件成熟了就上。

5. ERP项目的风险

企业的条件无论多优越，所做的准备无论多充分，实施的风险仍然存在。在ERP系统的实施周期中，各种影响因素随时都可能发生变化。如何有效地管理和控制风险是保证ERP系统实施成功的重要环节之一。

通常人们在考虑失败的因素时，一般着重于对实施过程中众多因素的分析，而往往忽视项目启动前和实施完成后ERP系统潜在的风险。对于ERP项目而言，风险存在于项目的全过程，包括项目规划、项目预准备、实施过程和系统运行。

6. ERP应用成功的标志

ERP应用是否成功，原则地说，可以从以下方面加以衡量：

（1）系统运行集成化：这是ERP应用成功在技术解决方案方面最基本的表现。

ERP系统是对企业物流、资金流、信息流进行一体化管理的软件系统，其核心管理思想就是实现对“供应链”的管理。软件的应用将跨越多个部门甚至多个企业。为了达到预期设定的应用目标，最基本的要求是系统能够运行起来，实现集成化应用，建立企业决策完善的数据体系和信息共享机制。

一般来说，如果ERP系统仅在财务部门应用，只能实现财务管理规范化、改善应收账款和资金管理；仅在销售部门应用，只能加强和改善营销管理；仅在库存管理部门应用，只能帮助掌握存货信息；仅在生产部门应用只能辅助制定生产计划和物资需求计划。只有集成一体化运行起来，才有可能达到：降低库存，提高资金利用率和控制经营风险；控制产品生产成本，缩短产品生产周期；提高产品质量和合格率；减少财务坏账、呆账金额等。

这些目标能否真正达到，还要取决于企业业务流程重组的实施效果。

（2）业务流程合理化：这是ERP应用成功在改善管理效率方面的体现。

ERP应用成功的前提是必须对企业实施业务流程重组，因此ERP应用成功也即意味着企业业务处理流程趋于合理化，并实现了ERP应用的最终目标：企业竞争力得到大幅度提升；企业面对市场的响应速度大大加快；客户满意度显著改善。

（3）绩效监控动态化：ERP的应用，将为企业提供丰富的管理信息。

如何用好这些信息，并在企业管理和决策过程中真正起到作用是衡量ERP应用成功的另一个标志。在ERP系统完全投入实际运行后，企业应根据管理需要，利用ERP系统提供的信息资源设计出一套动态监控管理绩效变化的报表体系，以期即时反馈和纠正管理中存在的问题。这项工作，一般是在ERP系统实施完成后由企业设计完成。企业如未能利用ERP系统提供的信息资源建立起自己的绩效监控系统，将意味着ERP系统应用没有完全成功。

（4）管理改善持续化：随着ERP系统的应用和企业业务流程的合理化，企业管理水平将会明显提高。

为了衡量企业管理水平的改善程度，可以依据管理咨询公司提供的企业管理评价指标体系对企业管理水平进行综合评价。评价过程本身并不是目的，为企业建立一个可以不断进行自我评价和不断改善管理的机制，才是真正目的。这也是ERP应用成功的一个经常不被人们重视的标志。

知识链接

随着现代科学技术水平的持续提高及物流环境的不断变化，国际上一些著名的企业，如惠普公司、IBM公司、DELL计算机公司等在供应链实践中取得了巨大的成绩，使人更加坚信供应链是进入21世纪后企业适应全球竞争的一种有效途径，因而吸引了许多学者和企业界人士研究和实践供应链管理。供应链管理深化了整个产业链上各企业之间的分工，对物流方案设计和组织协调水平提出了更高的需求。同时，第三方物流企业也不断将其内部的物流设计和运作之间的分工转向外部市场，以进一步提升专业化水平，提高效率。作为产业分工深化的结果，导致了第四方物流从传统的供应链管理中脱颖而出。绿色是生命之色，它不仅代表着人类生活环境的本色，还意味着和谐的生态环境。20世纪90年代全球兴起了一股“绿色浪潮”，如绿色产品、绿色消费、绿色营销等，绿色物流正是这种绿色化运动向物流领域渗透的结果，是保护地球生态环境的活动、行为、计划、思想和观念在物流及其管理活动中的体现。

相关视频

项目小结

本项目主要介绍了供应链管理的概念、作用、快速反应等相关的内容，供应链是生产及流通过程中，涉及将产品或服务提供给最终用户活动的上游与下游企业，所形成的网链结构。供应链，也称物流网络。简单说，供应链是指产品生产和流通过程中所涉及的原材料供应商、生产商、批发商、零售商以及最终消费者组成的供需网络。其要素包括供应商、制造中心、仓库、配送中心和零售点，以及在各机构之间流动的原材料、在制品库存和产成品。

供应链管理的理念是物流管理中最新的发展。供应链管理的实质就是在更大的系统（整个供应链）中，考虑物流、信息流与资金流的协调配合，以在更高层次上、更大范围内，提高物流过程的效率和效益。

供应链由外部供应链和内部供应链组成。外部供应链是指企业外部的与企业相关的产品生产和流通过程中涉及的原材料供应商、生产厂商、储运商、零售商以及最终消费者组成的供需网络。内部供应链是指企业内部产品生产和流通过程中所涉及的采购部门、生产部门、仓储部门、销售部门等组成的供需网络。外部供应链和内部供应链共同组成了企业产品从原材料到成品再到消费者的供应链。

练习题

一、选择题

1. 供应链是生产及流通过程中，涉及将产品或服务提供给最终用户活动的上游与下游企业，所形成的（　）。

   A. 网链结构　B. 多联结构　C. 单一结构　D. 复杂结构

2. （　）是以保证满足服务水平需要和使得系统成本最小化为目标，而采用的把供应商、制造商、仓库和零售商有效地结合成一体来生产商品，并把客户需要的商品在需要的时间配送到需要地点的一套方法。

   A. 用户管理　B. 供应链管理　C. 采购管理　D. 销售管理

3. ECR（Efficient Consumer Response），即（　），它是在食品杂货业分销系统中，分销商和供应商为消除系统中不必要的成本和费用，给客户带来更大效益而进行密切合作的一种供应链管理方法。

   A. 客户关系　B. 客户服务　C. 有效客户反应　D. 客户意见

4. ERP的核心管理思想就是实现对整个供应链的（　）。

   A. 积极管理　B. 有效控制　C. 有效结合　D. 有效管理

二、问答题

1. 实施供应链管理的步骤有哪些?
2. 供应链设计的步骤有哪些?
3. 供应链设计的原则有哪些?
4. 供应链管理的内容有哪些?
5. ERP应用是否成功，原则地说，可以从哪些方面加以衡量?

三、实训题

▶【实训任务】

了解企业的供应链管理。

▶【实训目标】

使学生对供应链有个整体的感性认识。

▶【实训内容】

（1）企业的供应链管理内容。

（2）企业供应链管理中存在的问题。

▶【实训要求】

（1）要求每个学生写出调研报告。

（2）要求每个学生提出调研企业供应链管理的改进意见。

▶【考核标准与方法】

（1）资料收集整理（20分）。

（2）写出调研报告（60分）。

（3）实训过程表现（20分）。

四、案例分析题

相同的命运，不同的归宿

芯片危机，诺基亚与爱立信的不同抉择。

（1）突然间的一场大火使飞利浦公司的数百万个芯片毁于一旦。

诺基亚公司和爱立信公司都是这家飞利浦公司芯片生产厂的大客户。

（2）诺基亚："危机是改进的机遇!"

火灾发生两个星期以后，飞利浦公司正式通知诺基亚公司，可能需要更多的时间才能恢复生产。诺基亚发现由飞利浦公司生产的5种芯片当中，4种芯片只有飞利浦公司和飞利浦的一家承包商能生产。为了应急，诺基亚迅速地改变了芯片的设计，经过不懈努力，他们找到了日本和美国的供应商，承担生产几百万个芯片的任务，而从接单到生产只有5天准备时间。

与诺基亚形成鲜明对照的是，爱立信反应要迟缓得多，显然对问题的发生准备不足。飞利浦公司的官员说："实在没有办法生产爱立信所急需的芯片。"爱立信公司突然发现，生产跟不上了，几个非常重要的零件一下子断了来源。当时，爱立信只有飞利浦一家供应商提供这种芯片，没有其他公司生产可替代的芯片。在市场需求最旺盛的时候，爱立信公司由于短缺数百万个芯片，一种非常重要的新型手机无法推出，眼睁睁地失去了市场。爱立信公司主管市场营销的总裁简·奥沃柏林说："可惜的是，我们当时没有第二个可选择方案。"面对如此局面，爱立信公司只得宣布退出移动电话生产市场。

思考题：

什么是快速反应？

课后习题答案

项目十一 流通加工

任务目标 1. 掌握流通加工的概念
2. 掌握流通加工的特点和作用及流通加工的合理形式等

任务内容 1. 熟悉流通加工产生的原因
2. 熟悉流通加工的基本理论知识

任务要求 1. 要求学生熟悉流通加工合理化的内容
2. 要求学生熟悉流通加工的业务管理

导入案例

阿迪达斯公司对鞋的加工

阿迪达斯公司在美国有一家超级市场，设立了组合式鞋店，摆放着不是做好了的鞋，而是做鞋用的半成品，款式花色多样，有6种鞋跟、8种鞋底，均为塑料制造的，鞋面的颜色以黑、白为主，搭带的颜色有80种，款式有百余种，顾客进来可任意挑选自己所喜欢的各个部位，交给职员当场进行组合，只要10分钟，一双崭新的鞋便唾手可得。

这家鞋店昼夜营业，职员技术熟练，鞋子的售价与成批制造的价格差不多，有的还稍便宜些。所以，顾客络绎不绝，销售金额比邻近的鞋店都便宜。

思考题：

流通加工的作用及其现实意义有哪些？

任务一 流通加工概述

流通加工属于物流的一个环节，其加工实施地一般选择在与其相关的仓库内或仓库附近，而且由仓库管理者来进行经营管理或者说这项业务多是由仓库经营者开办的。流通加工的出现，反映了物流理论的发展，反映了人们对物流、生产分工与观念的变革，它是大生产发展的必然。

一、流通加工的背景

流通加工是对物品的外形或组合状态进行简单作业，使之流通更方便、用户更满意，提高资源利用率。流通加工产生的背景及观念变化反映在以下方面。

1. 与现代生产方式有关

流通加工的诞生是现代生产发展的一种必然结果。现代生产的发展趋势之一是生产规模大型化、专业化。依靠单品种、大批量的生产方法，降低生产成本，获取较高的经济效益。这样就出现了生产相对集中的趋势，这种规模大型化、专业化程度越高，生产相对集中的程度也越高。生产的集中化进一步引起产需之间的分离，即生产与消费不在同一个地点，有一定空间距离；生产及消费在时间上不能同步，存在着一定的“时间差异”：生产者及消费者并不处于一个封闭圈内，某些人生产的产品供给成千上万人消费，而某些人消费的产品又来自许多生产者。

弥补上述分离的手段则是运输、储藏及交易。近年来，人们进一步认识到现代生产引起的产需分离并不局限于上述三个方面，还有一种重大的分离就是生产及需求在产品功能上的分离。大生产的特点之一便是“少品种、大批量、专业化”，产品的功能（规格、品种、性能）往往不能和消费需求密切衔接。弥补这一分离的方法就是流通加工。

2. 与消费的个性化有关

消费的个性化和产品的标准化之间存在着矛盾使本来就存在的产需分离变得更严重。本来弥补这种分离可以采取增加一道生产工序或消费单位加工改制的方法，但在个性化问题十分突出之后，采取上述弥补措施将会使生产及生产管理的复杂性和难度增加，按个性化生产的产品也难以组织高效率、大批量流通。所以，消费个性化的新形势及新观念为流通加工开辟了道路。

3. 与人们对流通作用的观念转变有关

人们研究流通过程中孕育着多少创造价值的潜在能力，这就有可能通过努力在流通过程中进一步提高商品的价值和使用价值，同时以很少的代价实现这一目标。这样就引起了流通过程从观念到方法的巨大变化，流通加工则是为适应这种变化而诞生的。

在生产不复杂，生产规模不大时，所有的加工、制造几乎全部集中于生产及再生产过程中，而流通过程只是实现商品价值及使用价值的转移过程。

在社会生产向大规模、专业化生产转变之后，社会生产越来越复杂，生产的标准化和消费的个性化的出现，使生产过程中的加工制造常常满足不了消费的要求；由于流通的复杂化，生产过程中的加工制造也常常不能满足流通的要求。于是，部分加工活动开始由生产及再生产过程向流通过程转移，在流通过程中形成了某些加工活动，这就是流通加工。

流通加工的出现使流通过程明显地具有了某种“生产性”，改革了长期以来形成的“价值及使用价值转移”的旧观念，这就从理论上明确了“流通过程是可以主动创造价值的”，而不单是被动地“保持”和“转移”价值的过程。

4. 效益观念的树立也是促使流通加工形式得以发展的重要原因

流通加工从技术来讲，可能不如生产技术复杂，但这种方式是现代观念的反映，在现代的社会再生产过程中起着重要作用。

20世纪60年代以后，效益问题逐渐引起了人们的重视。过去人们盲目追求高技术，引起了燃料、材料的投入大幅度上升，结果新技术、新设备的采用却往往得不偿失。20世纪70年代初，第一次石油危机的发生证实了效益的重要性，使人们牢牢树立了效益观念。流通加工可以少量的投入获得很大的效果，是高效益的加工方式，自然得以促进和发展。

二、流通加工的概念

流通加工是物品在从生产地到使用地的过程中，根据需要施加包装、分割、计量、分拣、刷标志、栓标签、组装等简单作业的总称。流通加工是商品流通中的一种特殊形式，是物流系统的构成要素之一。它可以促进销售、维护产品质量和提高物流效率，是在流通领域对产品进行的简单再加工。

流通与加工本来不属于同一范畴。流通是改变产品的空间、时间状态和所有权性质，是商业行为；加工是改变物质的形状和性质，使原料成为产品，是工业行为。流通加工则是为了弥补生产加工的不足，更有效地满足用户的需求，将一部分加工放在物流过程中完成，而成为物流的一个组成部分，是生产活动在流通领域的延伸，是流通职能的扩充。流通加工在现代物流系统中主要担负的任务是提高物流系统对于用户的服务水平，有提高物流效率和使物流活动增值的作用。

一般来说，生产的职能是使一件物品产生某种形态而具有某种使用价值，而流通的主要职能是在保持商品的已有形态中完成商品所有权的转移，不是靠改变商品的形态而创造价值。物流的主要作用是实现商品的空间移动，在物流体系中的流通加工不是通过“保护”流通对象的原有形态而实现这一作用的，而是和生产一样，是通过改变或完善流通对象的原有形态来实现流通作用的。

流通加工的出现与现代生产方式有关。现代生产发展趋势之一是生产规模大型化、专业化，依靠单品种、大批量的生产方法降低生产成本获取经济的高效益，这样就出现了生产相对集中的趋势。这种规模的大型化、生产的专业化程度越高，生产相对集中的程度也越高。生产的集中化进一步引起产需之间的分离，生产和消费之间存在着一定的空间差和时间差。某些人生产的产品供给成千上万的人消费，而某些人消费的产品又来自其他许多生产者，这种少品种、大批量、专业化产品往往不能和消费需要密切衔接。弥补这一分离的方法就是流通加工。在后工业化时代，生产和流通的进程逐渐趋于一体化，物流领域的流通加工也使消费者的需求出现多样化，消费的个性化使本来就存在的产需分离变得更严重。

生产过程中的加工制造则常常满足不了消费的要求，如果采取增加生产工序的方式，将会使生产的复杂性增加，并且按个性化生产的产品难以组织高效率、大批量流通。于是，加工活动开始部分地由生产过程向流通过程转移，促使在流通领域开展流通加工，从而在流通过程中形成了某些加工活动。目前，在世界许多国家和地区的物流中心或仓库经营中都大量存在着流通加工业务，美国等物流发达国家则更为普遍。

三、流通加工的特点和作用

1. 流通加工的特点

流通加工和一般的生产加工的不同，虽然它们在加工方法、加工组织、生产管理方面并无显著区别，但在加工对象、加工程度方面差别较大，其主要差别如下：

① 从价值观点看，生产加工的目的在于创造价值及使用价值，而流通加工则在于完善其使用价值，并在不做大改变的情况下提高价值。

② 流通加工的对象是进入流通过程的商品，具有商品的属性。以此来区别多环节生产加工中的一环。流通加工的对象是商品，生产加工对象不是最终产品，而是原材料、零配件、半成品。

③ 流通加工大多是简单加工，而不是复杂加工。一般来讲，如果必须进行复杂加工才能形成人们所需的商品，那这种复杂加工应专设生产加工过程，生产过程理应完成大部分加工活动，流通加工则是对生产加工的一种辅助及补充。特别需要指出的是，流通加工绝不是对生产加工的取消或代替。

④ 流通加工的组织者是从事流通工作的人，能密切结合流通的需要进行这种加工活动，从加工单位来看，流通加工由商业或物资流通企业完成，而生产加工则由生产企业完成。

⑤ 生产加工是为交换和消费而生产的，流通加工的一个重要目的是为了消费或再生产所进行的加工，这一点与生产加工有共同之处。

但是，流通加工在有的时候是以自身流通为目的，纯粹是为流通创造条件，这种为流通所进行的加工与直接为消费进行的加工，从目的来讲是有区别的，这又是流通加工不同于一般生产加工的特殊之处。

流通加工有效地完善了流通。流通加工在实现时间和场所两个重要效用方面，虽然不能与运输和仓储相比，但它也是不可轻视的，是起着补充、完善、提高、增强作用的物流功能要素，它能起到运输、仓储等其他功能要素无法起到的作用。所以，流通加工的地位可以描述为是提高物流水平、促进流通向现代化发展的不可缺少的形态。

2. 流通加工的作用

① 提高原材料利用率。利用流通加工，可将生产厂直接运来的简单规格的产品按照使用部门的要求进行集中下料，如将钢板进行剪板、切裁；钢筋或圆钢裁制成毛坯；木材加工成各种长度及大小的板、方等。集中下料可以优材优用、小材大用、合理套裁，有很好的技术经济效果。

② 进行初级加工，方便用户。对于用量小或临时产生需要的单位，因缺乏进行高效率初级加工的能力，依靠流通加工便可使这些使用单位省去进行初级加工的投资、设备及人力，从而搞活供应，方便用户。

③ 提高加工效率及设备利用率。由于建立集中加工点，可以采用效率高、技术先进、加工量大的专门机具和设备。这样做的好处：一是提高了加工质量；二是提高了设备利用率；三是提高了加工效率，使加工费用及原材料成本降低。

④ 充分发挥各种输送手段的最高效率。流通加工环节将实物的流通分成两个阶段。一般说来，由于流通加工环节设置在消费地，因此从生产厂到流通加工这一阶段输送距离长，而从流通加工到消费环节的这一阶段距离短。

第一阶段是在数量有限的生产厂与流通加工点之间进行定点、直达、大批量的远距离输送，可以采用船舶、火车等大量输送的手段；第二阶段则是利用汽车和其他小型车辆来输送经过流通加工后的多规格、小批量的产品。这样可以充分发挥各种输送手段的最高效率，加快输送速度，节省运力和运费。

⑤ 通过流通加工，可以使物流过程减少损失、加快速度，因而可能降低整个物流系统的成本；还可以提高物流对象的附加价值，着眼于满足用户的需要来提高服务功能而取得，使物流系统可能成为新的“利润中心”。

相关音频

任务二　流通加工的形式与内容

一、流通加工的形式

按加工目的的不同，流通加工有以下基本形式。

1. 为保护产品所进行的加工

在物流过程中，直到用户投入使用前都存在对产品的保护问题，应防止产品在运输、储存、装卸、搬运、包装等过程中遭到损失，以保障使用价值能顺利实现。

2. 为弥补生产领域加工不足的深加工

有许多产品在生产领域的加工只能到一定程度，这是由于许多因素限制着生产领域不能完全实现终极的加工。例如：钢铁厂的大规模生产只能按标准规定的规格生产，以使产品有较强的通用性，使生产能有较高的效率和效益。

3. 为满足需求多样化进行的服务性加工

需求存在着多样化和多变化的特点，为满足这种要求，经常是用户自己设置加工环节。

4. 为提高物流效率，方便物流的加工

有些产品本身的形态使之难以进行物流操作，进行流通加工可以使物流各环节易于操作。

5. 为促进销售的流通加工

流通加工可以从若干方面起到促进销售的作用，如将零配件组装成用具、车辆等，以便于直接销售；将蔬菜、肉类洗净切块以满足消费者要求等。这种流通加工可能是不改变“物”的本体而只进行简单改装的加工，也可能是组装、分块等深加工。

6. 为提高加工效率的流通加工

许多生产企业的初级加工由于数量有限或加工效率低，也难以投入先进科学技术。流通加工以集中加工的形式，克服了单个企业加工效率低的不足。以一家流通加工企业代替了若干生产企业的初级加工工序促使生产水平有一个发展。

7. 为提高原材料利用率的流通加工

流通加工利用其综合性强、用户多的特点，可以实行合理规划、合理套裁、集中下料的办法，有效提高原材料利用率，减少损失和浪费。

8. 衔接不同运输方式，使物流合理化的流通加工

在干线运输及支线运输的结点设置流通加工环节可以有效地解决大批量。具体做法：将低成本、长距离子线运输与多品种、少批量、多批次末端运输之间衔接，在流通加工点与大生产企业间形成大批量、定点运输的渠道，又以流通加工中心为核心组织对多用户的配送；也可在流通加工点将运输包装转换为销售包装，从而有效衔接不同目的的运输方式。

9. 以提高经济效益，追求企业利润为目的的流通加工

流通加工的一系列优点可以形成一种“利润中心”的经营形态，这种类型的流通加工是经营的一环，在满足生产和消费的基础上取得利润，同时在市场和利润引导下使流通加工在各个领域中能有效地发展。

10. 生产——流通一体化的流通加工形式

依靠生产企业与流通企业的联合或者生产企业涉足流通，或者流通企业涉足生产，形成的对生产与流通加工进行合理分工、合理规划治理组织，统筹进行生产与流通加工的安排，就是生产——流通一体化的流通加工形式。这种形式可以促成产品结构及产业结构的调整，充分发挥企业集团的经济技术优势，是目前流通加工领域的新形式。

二、流通加工的内容

1. 生产资料的流通加工

（1）商品混凝土的加工。

水泥的运输与使用以往习惯上以粉状水泥供给用户，由用户在建筑工地现制现拌混凝土使用。而现在将粉状水泥输送到使用地区的流通加工据点（集中混凝土工厂或称生混凝土工厂），在那里搅拌成生混凝土，然后供给各个工地或小型构件厂使用。这是水泥流通加工的另一种重要方式，它具有很好的技术经济效果，因此受到许多工业发达国家的重视。

这种流通加工的形式有以下优点：

① 提高生产效率和混凝土质量。将水泥的使用从小规模的分散形态改变为大规模的集中加

工形态，可充分应用现代化的科学技术组织现代化的大生产，可以发挥现代设备和现代管理方法的优势，大幅度地提高生产效率和混凝土质量。

集中搅拌可以采取准确的计量手段和最佳的工艺；可以综合考虑添加剂、混合材料的影响，根据不同需要大量使用混合材料拌制不同性能的混凝土；又能有效控制骨料质量和混凝土的离散程度，可以在提高混凝土质量、节约水泥、提高生产率等方面获益，具有大生产的一切优点。

② 能使水泥的物流过程更加合理。采用集中搅拌的流通加工方式可以使水泥的物流更加合理。在集中搅拌站（厂）与水泥厂或水泥库之间，可以形成固定的供应渠道，这些渠道的数目远少于分散使用水泥的渠道数目，在这些有限的供应渠道之间，就容易采用高效率、大批量的输送形态，有利于提高水泥的散装率。在集中搅拌场所内，还可以附熟料粉碎设备，直接使用熟料，实现熟料粉碎及拌制生混凝土两种流通加工形式的结合。

另外，采用集中搅拌混凝土的方式有利于新技术的推广应用，也大大简化了工地材料的管理，节约施工用地等。

③ 有利于环境保护。在相等的生产能力下，集中搅拌的设备在吨位、设备投资、管理费用、人力及电力消耗等方面较分散搅拌都能大幅度降低。由于生产量大，可以采取措施回收使用废水，防止各分散搅拌点排放洗机废水的污染，有利于环境保护。由于设备固定不动，还可以避免因经常拆建所造成的设备损坏，延长设备的寿命。

（2）水泥熟料的加工。

成品水泥呈粉状，粉状水泥的运输、装卸需要采用多种措施，才能减少损耗及污染。在需要长途运输水泥的地区，可以从水泥厂购入水泥半成品，即水泥熟料，运输比较方便，然后在本地区的磨细工厂把熟料磨细，并根据当地资源和需求情况加入混合材料及附加剂，加工为成品水泥。

在需要经过长距离输送的情况下，以熟料形态代替传统的粉状水泥有很多优点，具体如下：

① 可以大大降低运费，节省运力。

② 可按照当地的实际需要大量掺加混合材料。

③ 容易以较低的成本实现大批量、高效率的输送。

④ 可以大大降低水泥的输送损失。

⑤ 能更好地衔接产需，方便用户。采用长途输送熟料的方式，水泥厂就可以和有限的熟料粉碎工厂之间形成固定的直达渠道，能实现经济效果较优的物流。

（3）金属板材的剪切。

由于钢铁生产企业是规模生产，只能按规格进行生产，以使产品有较强的通用性，使生产有较高的效率，一般不可能实现用户需求的终极加工。而流通企业为了方便用户和提高自身经济效益，可以按用户要求进行加工，如物资流通企业对钢板和其他金属板材的剪切加工等，就颇受中、小用户的欢迎。

剪板机在流通领域可用于板材和卷板的剪裁，其工作过程主要通过剪板机的上刀刃与下刀刃的作用，把整块的板材剪开分离。剪板机一般是直线剪切，剪切时一般是下剪刀固定不动，上剪刀向下运动。普通剪板机由机身、传动装置、刀架、压料器、前挡料架、后挡料架、托料装置、刀片调整装置、灯光对线装置、润滑装置、电气控制装置等部件组成。按工艺用途分类，剪板机有摆动剪板机、多用途剪板机、多条板材滚剪机、圆盘剪切机和振动剪切机等；按其传动方式可分为机械传动式剪板机和液压式剪板机。

钢板剪板及下料的流通加工有如下优点：

① 由于可以选择加工方式，加工后钢材的晶相组织较少发生变化，可保证原来的交货状态，有利于高质量的保证。

② 加工精度高，可减少废料、边角料，也可减少再进行机加工的切削量，既可提高再加工效率，又有利于减少消耗。

③ 由于集中加工可保证批量及生产的连续性，可以专门研究此项技术并采用先进设备，从而大幅度提高效率和降低成本。

④ 使用户能简化生产环节，提高生产水平。

（4）木材加工和集中下料。

在流通领域可以将原木锯截成各种规格的锯材，如板材、方木，同时将碎木、碎屑集中加工成各种规格的板。这种加工可以提高效益，方便用户。过去用户直接使用原木，不但加工复杂、占用场地、加工设备多，而且资源浪费大，木材利用率不到50%，出材率不到40%。实行集中下料，按用户要求供应规格料，可以把原木利用率提高到95%，出材率提高到72%左右。

木工加工机械主要是木工锯机和抛光器具等，构造一般都比较简单。木工锯机是由有齿锯片、锯条或带锯链条组成的切割木材的设备。按刀具的运动方式分类，锯机可分为三种：一是刀具往复运动的锯机，如狐尾锯、线锯和框锯机；二是刀具连续直线运动的锯机，如带锯机和链锯；三是刀具旋转运动的锯机，如各种圆锯机。

（5）平板玻璃的切割下料。

按用户提供的图纸对平板玻璃套材开片，向用户提供成品玻璃，用户可以将其直接安装在采光面上。这不但方便用户，而且可以提高玻璃材料的利用率。玻璃的切割机械有多种，自动切割机是一种常用的设备。玻璃自动切割机由切桌、切割桥、控制箱、供电柜等主要部件组成。

（6）工业用煤的流通加工。

① 除矸加工。除矸加工是以提高煤炭纯度为目的的加工形式。企业为了不运矸石，多运“纯物质”，提高运力，降低成本，采用除矸的流通加工排除矸石。

② 为管道输送煤浆进行煤浆加工。一般的煤炭运输方法损失浪费较大。管道运输是近代兴起的一种先进技术。在流通的起始环节将煤炭磨成细粉，便有了一定的流动性，再用水调和成浆就可以像其他液体一样进行管道输送。

③ 配煤加工。不同的工业生产需用不同的煤质，如果发热量太大，则造成热能的浪费；如果发热量太小，则不能满足使用要求。从煤矿运出的一般都是品种单一的煤炭，不能满足用户多样性的需求。流通企业根据用户的具体要求，将各种煤及一些其他发热物质，按一定的配方进行掺配混合加工，生产出各种不同发热量的燃料。

④ 天然气、石油气等气体的液化加工。由于气体输送、保存都比较困难，天然气及石油气往往只好就地使用，如果当地资源充足而使用不完，往往就地燃烧掉造成浪费和污染。两气的输送可以采用管道，但因投资大，输送距离有限，也受到制约。在产出地将天然气或石油气压缩到临界压力之上，使之由气体变成液体，就可以用容器装运，使用时机动性也较强。

2. 消费资料的流通加工

（1）机电产品的分割和组装加工。

自行车及中小型机电产品的运输配送、储存保管具有一定困难，主要原因是不易进行包装，如进行防护包装则成本过大，并且运输装卸困难，效率也较低，容易丢失。这些货物有一个共同特点，即装配比较简单，技术要求不高，不需要进行复杂的检验和调试。因此，可采用半成品

（部件）高容量包装，在消费地拆箱组装，组装后随即进行市场销售。

有些大型整体设备的体积很大，运输装卸困难，也可按技术要求进行分割，分为体积较小的几部分进行运输，到达目的地后再连接起来，恢复原型。

（2）货物的捆扎。

捆扎机械是利用带状或绳状捆扎材料将一个或多个包装紧扎在一起的设备。利用机械捆扎代替传统的手工捆扎，不仅可以加固包件，减少体积，便于装卸搬运和储存保管，确定运输配送安全，还可以大大降低捆扎的劳动强度，提高工效。因此，它是实现包装机械化、自动化必不可缺少的机械设备。

由于包件的大小、形状、捆扎要求不同，捆扎机类型较多，但各种类型的捆扎机的结构基本类似，主要由导轨与机架、送带、紧带机构、封接装置、控制系统组成。

（3）粘贴货物标签。

为了识别和验收的需要，往往要在货物上面粘贴标签和其他标识单据，可用粘贴机作业。粘贴机的主要作用是采用黏合剂将标签贴在包件或产品上，粘贴机基本由供签装置、取签装置、打印装置、涂胶装置和连锁装置等部分组成。

3. 食品的流通加工

（1）易腐物品的防腐处理。

所谓易腐物品主要指肉、鱼、蛋、水果、蔬菜、鲜活植物等品类的物品。这些物品在流通过程中容易腐败变质，要进行一些加工处理以保持原有的使用价值。

① 冷冻加工和低温冷藏。动物性食品腐坏的主要原因是微生物的作用，温度与微生物的生成、繁殖和呼吸作用有密切关系。所以，对肉、鱼类食品可采用冷冻加工，使微生物的繁殖速度减缓或停止，避免腐烂变质。

温度对水果、蔬菜呼吸强度的影响也极为显著，温度降低，呼吸作用也随之减弱。但温度过低也会使水果蔬菜中的水分冻结而停止其呼吸作用，失去对细菌的抵抗能力而腐败。因此，对于水果蔬菜不能冷冻处理，适宜采用低温冷藏的方法。

② 其他防腐加工方法。防腐的方法除了低温冷藏外，还有一些其他的方法，如糖泡、盐腌、晾干和制成各种罐头等。这些措施大多由生产企业完成，流通企业也可采用。

（2）生鲜食品的流通加工。

① 冷冻加工。为解决鲜肉、鲜鱼在流通中保鲜及搬运装卸的问题，采取低温冷冻方式的加工，这种方式也用于某些液体商品、货品等。

② 分选加工。农副产品规格、质量离散情况较大，为获得一定规格的产品，采取人工或机械分选的方式加工称分选加工。广泛用于果类、瓜类、谷物、棉毛原料等。

③ 精制加工。农、牧、副、渔等产品精制加工是在产地或销售地设置加工点，不但大大方便了购买者，而且还可以对加工的淘汰物进行综合利用。例如，鱼类的精制加工所剔除的内脏可以制成某些药物或饲料，鱼鳞可以制高级黏合剂，头尾可以制鱼粉等；蔬菜的加工剩余物可以制饲料、肥料等。

④ 分装加工。许多生鲜食品零售起点较小，而为保证高效输送出厂，包装则较大，也有一些是采用集装运输方式运达销售地区。这样为了便于销售，在销售地区按所要求的零售起点进行新的包装，即大包装改小包装或散装，运输包装改销售包装，这种方式也称分装加工。

相关音频

任务三　流通加工管理

一、流通加工管理概述

流通加工的管理，从其本质来说和生产领域的生产管理一样，是在流通领域中的生产加工作业管理。所不同的是，流通加工管理既要重视生产的一面，更要着眼于销售的一面，因后者是它的主要目的。

流通加工管理工作可分计划管理、生产管理、销售管理和成本管理等。

1. 计划管理

计划管理就是对流通加工的产品必须事先制订计划，如对加工产品的数量、质量、规格、包装要求等，都要按用户的需求做出具体计划，按计划进行加工生产。

要实现现代生产的计划管理：首先，要改变管理意识，将生产部门的管理工作从过去仅重视成品生产量导入到重视物料管理、重视生产计划交货期和掌握库存控制技术、搞好质量管理和现场管理的意识上来。其次，应规范生产计划制度，加大力度推行年度计划和季度计划，落实月生产计划。再次，应实施各项管理制度。车间实行生产计划管理和物料管理制度，并建立管理规范和操作规范，要求生产系统管理人员随时监控计算机里的数据正确与否。同时，又要求制定可行的订货原则、安全库存量、物料消耗指标、生产能力指标等管理数据，使各车间的加工处于受控制的状态。

2. 生产管理

生产管理主要是对生产过程中的工艺管理（如生产厂房、车间的设计）、生产工艺流程的安排、原材料的储存供应、产成品的包装和入库等一系列的工艺流程的设计看其是否科学、合理与现代化。

生产管理的制度化、程序化和标准化是科学管理的基础。只有在合理的管理体制、完善的规章制度、稳定的生产程序、一整套科学管理方法和完整、准确的原始数据的基础上，才能使生产管理产生一个新的飞跃，并为计算机管理奠定一个良好的基础。

3. 销售管理

流通部门的主要职能是销售，加工也应该主要是为此目的服务的。因此，在加工之前，要对市场情况进行充分的分析调查。只有广大顾客需要的，加工之后有销路的产品，才能组织加工。否则，顾客不需要或销路不好的，就不能进行徒劳的加工。

4. 成本管理

在流通加工中，成本管理也是一项非常重要的内容：一方面加工是为了方便用户，创造社会效益；另一方面加工也是为了扩大销售，增加企业效益，所以必须详细计算成本，不能进行亏本的加工。

成本计算必然涉及流通加工费用。流通加工费用包括流通加工设备费用、流通加工材料费用、流通加工劳务费用及流通加工其他费用。对流通加工费用的管理必须注意以下四点：

（1）合理确定流通加工的方式。

流通企业应根据服务对象选择适当的加工方法和加工深度，因为不同的加工方法与加工深度的费用支出是不同的。

（2）合理确定流通加工的能力。

流通加工费用与加工的批量、加工的数量存在着正比关系，应根据物流需要和加工者的实际能力确定加工批量和数量，避免出现加工能力不足或加工能力过剩的现象。

（3）流通加工费用的单独核算。

为了检查和分析流通加工费用的使用、支出情况，分析流通加工的经济效益，要求对流通加工费用单独管理，进行单独核算。

（4）制定反映流通加工特征的经济指标。

例如，反映流通加工后单位产品增值程度的增值率，反映流通加工在材料利用方面的材料出材率、利用率等指标，以便更好地反映流通加工的经济效益。

① 直接材料费。流通加工的直接材料费用是指对流通加工产品加工过程中直接消耗的材料、辅助材料、包装材料及燃料和动力等费用。与工业企业相比，在流通加工过程中的直接材料费用，占流通加工成本的比例不大。

② 直接人工费用。流通加工成本中的直接人工费用是指直接进行加工生产的生产工人的工资总额和按工资总额提取的职工福利费。生产工人工资总额包括计时工资、计件工资、奖金、津贴和补贴、加班工资、非工作时间的工资等。

③ 制造费用。流通加工制造费用是物流中心设置的生产加工单位为组织和管理生产加工所发生的各项间接费用，主要包括流通加工生产单位管理人员的工资及提取的福利费，生产加工单位房屋、建筑物、机器设备等的折旧和修理费、生产单位固定资产租赁费、机物料消耗、低值易耗品摊销、取暖费、水电费、办公费、差旅费、保险费、试验检验费、季节性停工和机器设备修理期间的停工损失，以及其他制造费用。

二、不合理的流通加工形式

流通加工是在流通领域中对生产的辅助性加工，从某种意义上来讲它不仅是生产过程的延续，而且是生产本身或生产工艺在流通领域的延续。这个延续可能有正、反两方面的作用，即可能有效地起到补充完善的作用，但也必须估计到另一个可能性，即对整个过程的负效应。各种不合理的流通加工都会产生抵消效益的负效应。四种不合理流通加工形式如下。

1. 流通加工地点设置的不合理

流通加工地点设置即布局状况是整个流通加工是否能有效地重要因素。一般而言，为衔接单品种大批量生产与多样化需求的流通加工，加工地设置在需求地区，才能实现大批量的干线运输与多品种末端配送的物流优势。

如果将流通加工地设置在生产地区，其不合理之处在于：一是多样化需求要求的产品多品种、小批量由产地向需求地的长距离运输会出现不合理；二是在生产地增加了一个加工环节，同时增加了近距离运输、装卸、储存等一系列物流活动。

所以，在这种情况下，不如由原生产单位完成这种加工而无须设置专门的流通加工环节。一般而言，为方便物流的流通加工环节，应设在产出地，设置在进入社会物流之前，如果将其设置在物流之后，即设置在消费地，则不但不能解决物流问题，又在流通中增加了一个中转环节，因而也是不合理的。

2. 流通加工方式选择不当

流通加工方式包括流通加工对象、流通加工工艺、流通加工技术、流通加工程度等。流通加工方式的确定实际上是与生产加工的合理分工。分工不合理，本来应由生产加工完成的，却错误地由流通加工完成，本来应由流通加工完成的，却错误地由生产过程去完成，都会造成不合理性。

流通加工不是对生产加工的代替，而是一种补充和完善。所以，一般而言，如果工艺复杂，技术装备要求较高或加工可以由生产过程延续或轻易解决都不宜再设置流通加工，尤其不宜与生产过程争夺技术要求较高、效益较高的最终生产环节，更不宜利用一个时期市场的压迫力使生产者变成初级加工或前期加工。如果流通加工方式选择不当，就会出现与生产夺利的恶果。

3. 流通加工作用不大，形成多余环节

有的流通加工过于简单或对生产及消费者作用都不大，甚至有时流通加工的盲目性，同样未能解决品种、规格、质量、包装等问题，相反却实际增加了环节，这也是流通加工不合理的重要形式。

4. 流通加工成本过高，效益不好

流通加工之所以能够有生命力，重要优势之一是有较大的产出投入比，因而又起着补充完善的作用。如果流通加工成本过高，则不能实现以较低投入实现更高使用价值的目的。除了一些必需的以及从政策要求即使亏损也应进行的加工外，都应看成是不合理的。

三、流通加工合理化

流通加工合理化的含义是实现流通加工的最优配置，不仅做到避免各种不合理，使流通加工有存在的价值，而且做到最优的选择。为避免各种不合理现象，对是否设置流通加工环节，在什么地点设置，选择什么类型的加工，采用什么样的技术装备等，需要做出正确抉择。目前，国内在进行这方面合理化的考虑中已积累了一些经验，取得了一定成果。

实现流通加工合理化主要考虑以下方面：

（1）加工和配送结合。

这是将流通加工设置在配送点中，一方面按配送的需要进行加工，另一方面加工又是配送业务流程中分货、拣货、配货之一环节，加工后的产品直接投入配货作业，这就无须单独设置一个加工的中间环节，使流通加工有别于独立的生产，而使流通加工与中转流通巧妙结合在一起。同时，由于配送之前有加工，可使配送服务水平大大提高。这是当前对流通加工做合理选择的重要形式，在煤炭、水泥等产品的流通中已表现出较大的优势。

（2）加工和配套结合。

在对配套要求较高的流通中，配套的主体来自各个生产单位，但是，完全配套有时无法全部依靠现有的生产单位。进行适当流通加工，可以有效促成配套，大大提高流通的桥梁与纽带的能力。

（3）加工和合理商流相结合。

通过加工有效促进销售，使商流合理化，也是流通加工合理化的考虑方向之一。加工和配送的结合，通过加工提高了配送水平，强化了销售，是加工与合理商流相结合的一个成功的例证。

（4）加工和合理运输结合。

前文已提到过流通加工能有效衔接干线运输与支线运输，促进两种运输形式的合理化。利用流通加工，在支线运输转干线运输或干线运输转支线运输这本来就必须停顿的环节，不进行一般的支转干或干转支，而是按干线或支线运输合理的要求进行适当加工，从而大大提高运输及运输转载水平。

此外，通过简单地改变包装加工，形成方便的购买量，通过组装加工解除用户使用前进行组装、调试的难处，都是有效促进商流的例子。

（5）加工和节约相结合。

节约能源、节约设备、节约人力、节约耗费是流通加工合理化重要的考虑因素，也是目前我国设置流通加工，考虑其合理化的较普遍的形式。

对于流通加工合理化的最终判断，看其是否能实现社会的和企业本身的两个效益，而且是否取得了最优效益。对流通加工企业而言，与一般生产企业一个重要不同之处是，流通加工企业更应树立社会效益为第一的观念。只有在补充完善为己任的前提下才有生存的价值。如果只是追求企业的微观效益，不适当地进行加工，甚至与生产企业争利，这就有违于流通加工的初衷或者其本身已不属于流通加工的范畴了。

四、流通加工的技术经济指标

衡量流通加工的可行性，对流通加工环节进行有效的管理，可考虑采用以下两类指标。

1. 流通加工建设项目可行性指标

流通加工仅是一种补充性加工，规模、投资都必须远低于一般生产性企业。其投资特点是：投资额较低、投资时间短、建设周期短、投资回收速度快且投资收益较大。因此，投资可行性可采用静态分析法。

2. 流通加工环节日常管理指标

由于流通加工的特殊性，不能全部搬用考核一般企业的指标。例如：八项技术经济指标中，对流通加工较为重要的是劳动生产率、成本及利润指标。此外，还有反映流通加工特殊性的指标，具体如下：

（1）增值指标

反映经流通加工后单位产品的增值程度以百分率表示，计算公式为：

$$增值率=\frac{产品加工后价值-产品加工前价值}{产品加工前价值}\times 100\%$$

增值率指标可以帮助管理人员判断投产后流通加工环节的价值变化情况，并以此观察该流通加工的寿命周期位置为决策人提供是否继续实行流通加工的依据。

（2）品种规格增加额及增加率。

反映某些流通加工方式在满足用户、衔接产需方面的成就，增加额以加工后品种、规格数量与加工前之差决定，计算公式为：

$$品种规格增加率=\frac{品种规格增加额}{加工前品种规格}\times 100\%$$

（3）资源增加量指标。

该指标反映某些类型流通加工在增加材料利用率、出材率方面的效果指标。这个指标不但可提供证实流通加工的重要性数据，而且可具体用于计算微观及宏观经济效益。其具体指标分新增出材率和新增利用率两项，计算公式为：

$$新增出材率=加工后出材率-原出材率$$

$$新增利用率=加工后利用率-原利用率$$

项目小结

流通加工是商品流通中的一种特殊形式，是物流系统的构成要素之一。它可以促进销售、维护产品质量和提高物流效率，是在流通领域对产品进行的简单再加工。

流通加工是为了提高物流效率和物品利用率、降低生产及物流成本，在物品进入流通领域后，按物流的需要与客户的要求进行的加工活动。流通加工是物品在从生产地到使用地的过程中，根据需要施加包装、分割、计量、分拣、刷标志、栓标签、组装等简单作业的总称。

流通加工属于物流的一个环节，其加工实施地一般选择在与其相关的仓库内或仓库附近，而且由仓库管理者来进行经营管理，或者说这项业务多是由仓库经营者开办的。流通加工是对物品的外形或组合状态进行简单作业，使之流通更方便、用户更满意，提高资源利用率。

流通加工是为了弥补生产加工的不足，更有效地满足用户的需求，将一部分加工放在物流过程中完成，而成为物流的一个组成部分，是生产活动在流通领域的延伸，是流通职能的扩充。流通加工在现代物流系统中主要担负的任务是提高物流系统对于用户的服务水平，有提高物流效率和使物流活动增值的作用。

练习题

一、选择题

1. 从价值观点看，生产加工的目的在于创造价值及使用价值，而流通加工则在于完善其使用价值，并在不做大改变的情况下（　）。

   A. 提高价值　B. 保存价值　C. 降低价值　D. 降低成本

2. 流通加工的地位可以描述为是（　）、促进流通向现代化发展的不可缺少的形态。

   A. 保持物流水平　B. 提高物流水平　C. 维持物流水平　D. 降低物流水平

3. 流通加工的管理，从其本质来说和生产领域的生产管理一样，是在流通领域中的（　）。

   A. 加工作业管理　B. 流通加工作业管理

   C. 生产加工作业管理　D. 包装加工作业管理。

4. 流通加工合理化的含义是实现流通加工的（　），不仅做到避免各种不合理，使流通加工有存在的价值，而且做到最优的选择。

   A. 资源配置　B. 合理配置　C. 配置　D. 最优配置

5. 流通加工仅是一种补充性加工，规模、投资都必须远低于一般生产性企业。其投资特点是：投资额较低、（　）、建设周期短、投资回收速度快且投资收益较大。

   A. 投资时间短　B. 投资时间长　C. 投资资金大　D. 流通效率高

二、问答题

1. 流通加工的特点有哪些？
2. 流通加工的作用有哪些？
3. 实现流通加工合理化主要考虑哪几方面的问题？
4. 流通加工有哪几种基本形式？
5. 不合理流通加工的形式主要有哪些？

三、实训题

▶【实训任务】

了解肉食的流通加工。

▶【实训目标】

组织学生到肉联厂参观，了解肉食加工情况，使学生对肉食加工有个整体的感性认识。

▶【实训内容】

熟悉肉联厂对肉食加工的有关情况。

▶【实训要求】

将班级同学进行分组，每组成员不超过8人，设组长1名，由组长安排各小组的进度，并负责总体的协调工作，选择1个肉联厂进行参观，通过参观，提出肉联厂如何通过加工，使商品增值。

▶【考核标准与方法】

（1）资料收集整理（30分）。

（2）提出改进意见（50分）。

（3）实训过程表现（20分）。

四、案例分析题

北京冻鸭出口科威特

我国某出口公司在一次广交会上与科威特一家公司成交了北京冻鸭700箱。科威特公司要求我方在屠宰这批鸭子时，要按照伊斯兰教方法屠宰，而且要求由中国伊斯兰教协会出具证明。我方公司同意了科方公司的要求，并同意把这一要求写进合同。

我方公司在屠宰这批鸭子时，没有对伊斯兰教方法给予重视。因为公司已经掌握了最先进的屠宰方法，即从鸭子口中进刀，将血管割断放尽血后再速冻，从而保证鸭子的外表仍是一个完整的躯体。我方公司认为，这种最先进的屠宰方法一定会受到科方公司的欢迎，于是就采用了这种方法进行屠宰。随后，未经中国伊斯兰教协会的实际察看，就请该会出具了"按伊斯兰教方法屠宰"的证明。

货物到达目的地后，由当地科威特市政厅卫生局食品部屠宰科检验。检验报告认为，该批鸭子不是按"伊斯兰教屠宰法"屠宰的，中国伊斯兰教协会出具的证明是伪证，然后由买主将这批数量为700箱的北京冻鸭全部退回。这笔业务不但造成了经济上的重大损失，而且严重影响了中国伊斯兰教协会的信誉。

思考题：

出现这种情况的主要原因有哪些？

课后习题答案

项目十二

国际物流

任务目标 1. 掌握国际物流的定义、特征
2. 掌握国际货物代理的基本理论知识

任务内容 1. 掌握国际物流的分类
2. 掌握国际物流的基本业务活动

任务要求 1. 要求学生熟悉国际物流的常识
2. 要求学生熟悉国际货物代理业务

导入案例

货代未按托运人指示安排运输路线

1. 基本案情

浙江兴盛贸易公司于2018年9月委托速达货代公司办理一批仿皮派克出口美国纽约的订舱事宜，在订舱委托书右上方手书“走MLB”，并附长荣公司编号为EMCl127号的该批货物上海至纽约协议运价确认书。速达货代公司接受委托后，即向长荣公司订舱，并附上述长荣的运价确认，但速达货代公司在向长荣公司递交的订舱委托上未注“走MLB”（经查“MLB”系“Mini-Land Bridge”缩略，意为北美“小陆桥”）。

随后，长荣以全水路方式，将货物从上海运抵美国纽约。货到纽约，收货人向浙江兴盛贸易公司提出异议，认为兴盛贸易公司违反贸易合同约定，未采用小陆桥运输方式，即先从上海海运至北美西海岸洛杉矶或奥克兰或波特兰等基本港，然后以陆路将货物转运纽约，而是全程水路直达，不但延长了运输时间，而且延误了销售良机，提出退货。兴盛贸易公司为减少损失，最终以原合同半价的条件与对方达成协议，造成2 1486.6美元损失。兴盛贸易公司认为，本案损失是作为货代的速达货代公司代理过失所致，在向速达货代公司追偿遭拒后，于2018年10月10日一纸诉状将速达货代公司告到法院。速达货代公司以兴盛贸易公司拒付运费为由，在次年3月1日提起反诉，主张3 589美元的运费返还。

2. 处理结果

上海海事法院于2019年8月19日开庭。庭审过程中，法官基本认定了以下的观点：

① 从兴盛贸易公司交给速达货代公司的委托单上，委托事项清晰明确，特别是运输方式“走MLB”字样，十分醒目，速达货代公司作为专业的货运代理人，对托运人运输方式的特别要求视而不见，在代理实施委托事项时不向承运人明示托运人“走MLB”约定条款，显然已经构成违约。

② 速达货代公司声称因为事先兴盛贸易公司已经与长荣确认“MLB”方式及运价，因此不在订舱委托书上注明“MLB”并无过错，这一主张不能成立。

根据惯例，海运托运人在托运时，除非特别要求承运人采用多式联运方式，即采用两种以上

不同运输方式承运外，通常被认为要求承运人以全程海运完成运输过程。速达货代公司虽然在向承运人长荣公司订舱托运时，附上了运价协议，但运价协议绝不是作为运输合同的订舱托运单本身，就速达货代公司代兴盛贸易公司向长荣公司订立本案货物海运合同的过程而言，在没有特别约定前提下，不能将该运价协议视为运输合同中的运输方式条款，更不能武断地将之作为运输方式条款并入订舱托运合同。

③ 速达货代公司声称，兴盛贸易公司在接受长荣出具的全水路的全程海运提单时，未提出任何异议，据此认定，速达货代公司已经圆满完成所有代理事项，事实并非如此。

从本案所涉长荣公司签发的编号为ElSU142703052308提单上，虽然列明了一程和二程船船名，但并未注明是全水路运输，要一个不熟悉海运业务的客户从一份这样的提单上识别出承运人采用的是什么运输方式，是一种过分的苛求，速达货代公司以兴盛贸易公司未能在接受提单时提出异议，而将承运人未以“MLB”方式运输的责任加于兴盛贸易公司的头上，是不能成立的。

由于本案事实清楚，在法院的建议下，双方当事人随后在庭外以速达货代公司补偿兴盛贸易公司6 000美元的代价达成和解，了结此案。

3. 法律分析

合同作为签约双方意思表示一致的必要文件，出现在每一笔业务中，货主的订舱委托书（亦称托运单、货物明细单）是速达货代公司出口业务中常见的一种货代书面委托合同。实务中，只要速达货代公司接受了货主运输标的指向明确的订舱委托书，就意味着速达货代公司已经对货主构成了一种承诺，即必须完成所有委托书上明示的委托事项，除非出现不可抗力，速达货代公司将对不能兑现的承诺承担相应的违约责任。

思考题：

速达货代公司的问题是什么？

分析指南：

本案争议的焦点是兴盛贸易公司委托单上的“走MLB”字样，速达货代公司未在提交承运人的托运书上注明，致承运人走全水路方式，由谁承担责任?通过庭上辩论可见，作为专业的货代企业，速达货代公司在代理货主委托事项时，未能将运输方式这一主要条款列入托运合同，显然构成过错。可见，认真审核货主委托事项，包括货物名称、件数、重量，启运港、目的港、运输方式、运费支付，装期，可否转船，可否分批，是否是危险品等，所有相关事项都应弄得十分清楚，任何的疏漏，都可能导致违约，承担相应的赔偿责任。

任务一　国际物流概述

国际物流是现代物流系统中重要的物流领域之一。国际物流是不同国家之间的物流，它是国际之间贸易的重要组成部分，各国之间的相互贸易最终要通过国际物流来实现。由于国际物流涉及不同的国家，其业务运作的空间距离长，物流业务环节多，涉及不同国家的企业和市场，经济、法律法规、物流设施设备等差异很大，从而使物流业务流程持续时间更长，作业更加复杂，技术要求更高。

一、国际物流的内涵

国际物流（International Logistics，简称IL）是组织材料、在制品、半成品和制成品在国与国之间进行流动和转移的活动。国际物流是相对国内物流而言的，是国家和地区之间的物流，是跨国界的、流通范围扩大了的物的流通。

国际物流的内涵还可以从以下方面理解。

1. 国际物流是国内物流的延伸

国际物流是跨国界的、范围扩大了的物流活动，包括全球范围内与物料管理和物资运送相关的所有业务环节。所以，国际物流又称“国际大流通”或“大物流”。

2. 国际物流的实质

国际物流的实质是根据国际分工协作的原则，依照国际惯例，利用国际化的物流网络、物流设施和物流技术，实现货物在国际之间的流动与交换，以促进区域经济的发展和世界资源的优化配置。

3. 国际物流是国际贸易活动的重要组成部分

随着世界经济的发展，国际之间分工日益细化，任何国家都不可能包揽一切领域的经济活动，国际之间的合作与交流日益频繁，这就推动了国际之间的商品流动，必然形成国际物流。

4. 国际物流的总目标

国际物流的总目标是为国际贸易和跨国经营服务，即选择最佳的方式和路径，以最低的费用和最小的风险，将货物从一个国家或地区的供给方运到另一个国家或地区的需求方，使国际物流系统整体效益最大。一般地，一个国际物流过程总是涉及货物的交货方、贸易中间人、货运代理人和货物接收方。贸易中间人和货运代理人都是专门从事商品使用价值转移活动的业务机构或代理人。因此，与一般物流相比，国际物流涉及的环节较多，整个物流过程更加复杂。

二、国际物流的特点

1. 物流作业环节多，流程完成周期长

国际物流是跨越国界的物流活动，由于地域范围大、运输时间较长、物流流程涉及不同的国家、不同国家物流设施设备的差异等，与一般物流相比，国际物流作业不仅需要一般的运输、仓储、装卸、流通加工等环节，还需要某些特殊的环节，物流流程的完成周期更长。

2. 物流作业复杂

国际物流涉及两个以上的国家或地区，不同的国家或地区又存在着法律法规、物流技术和标准的差异，因而，物流过程中的管制和查验及相关手续繁多。除此以外，国际物流作业的复杂性还表现为以下方面：

（1）国际物流环境复杂、差异大。

不同的国家适应不同的物流法规，使国际物流经营活动的环境可能变的非常复杂。一个国际物流系统需要在几个不同的法律、语言、科技、社会标准下运行，这些也无疑会大大增加物流的难度和系统的复杂性。

（2）国际物流运输过程复杂。

国际物流往往需要经过多种运输方式的衔接运输。同时，由于气候条件复杂，对货物运输途中的保管、存放要求高。货物的加工和仓储也具有一定的复杂性。

（3）国际物流作业的复杂性还突出地表现在单证的复杂性上。

国内作业一般只需要一份发票和一份提单就能完成，而国际作业往往需要大量的有关商务单证、结汇单证、船务单证、运输单证、报检报关单证、港口单证及装卸货流转单证等。

3. 国际物流以远洋运输为主，多种运输方式结合

国际物流运输方式的选择不仅关系到国际物流交货周期的长短，还关系到国际物流总成本的大小。由于国际物流中的运输距离远、运量大，考虑运输成本，运费较低的海运成为最主要的方式。同时，为缩短货运时间，满足客户在时间上的要求，在运输方式上还采用空运、陆运和海运相结合的方式。目前，在国际物流活动中，“门到门”的运输方式越来越受到货主的欢迎，使得能满足这种需求的国际复合运输方式得到快速发展，逐渐成为国际物流运输中的主流。

4. 物流过程具有高风险性

由于国际物流较长的流程完成周期、复杂的作业和跨国界运作，国际物流过程中除了存在一般性物流风险，如意外事故、不可抗力、作业损害、理货检验疏忽、货物自然属性、合同风险外，还因跨国家、长距离运作，面临着政治、经济和自然等方面的更高风险。

5. 国际物流的标准化要求高

国际物流除了国际化信息系统支持外，还要求物流各国家和地区物流基础设施结构标准化和签订贸易协定，以保证国际之间物流的畅通。

（1）基础设施设备标准化可以有效地减少物流作业量，缩短物流流程完成周期。

标准集装箱运输方式的发展极大地促进了物流基础设施设备的标准化发展，但各个国家和地区在诸如汽车、轮船等运输工具的装载尺寸、载重和铁路轨道规格等方面仍然存在着很大的差距，这就导致产品在跨越国界时，不得不在不同的运输工具之间卸载和转运，人为增加了作业环节和作业量，导致大量的资源浪费和物流成本。

> 小思考：
> 什么是标准化？

（2）全球标准信息系统是保证国际物流效率的基础。

信息技术是现代物流发展的最有力的技术支撑，也是物流成为独立产业的技术基础。要保证各物流环节之间及时的信息交流，就必须建立统一的信息技术平台，实行全球信息一体化运作。目前，在物流信息传递技术方面，欧洲各国不仅实现企业内部的标准，而且也实现了企业之间及欧洲统一市场的标准化。

（3）贸易协定也是减少物流作业环节、降低物流成本的重要保证。

为保护国内企业生产，一些国家和地区通过规定某些商品的进口额度，对超出部分设置高额关税，限制这些商品的流入量，从而人为增加了物流成本。例如，美国对金枪鱼进口就采取了这样的措施。为避免缴纳过多的关税，进口商往往在金枪鱼即将到达规定的数量时，将多余的部分存入保税仓库，等待第二年年初进行装运。这就增加了物流成本，也使金枪鱼的物流过程复杂化。各个国家和地区通过贸易协定就可以有效地克服这种人为成本的增加。

6. 国际物流需要更高的标准化信息处理系统和信息传输技术

要实现物流流程中各环节之间的有序衔接，节约时间、缩短流程周期，就必须有功能更强大，信息传输和信息处理更快的标准化信息系统技术支撑。只有这样，才能及时处理国际物流流程中纷繁复杂的相关信息，才能以标准化的方式将有用的信息及时传递到相关的物流节点，保证各节点及时组织和安排相关的业务。国际物流与传统物流的区别就在于现代信息技术与物流的结合，也就是通过计算机和网络进行信息收集、传递、发布，以及智能化处理和物流过程的控制。由于信息网络的条形码和自动识别技术、全球定位系统（GPS）跟踪、自动仓储控制、自动订单等电子单据传递等新技术的广泛采用，国际物流必须有世界范围的信息化的支持。

总之，尽管国际物流在原理上与国内物流基本相同，但国际物流的经营环境更复杂和昂贵。国际物流的复杂性通常用4个D来概括，即距离（Distance）、单证（Bill Of Document）、文化差异（Culture Difference）和顾客需求（Customer Demand）。由于国际物流线长面广，作业环节多，情况和单证复杂，整个流程面临着更大的营运风险，同时不同国家和地区在制度法律、物流设施和语言等方面还存在着差异，国际物流的组织和管理难度更大。这不仅要求国际物流有强大的信息技术系统支撑，而且要求从业人员具备较高的政治素质和业务素质，保证在业务处理上有较强的洞察力和应变力，能够对具体的物流运作环境做出反应。

三、国际物流的分类

根据不同的标准，国际物流可以分成不同的类型。

1. 根据货物流动的关税区域分类

国际物流可分为国家之间物流与经济区域之间物流。这两种类型的物流在形式和具体环节上存在着较大差异。例如，欧洲联盟之间由于属于同一关税区，成员国之间的物流的运作与其他国家或者经济区域之间的物流运作在方式和环节上就存在着较大的差异。

2. 根据货物在国与国之间的流向分类

国际物流可分为进口物流和出口物流。凡存在于进口业务中的国际物流行为被称为“进口物流”，而存在于出口业务中的国际物流行为被称为“出口物流”。鉴于各国的经济政策、管理制度、外贸体制的不同，进口物流和出口物流，既存在交叉的业务环节，又存在不同的业务环节，需要物流经营管理人员区别对待。

3. 根据跨国运送的货物特性分类

国际物流可分为贸易型国际物流和非贸易型国际物流。贸易型国际物流是指由国际贸易活动引起的商品在国际之间的移动，除此之外的国际物流活动都属于非贸易型国际物流，如国际展品物流、国际邮政物流、国际军火物流和国际逆向物流等。

（1）国际邮政物流是指通过各国邮政运输办理的包裹、函件等。

由于国际邮政完成的货运数量较大，使得国际邮政物流成为国际物流的重要组成部分。航空快递的发展已经开始分流一部分函件和货物包裹。

（2）国际展品物流是伴随着国家展览业的发展而发展的。

国际展品物流是指以展览为目的，暂时将商品运入一国境内，待展览结束后再复出境的物流活动，国际展品物流的主要内容包括制定展品物流的运作方案，确定展品种类和数量，安排展品的征集和运输，协调组织展品等货物的包装、装箱、开箱、清点和保管，协助安排展品布置等工作。

（3）国际军火物流是指军用品作为商品和物资在不同的国家或地区之间的买卖和流通，是广义物流的一个重要组成部分。

（4）国际逆向物流是指对国际贸易中回流的商品进行改造和整修活动，包括循环利用容器和包装材料；由于损坏和季节性库存需要重新进货、回调货物或过量库存导致的商品回流。

4. 根据国际物流经营方式和管理的重点分类

国际物流可分为资源导向型国际物流、信息导向型国际物流和客户导向型国际物流。

四、国际物流业务

国际物流是跨国之间进行的物流活动，它主要包括发货、国内运输、出口国报关、国际之间运输、进口国报关、送货等业务环节。其中，国际运输是国际物流的关键和核心业务环节。

1. 商品检验

商品检验是国际物流系统中一个重要的子系统。进出口商品的检验，就是对卖方交付商品的品质和数量进行鉴定，以确定交货的品质、数量和包装是否与合同的规定一致，如发现问题，可分清责任，向有关方面索赔。在国际贸易买卖合同中，一般都订有商品检验条款，其主要内容有检验时间与地点、检验机构与检验证明、检验标准与检验方法等。

2. 报关业务

报关是指商品在进出境时，由进出口商品的收、发货人或其代理人，按照海关规定格式填报《进出口商品报关单》，随附海关规定应交验的单证，请求海关办理商品进出口手续的活动。

海关是国家设在进出境口岸的监督机关，在国家对外经济贸易活动和国际交往中，海关代表国家行使监督管理的权利。海关按照《海关法》和其他法律的规定，履行下列职责：

① 对进出境的运输工具、商品、行李物品、邮递物品和其他物品进行实际监管。

② 征收关税和其他税费。

③ 查缉走私。

④ 编制海关统计和办理其他海关业务。

经海关审查批准予以注册、可直接或接受委托向海关办理运输工具、商品及物品进出境手续的单位叫“报关单位”。报关单位的报关员需经海关培训和考核认可，发给报关员证件，才能办理报关事宜。报关员需在规定的报关时间内，备有必要的报关单证办理报关手续。

3. 保税制度、保税区和保税仓库

保税制度是各国政府为了促进对外加工贸易和转口贸易而采取的一项关税措施，它是对特定的进口商品，在进境后，尚未确定内销或复出的最终去向前，暂缓缴纳进口税，并由海关监管的一种制度。

保税区又称保税仓库区，是海关设置的或经海关批准注册的，受海关监管的特定地区和仓库。国外商品存入保税区内，可以暂时不缴进口税；如再出口，不缴出口税；如要进入所在国的国内市场，则要办理报关手续，交纳进口税。进入保税区的国外商品，可以进行仓储、分装、混装、加工、展览等。有的保税区还允许在区内经营保险、金融、旅游、展销等业务。

保税仓库是经海关批准专门用于存放保税商品的仓库。它必须具备专门储存、堆放商品的安全设施；健全的仓库管理制度和详细的仓库账册，配备专门的经海关培训认可的专职管理人员。保税区和保税仓库的出现，为国际物流的海关仓储提供了既经济又便利的条件。

4. 国际货运保险

在国际贸易中，每笔成交的货物，从卖方交至买方手中，一般都要经过长途运输。在此过程中，货物可能遇到自然灾害或意外事故，从而使货物遭受损失。

货主为了转嫁货物在途中的风险，通常都要投保货物运输险，如货物一旦发生承包范围内的风险损失，即可以从保险公司取得经济上的补偿。保险人承保以后，如果保险标的在运输过程中发生约定范围内的损失，应按照规定给予被保险人经济上的补偿。国际货物运输保险的种类很多，包括海上货物运输保险、陆上货物运输保险、航空货物运输保险和邮包运输保险，其中，以海上货物运输保险历史最久。

5. 国际货运代理

国际贸易中的跨国商品运输和配送可以由进出口双方单位自行组织，也可以委托跨国性的第三方物流企业组织完成。其中，国际货运代理是方便、节约地执行国际物流中不可缺少的一个重要环节。

国际货运代理人接受货主委托，办理有关货物报关、交接、仓储、调拨、检验、包装、转运、租船和定舱等业务。他以货主的代理人身份并按代理业务项目和提供的劳务向货主收取劳务费。国际货运代理的业务范围主要包括租船订舱代理、货物报关代理、转运及理货代理、仓储代理、集装箱代理、多式联运代理。

6. 国际运输

国际运输是国际物流系统的核心，商品通过国际运输作业由卖方转移给买方，克服商品生产地和需要地的空间距离，创造了商品的空间效益。国际运输具有路线长、环节多、涉及面广、手续繁杂、风险性大、时间性强等特点，而运输费用在国际贸易商品价格中也占有很大比重。因此，有效的国际运输组织对整个国际物流过程是至关重要的。

7. 理货业务

理货是对外贸易与国际商品运输配送中不可缺少的一项重要工作，它履行判断商品交接数量和状态的职能，是托运和承运双方履行运输契约、分清商品短缺和毁损责任的重要过程。

相关音频

理货是随着水上贸易运输的出现而产生的，最早的理货工作就是计数，如今的理货工作范围已经发生变化。理货是指船方或货主根据运输合同在装运港和卸货港收受和交付商品时，委托港口的理货机构代理完成的在港口对商品进行计数、检查商品残损、指导装载、制作有关单证等工作。

任务二 国际货物运输

运输包括人和物的载运及输送。运输就是通过运输手段使货物在物流结点之间流动。国际货物运输是国际物流系统的核心。它不同于国内运输，具有线长面广、中间环节多、情况复杂多变和风险大等特点。为了多快好省地完成进出口货物运输任务，从事国际物流的人员必须合理地选用各种运输方式，订好买卖合同中的各项装运条款，正确编制和运用各种运输单据，并掌握与此有关的运输基本知识。

一、国际货物运输的特点与构成

1. 国际货物运输的特点

（1）国际货物运输是中间环节很多的长途运输。

国际货物运输是国家与国家、国家与地区之间的运输，一般运距较长。在运输过程中，往往需要使用多种运输工具，通过多次装卸搬运，交换不同运输方式，经由不同的国家和地区，中间环节很多。

（2）国际货物运输涉及面广，情况复杂多变。

货物在国际之间的运输过程中，需要与不同国家、地区的货主、交通部门、商检机构、保险公司、银行、海关及各种中间代理人打交道。同时，由于各个国家、地区的政策法律规定不一，金融货币制度不同，贸易运输习惯和经营做法也有差别，再加上各种政治、经济形势和自然条件的变化，都会对国际货物运输产生较大的影响。

（3）国际货物运输的风险较大。

国际货物运输由于运距长、中间环节多、涉及面广、情况复杂多变，加之时间性很强，因而风险也就比较大，为了转嫁运输过程中的风险损失，各种进出口货物和运输工具，都需要办理运输保险。

（4）国际货物运输的时间性特别强。

国际市场竞争十分激烈，商品价格瞬息万变，进出口货物如不能及时地运到目的地，很可能会造成重大的经济损失；某些鲜活易腐商品和季节性商品如不能按时送到目的地出售，所造成的经济损失可能会更加严重。因此，货物的装运期、交货期被列为贸易合同的条件条款，能否按时装运直接关系到重合同、守信用的问题，对贸易、运输的发展都会产生巨大的影响。

（5）国际货物运输涉及国际关系问题。

在组织国际货物运输过程中，需要经常同国外发生广泛的联系，这种联系不仅仅是经济上的，也会牵涉到国际政治问题。对于各种运输业务问题的处理，常常也会涉及国际关系问题，是一项政策性很强的工作。因此，从事国际货物运输的人不仅要有经济观念，而且也要有国家政策观念。

> 小思考：
> 国际货物运输和国内货物运输有哪些不同？

2. 国际货物运输在国际物流中的地位与作用

国际货物运输是国际物流系统的核心，发挥着重要作用。

（1）国际货物运输是国际物流不可缺少的重要环节。

在国际贸易中，进出口商品在空间上的流通范围极为广阔，没有运输，要进行国际之间的商品交换是不可能的。商品成交以后，只有通过运输，按照约定的时间、地点和条件把商品交给对方，贸易的全过程才算最后完成。国际货物运输是国际贸易和国际物流不可缺少的重要环节。

国际物流是“物”的国际之间物理性运动，这种运动不但改变了物的时间状态，也改变了物的空间状态。而国际运输承担了改变空间状态的主要任务，国际运输是改变空间状态的主要手段，能圆满完成改变空间状态的全部任务。在国际物流中，国际运输能提供两大功能：国际货物转移和仓储。

① 国际货物转移。运输的主要功能就是产品在价值链中的来回移动。国际货物运输是通过运输手段使货物在国际物流结点之间流动。因此，国际货物转移是国际货物运输所提供的主要功能。

② 仓储。对物品进行临时存放是一个特殊的运输功能，这个功能在以往并没有被人们关注。国际货物运输一般经历的时间长、路途远，各种运输工具，如火车、飞机、船舶、集装箱等都担负着国际货物的存放功能。尤其是一些国际货物在转移中需要仓储，但在短时间内又将重新转移，那么，该物品从仓库卸下来和再装上去的成本可能高于存放在运输工具中支付的费用。在仓库有限的时候，利用运输工具存放也许是一种更可行的选择。在本质上，国际运输工具被用做一种临时仓储设施，它是移动的，而不是处于闲置。

（2）国际运输是国际物流“第三利润”的主要源泉。

国际运输是运动中的活动，它和静止的保管不同，要靠大量的动力消耗才能实现这一活动，而国际运输又承担着大跨度空间转移的任务，所以活动的时间长、距离长、消耗也大。消耗的绝对数量大，其节约的潜力也就大。

（3）国际货物运输能够促进国际物流的发展。

国际货物运输工具的不断改进，运输体系结构、经营管理工作的逐步完善和日趋现代化：一方面使得开拓越来越多的国际市场成为可能；另一方面由于交货更为迅速、准时，运输质量更高，运输费用更节省，可以大大提高对外贸易的经济效益并进而使得国际之间的经济联系日益加强，国际分工日趋深化，国际贸易愈加发展。

3. 国际货物运输的构成要素

国际货物运输是通过一些具体的运输方式或运输方式的组合来实现的。因此，简单地说，国际货物运输主要由三个方面构成：国际运输的关系方、国际运输的工具和国际运输的方式。

（1）国际运输的关系方。

一般来说，一种活动总是由人与工具构成的，运输活动也不例外。在国际运输活动中的人主要是国际运输的关系方，即国际物流中运输的参与者和运输服务的提供者。

（2）国际运输的工具。

工具是实现国际货物运输的手段。国际运输工具主要有下列四种：

① 包装工具，包括包装机械、充填包装机械、灌装机械、封口机械、贴标机械、捆扎机械、热成型包装机械、真空包装机械、收缩包装机械和其他机械。

② 集装工具，主要有集装箱、托盘和集装袋等。

③ 运输工具，主要有汽车、火车、船舶、飞机和管道等。

④ 装卸搬运工具，主要有起重机械、装卸搬运车辆、连续输送机械和散装机械等。

（3）国际运输的方式。

根据使用的运输工具的不同，国际货物运输的主要方式：海洋运输、铁路运输、航空运输、公路运输、邮包运输、管道运输、集装箱运输、大陆桥运输及由各运输方式组合而成的国际多式联运等。在实际业务中，应根据货物特性、运量大小、距离远近、运费高低、风险程度、任务缓急及自然条件和气候变化等因素，审慎选用合理的运输方式。

二、国际海洋运输

海洋运输是国际物流中最主要的运输方式，它是指使用船舶通过海上航道在不同国家和地区的港口之间运送货物的一种方式。海洋运输通过能力大，万吨以上甚至数十万吨的巨轮都可在海洋中航行。由于海洋运输量大，运输成本低，所以许多国家，特别是沿海国家的进出口货物，大部分都采用海洋运输。但海洋运输易受自然条件和气候的影响，风险较大，且航行速度较慢。因此，对于不宜经受长期运输的货物以及急用和易受气候条件影响的货物，一般不宜采用海洋运输方式。

1. 国际海洋运输分类

按照船公司对船舶经营方式的不同，商船可分为班轮和不定期船两种类型，由于这两个种类的船舶在经营上各有自己的特点，所以海洋运输又可分为班轮运输和租船运输两种方式。

（1）班轮运输。

班轮通常是指具有固定航线，沿途停靠若干固定港口，按照事先规定的时间表航行的船舶。班轮运输是指在预先固定的航线上，按照船期表在固定港口之间来往行驶的海洋运输。少量货物或件杂货，通常采用班轮运输。

（2）租船运输。

租船通常是指包租整船而言，大宗货物一般都采用租船运输。租船通常在租船市场上进行。船东或二船东向租船人提供的不是运输劳务，而是船舶的使用权。船东和租船人之间所进行的租船业务是对外贸易的一种商业行为，也叫无形贸易。租船运输具有如下特点：

① 没有固定的航线、装卸港及航期。

② 没有固定的运价。

③ 租船运输中的提单不是一个独立的文件。银行一般不乐意接受这类提单，除非信用证另有规定。

④ 租船运输中的船舶港口使用费、装卸费及船期延误所造成的费用按租船合同规定划分及计算，而班轮运输中船舶的一切正常营运支出均由船方负担。

⑤ 租船主要用来运输国际贸易中的大宗货。

租船方式主要包括定程租船、定期租船和光船租船三种。

2. 海运出口货物运输业务

海运出口货物运输业务是指根据贸易合同中的运输条件，把售予国外客户的出口货物加以组织和安排，通过海运方式运到国外目的港的一种业务。凡以CIF和CFR条件签订的出口合同，皆由卖方安排运输。卖方须根据买卖合同中规定的交货期安排运输工作。

3. 海运进口货物运输业务

海运进口货物运输业务是指根据贸易合同中的有关运输条件，把向国外的订货加以组织，通过海运方式运进国内的一种业务。这种业务必须取决于价格条件。如果是CIF或CFR条件，则由国外卖方办理租船订舱工作；如果是FOB条件，则由买方办理租船订舱工作，派船前往国外港口接运。由于经营外贸业务的公司或有外贸经营权的企业一般本身不掌握运输工具，因而运输工作主要依靠国内、国外的有关运输部门来完成。这是一项复杂的运输组织工作。外贸部门或其运输代理要根据贸易合同的规定，妥善组织安排运输，使船货相互适应，密切配合，按时、按质、按量完成进口运输任务。海运进口货物运输工作，一般包括的环节：租船订舱、掌握船舶动态、收集和整理单证、报关、报验、监卸和交接、保险等。

4. 主要货运单证

（1）托运单（Booking Note，B/N）。

托运单有的人也称之为“下货纸”，是托运人根据贸易合同和信用证条款内容填制的，向承运人或其代理办理货物托运的单据。承运人根据托运单内容，并结合船舶的航线、挂靠港、船期和舱位等条件考虑，认为合适后，即接受托运。

（2）装货单（Shipping Order，S/O）。

装货单是接受了托运人提出装运申请的船公司，签发给托运人，凭以命令船长将承运的货物装船的单据。装货单既是装船依据，又是货主凭以向海关办理出口申报手续的主要单据之一。

（3）收货单（Mates Receipt，M/R）。

收货单又称大副收据，是船舶收到货物的收据及货物已经装船的凭证。

（4）装货清单（Loading List，L/L）。

装货清单是承运人根据装货单留底，将全船待装货物按目的港和货物性质归类，依航次、靠港顺序排列编制的装货单汇总清单，是船上大副编制配载计划的主要依据，又是供现场理货人员进行理货，港方安排驳运、进出库场及承运人掌握情况的业务单据。

（5）提货单（Delivery Order，D/O）。

提货单又称小提单，是收货人凭正本提单或副本提单随同有效地担保向承运人或其代理人换取的，可向港口装卸部门提取货物的凭证。

（6）海运提单（Bill of Lading，B/L）。

海运提单是承运人或其代理人应托运人的要求所签发的货物收据，在将货物收归其照管后签发，证明已收到提单上所列明的货物，是一种货物所有权凭证。提单持有人可据以提取货物，也可凭此向银行押汇，还可在载货船舶到达目的港交货之前进行转让。提单是承运人与托运人之间运输合同的证明。

5. 海上货物运输索赔与理赔

海上货物运输经常发生货损货差的情况，索赔与理赔的问题也就伴随而至。租船合同和提单是处理索赔与理赔的主要依据，它们都有专门的条款用来规定租船人和船东、托运人和承运人之间的关系及各自的权利、义务、责任、豁免等事项。

决定对外索赔就要准备各项必要的索赔单证。采用班轮或程租船方式运输发生货损货差时，凡出口货物，一般由国外收货人或提单持有人，再或者货物承保人直接向承运人办理索赔；凡进口货物，一般情况下由货运代理人代表有关进出口公司以货方名义向承运人办理索赔。

三、国际铁路运输

在国际货物运输中，铁路运输是仅次于海洋运输的主要运输方式，海洋运输的进出口货物，也大多是靠铁路运输进行货物的集中和分散。

铁路运输有许多优点，一般不受气候条件的影响，可保障全年的正常运输，而且运量较大，速度较快，有高度的连续性，运转过程中可能遭遇风险也较小。办理铁路货运手续比海洋运输简单，而且发货人和收货人可以在就近的始发站（装运站）和目的站办理托运和提货手续。

国际铁路运输在国际物流运输中以国际铁路联运的方式出现。国际铁路联运是使用一份统一的国际铁路联运票据，由跨国铁路承运人办理两国或两国以上铁路的全程运输，并承担运输责任的一种连贯运输方式。

国际铁路联运的适用范围：适用于国际货协国家之间的货物运送，发货人只需在发货站办理铁路托运，使用一张运单，即可办理货物的全程运输；适用于未参加国际货协铁路间的顺向或反向货物运输，在转换的最后一个或第一个参加国的国境站改换适当的联运票据。

四、国际航空运输

航空运输是一种现代化的运输方式。国际航空运输是指根据当事人订立的航空运输合同，无论运输有无间断或者有无转运，运输的出发地点、目的地点或者约定的经停地点之一不在中华人民共和国境内的运输。

1. 国际航空运输的特点

国际航空运输与海洋运输、铁路运输相比，具有运送迅速、节省包装、保险和仓储费用、可以运往世界各地而不受河海和道路限制、安全准时等特点，因此对易腐、鲜活、季节性强、精密仪器和贵重物品、紧急需要的商品运送尤为适宜，被称为“桌到桌快递服务”。

2. 国际航空运输的方式

（1）班机运输。

班机运输是指在固定航线上飞行的航班，它有固定的始发站、途经站和目的站。一般航空公司都使用客货混合机型，舱容有限，难以满足大批量的货物运输要求。

（2）包机运输。

包机运输分整包机与部分包机两种。前者由航空公司或包租代理公司按照事先约定的条件和费用将整机租给租机人，从一个或几个空站将货物运至指定目的地，它适合运送大批量的货物，运费不固定，一次一议，通常较班机运费低；后者由几家货运代理公司或发货人联合包租一架飞机，再或者由包机公司把一架飞机的舱位分别租给几家空运代理公司，其运费虽较班机低，但运送的时间比班机长。

（3）集中托运。

集中托运是由空运代理将若干单独发货人的货物集中起来组成一整批货物，由其向航空公司托运到同一到站地，货物到国外后由到站地的空运代理办理收货、报关并分拨给各个实际收货人。集中托运的货物越多，支付的运费越低。因此，空运代理向发货人收取的运费要比发货人直接向航空公司托运低。

（4）陆空陆联运。

陆空陆联运分三种：一是TAT，即Train—Air—Truck的联运；二是TA，即Truck—Air的联运；三是TA，即Train—Air的联运。

（5）急件传递。

急件传递不同于一般的航空邮寄和航空货运，它是由专门经营这项业务的公司与航空公司合作，设专人用最快的速度在货主、机场、用户之间进行传递。例如，传递公司接到发货人委托后，用最快的速度将货物送往机场赶装最快航班，随即用电传将航班号、货名、收货人及地址通知国外代理接货，航班抵达后，国外代理提取货物后急送收货人。

（6）送交业务。

送交业务通常用于样品、目录、宣传资料、书籍报刊之类的空运业务，由国内空运代理委托国外代理办理报关、提取、转送并送交收货人。其有关费用均先由国内空运代理垫付，然后向委托人收取。

五、国际集装箱运输

集装箱运输自1956年4月开始在美国用于海上运输后，满足了货主快速、安全、准确、直达的运输要求，在国际贸易运输中得到了广泛应用，并在20世纪70年代以后迅速发展起来。后来发展为以港口与海运为中心的国际集装箱联运，目前已是世界上发展最快且又较为广泛的运输形式之一。

集装箱运输是指将一定数量的货物装入特制的标准规格的箱体内作为运送单位进行运输的方式。

1. 集装箱运输的优点

集装箱运输在保证货物安全、节约包装材料、简化包装和理货手续、提高运输效率、加速货物运输、降低运输成本及改善运输劳动条件等方面都有重要作用与明显效果。其独特的优越性表现在以下方面：

① 可露天作业，露天存放，不怕风雨，节省仓库。

② 可节省商品包装材料，可保证货物质量、数量，减少货损货差。

③ 车船装卸作业机械化，节省劳动力和减轻劳动强度。

④ 装卸速度快，提高了车船的周转率，减少港口拥挤，扩大了港口吞吐量。

据统计，一个集装箱码头的作业量抵得上7～11个普通码头，一台起吊设备装卸集装箱要比装卸件杂货快30倍，一艘集装箱船每小时可装卸货物数吨，而普通货轮每小时只能装卸35吨，每小时的装卸效率相差11倍。

⑤ 减少运输环节，可进行门到门的运输，从而加快了货运速度，缩短了货物的在途时间。

⑥ 由于集装箱越来越大型化，从而减少了运输开支，降低了运费。

据国际航运界报道，集装箱运费要比普通件杂货运费低5%～10%。

2. 集装箱运输方式

（1）装箱方式。

集装箱装箱分为整箱（FCL）和拼箱（LCL）。整箱是指货主向承运人或租赁公司租用一定的集装箱。空箱运到工厂仓库后在海关人员监管下，货主把货装入箱内，加锁铅封后，交承运人并取得站场收据，最后凭收据换取提单或运单。拼箱是指承运人接受货主托运的数量不足整箱的小票货运后根据货类性质和目的地进行分类整理，把去同一目的地的货，集中到一定数量，拼装入箱。

（2）交接方式。

根据集装箱的装箱方式，其交接方式有四类：一是整箱交整箱接；二是拼箱交拆箱接；三是整箱交拆箱接；四是拼箱交整箱接。

（3）交接地点。

交接地点分为门、场、站三类。其中，“门”是指发收货人工厂或仓库；“场”是指港口的集装箱堆场；“站”是指港口的集装箱货运站。

① 门到门——在整个运输过程中，完全是集装箱运输，并无货物运输，适宜于整箱交整箱接。

② 门到场站——从门到场站为集装箱运输，从场站到门是货物运输，适宜于整箱交拆箱接。

③ 场站到门——由门至场站为货物运输，由场站至门是集装箱运输，适宜于拼箱交整箱接。

④ 场站到场站——除中间一段为集装箱运输外，两端的内陆运输均为货物运输，适宜于拼箱交拼箱接。

3. 集装箱进出口程序

进口程序为：订舱→装箱单→发送空箱→拼箱货装箱→整箱货装箱→集装箱货运交接→换取提单→装船。

出口程序为：货运单证→分发单证→到货通知→提单→提货单→提货→整箱交→拆箱交。

六、国际多式联运

国际多式联运简称多式联运，是在集装箱运输的基础上产生和发展起来的，是指按照多式联运合同，以至少两种不同的运输方式，由多式联运经营人将货物从一国境内的接管地点运至另一国境内指定交付地点的货物运输。国际多式联运适用于水路、公路、铁路和航空多种运输方式。在国际贸易中，由于85%～90%的货物是通过海运完成的，故海运在国际多式联运中占据主导地位。

国际多式联运具有统一化、简单化，减少中间环节、缩短货物运输时间，降低货损货差事故、提高货运质量，降低运输成本，节省运杂费用，提高运输组织水平，实现合理化运输等诸多优点。

相关音频　相关视频　相关视频

项目小结

对国际物流的理解分广义和狭义两个方面。

广义的国际物流研究的范围包括国际贸易物流、非贸易国际物流、国际物流投资、国际物流合作、国际物流交流等领域。其中，国际贸易物流主要是指组织货物在国际的合理流动；非贸易国际物流是指如国际展览与展品物流、国际邮政物流等；国际物流合作是指不同国别的企业共同完成重大的国际经济技术项目的国际物流；国际物流投资是指不同国别的物流企业共同投资组建国际物流企业；国际物流交流则主要是指在物流科学、技术、教育、培训和管理方面的国际交流。

狭义的国际物流主要是指国际贸易物流，即组织货物在国际的合理流动，也就是指发生在不同国家之间的物流。更具体点说，狭义的国际物流是指当生产和消费分别在两个或两个以上的国家（或地区）独立进行时，为了克服生产和消费之间的空间距离和时间间隔，对物资进行物理性移动的一项国际贸易或国际交流活动，从而实现国际商品交易的最终目的，即卖方交付单证、货物和收取货款，买方接受单证、支付货款和收取货物。

练习题

一、选择题：

1. 国际货物运输代理企业可以作为进出口货物收货人、发货人的代理人，也可以作为（　），从事国际货物运输代理业务。

   A. 独立经营人　　B. 生产企业　　C. 销售企业　　D. 采购人

2. 国际物流的实质是根据国际分工协作的原则，依照国际惯例，利用国际化的物流网络、物流设施和物流技术，实现货物在国际的流动与交换，以促进区域经济的发展和世界资源的（　）。

   A. 结构调整　　B. 优化配置　　C. 优势互补　　D. 合理配置

3. 货代本身并不拥有货物的所有权和运输工具，只是为他人提供服务的中间人，在社会经济结构中属于（　）。

A. 第一产业　B. 第二产业　C. 第三产业　D. 第四产业

4. 集装箱运输自1956年4月开始在（　）用于海上运输后，满足了货主快速、安全、准确、直达的运输要求，在国际贸易运输中得到了广泛应用，并在20世纪70年代以后迅速发展起来。

A. 中国　B. 英国　C. 日本　D. 美国

5. 国际货物运输主要由三个方面构成：国际运输的关系方、国际运输工具和（　）。

A. 国际运输方式　B. 国际仓储方式　C. 国际物流方式　D. 国际海运方式

二、问答题：

1. 国际货运代理的作用有哪些？
2. 国际货运代理的权利有哪些？
3. 什么是班轮运输？
4. 集装箱运输的优越性表现在哪些方面？
5. 国际货运代理的业务范围有哪些？

三、实训题：

▶【实训任务】

实地调研国际货运代理企业的业务范围。

▶【实训目标】

使学生对国际货运代理有个整体的感性认识。

▶【实训内容】

（1）国际货运代理企业是如何开展代理业务的？

（2）国际货运代理企业在开展代理业务中存在的问题有哪些？

▶【实训要求】

（1）要求每个学生写出调研报告。

（2）要求每个学生提出国际货运代理企业的改进意见。

▶【考核标准与方法】

（1）资料收集整理（20分）。

（2）写出调研报告（60分）。

（3）实训过程表现（20分）。

四、案例分析题

传真件发货引起的纠纷案

2018年11月，韩国某银行开出一金额为28万美元的假远期信用证，通过我国某市A银行通知，受益人为某土产制品公司。发货前，受益人就租船问题曾多次要求买方将信用证上的目的港由昆山改为仁川，但直至最后装船期，通知行和受益人均未收到信用证修改的正本，无奈在已超过最后装船期的情况下，受益人凭申请人的已盖有银行受理章的信用证修改申请书传真件匆忙发货，并倒签提单，随后马上将全套装船单据传真申请人。12月25日，受益人持同一证下两套单据交通知行办理议付，其中一套金额为USD 70 560.00，通知行即议付行认真审核单据后，发现单据不符点太多，退回受益人改单。2019年1月5日，受益人持修改后的发票、装箱单等单据重交议付行，并通报议付行买方已提货。由于目的港与信用证规定的不一致，企业向银行出具保函，这时信用证效期已过，银行的7个工作日合理审单时间已用足，议付行在没有时间向开证行电提不符点的情况下，分别寄单据和汇票至开证行和偿付行。1月12日，议付行收到偿付行偿付货款。1月18日，开证行发来拒付电传，指出由于目的港与信用证不符，要求退还已付货款USD 70 560.00，并称单据留存，听候议付行指示，另一票货款不再追偿。

接到开证行拒付电后，议付行立即与受益人取得联系，企业经理专程赴韩国解决此事，未果而返，后又委托在韩国的代理协助调查此事。这期间，开证行曾多次发电要求退款，议付行经认真审核，觉得开证行确实按照UCP500第14条d款的规定，在合理时间内提出拒付，而且受益人提交单据上不符点毋庸置疑。在没有得到开证申请人确凿提货证明的情况下，议付行一方面致电开证行答应在开证行退回全部单据后退款，另一方面通过受益人在韩国的代理继续了解情况。很快韩国代理通过其他渠道从韩国海关拿到了盖有银行担保章，开证行要求退款的这一票的发票、提单和此信用证项下另一票的担保提货书及其他单据影印件共5份。议付行收到这些单据传真件后，立即回传开证行，并发电要求其调查此事。同时，由于开证行未将单据退全，议付行一直没有退款。5月23日，开证行复电议付行称其确实出具担保提货书给申请人，但随后很快就收回。在掌握申请人确已提货的情况下，议付行抓住开证行回复电传中出具提货担保书这一关键点，立即电告开证行，出具提货担保书这一事实就意味着丧失了提不符点的权利，应该无条件付款，同时正告开证行，声明保留索赔的权利，要求开证行给予真诚的合作，避免给两行之间的友好关系造成大的伤害。经议付行的据理力争，开证行自此以后一直保持沉默，不再提退款之事。

思考题：

我们应从本案例中吸取哪些教训？

分析指南：

导致上述纠纷主要是由于受益人盲目凭申请人的信用证修改申请书传真件匆忙发货，并倒签提单，才导致被动，幸亏由于开证行错误地出具提货担保书后又拒付，再加上银行的密切配合，最后才没有酿成恶果。

课后习题答案

参考文献

[1] 罗来仪，王智强．现代物流知识问答[M]．北京：对外经济贸易大学出版社，2016.
[2] 吴清一．物流管理[M]．北京：中国物资出版社，2019.
[3] 傅和彦．物料管理[M]．广州：广东经济出版社，2018.
[4] 申纲领．国际货运代理实务[M]．北京：电子工业出版社，2015.
[5] 霍红，华蕊．采购与供应链管理[M]．北京：中国物资出版社，2015.
[6] 鞠颂东，徐杰．采购管理[M]．北京：机械工业出版社，2019.
[7] 温卫娟．如何进行采购与供应商管理[M]．北京：北京大学出版社，2018.
[8] （加）米歇尔·R·利恩德斯，（美）哈罗德·E·费伦．采购与供应管理[M]．张杰，张群，译．北京：机械工业出版社，2017.
[9] 王槐林．采购管理与库存控制[M]．北京：中国物资出版社，2018.
[10] 刘会亚．现代物流管理[M]．北京：中国农业出版社，2015.
[11] 王国文，赵海然．供应链管理[M]．北京：企业管理出版社，2015.
[12] 郭晖．采购实务[M]．北京：中国物资出版社，2019.
[13] 徐源．物控主管实务[M]．广州：广东经济出版社，2018.
[14] 王槐林．采购管理与库存控制[M]．北京：中国物资出版社，2019.
[15] 郭元萍.仓储管理与实务[M]．北京：中国轻工业出版社，2015.
[16] 现代物流管理课题组．物流库存管理[M]．广州：广东经济出版社，2019.
[17] 现代物流管理课题组．保管与装卸管理[M]．广州：广东经济出版社，2018.
[18] 李永生，郑文岭．仓储与配送管理[M]．北京：机械工业出版社，2015.
[19] 丁立言，张铎．仓储规划与技术[M]．北京：清华大学出版社，2019.
[20] 田源．仓储管理[M]．北京：机械工业出版社，2017.
[21] 于肇波．仓储与运输实务[M]．北京：中国商业出版社，2018.
[22] 真虹，张婕姝．物流企业仓储管理与实务[M]．北京：中国物资出版社，2019.
[23] 金乐闻，武素秋．国际货运代理实务[M]．北京：对外经济贸易大学出版社，2000.
[24] 中国对外经贸企协储运委员会．常见商品仓储保管手册[M]．北京：对外经济贸易大学出版社，2017.